河北金融学院学术著作出版基金资助项目（JYCJ202301）

我国西部地区特色食品产业集群创新治理体系研究

Research on Innovation Governance System
of Characteristic Food Industry Cluster in Western China

李胜连　于瑞卿　杨建永◎著

人民出版社

前　言

我国西部地区,产业发展脆弱,为有效落实乡村振兴战略,其发展的根本任务是集中发展特色产业。同时,西部地区得天独厚的自然条件,为其发展农业奠定了良好基础,多种广受百姓欢迎的特色美食,如牛羊肉、哈密瓜、枣等,是其发展特色产业的基础。从过去十几年发展经验来看,特色食品产业集群现象在我国西部地区已经初具规模。2017年中央一号文件明确指出"在优势农产品产地打造食品加工产业集群"[1];2022年中央一号文件进一步提出"推进现代农业产业园和农业产业强镇建设,培育优势特色产业集群,继续支持创建一批国家农村产业融合发展示范园"[2],这进一步为西部地区特色食品产业集群发展提供了千载难逢的契机。然而,从现实角度来看,西部地区特色食品产业集群规模相对较小、精深加工程度不高,从而导致产品呈现附加值低的特点,同时企业经营多以分散为主,没有形成实质上的集聚优势,集群发展过

---

[1] 《中共中央 国务院关于深入推进农业供给侧结构性改革加快培育农业农村发展新动能的若干意见》,人民出版社2017年版,第13页。

[2] 《中共中央 国务院关于做好二〇二二年全面推进乡村振兴重点工作的意见》,人民出版社2022年版,第11页。

程杂乱无章、缺乏制度上的设计、治理主体不清、治理结构不明、治理模式滞后、治理机制模糊等问题并存。这就需要探索出一条特色产业集群发展的道路,助力西部地区经济发展、产业振兴和农户持续增收。

  基于此,本书以我国西部地区牛羊特色食品为例,以"民俗食品"定位为前提,将一般性与异质性相结合,探析其发展规律,为西部地区牛羊特色食品产业规范、良性发展提供理论依据和数据支撑。总体来看,本书针对西部地区特色产业——牛羊食品产业集群当前发展中存在的一些无序现象和负外部性问题进行了深入剖析,在理论与实践中借鉴了前人研究成果,其主要创新之处主要包括以下几方面:一是研究内容的新颖性与研究视角的新奇性。本书从"现象"与"本质"两个方面入手,剖析其发展阶段、现状、问题、内部作用机理、主体间的博弈行为,为揭开我国西部地区牛羊特色食品产业集群"神秘面纱"起到了一定的抛砖引玉作用;同时本书自始至终基于"一般性"与"异质性"相结合的视角对西部地区牛羊特色食品产业集群现象进行审视,并将一般性治理与异质性治理分开讨论,以突出研究视角的创新性;同时,从国内消费者视角分析市场需求,有一定的新奇性。二是研究方法的综合性与拓展性。本书在注重量化分析的同时,更加意识到深入访谈等质性研究的重要性。同时各章节所采取的研究方法有交叉性,是经济学、管理学、民俗学和社会学学科的综合体,各研究方法的交叉为研究提供了多种视角。方法拓展方面的主要贡献在于:关于产业集群发展阶段的判定方法大部分学者是从理论上进行解释,本书将在前人理论基础上,利用里克特7级量表方法,并结合模糊数学方法,对西部地区典型省份牛羊特色食品产业集群的发展阶段进行了定量辨识,为该领域的量化研究提供了一种可行方法;结合产业特点对 Howard-Sheth(霍华德—谢思)模型进行改进,充实了特色消费品的消费者购买行为理论等。三是学术观点的拓展性。以交易成本、网络治理和新兴政治社会交叉领域内的治理理论为"硬核理论支撑",并结合西部地区牛羊特色食品产业特点,在"四维度"基础上加入了"关系属性",尝试突破现有产业集群治理理论框架。国内外学者一致认为"政府""集群企业""协会商会""大学、科研院所、金融机构等辅助部门"在产业集群发展过程中有主体性。本书结合产业特点创新性地将"民族事务部门"作为重要治理主体之一纳入特色食品产业集群治理主体中,拓展了前人对治理主体的界定。前人关于治理结构的研究更多倾向于理论研究,本书从产业集群治理结构内在的"责、权、利"关系入手进行分析,从理论上看,丰富了产业集群治理结构理论;本书还在前人理论成果基础上构建牛羊特色食品产业集群内部作用机理理论模型,利用结构方程模型对该理论模型进行验证与优化,并最终得出了目前阶段西部地区各典型省份牛羊特色食品产业集群内部作用关系模型,为研究其特色产业集群影响因素间的传导关系提供了理论依据。同时,本书通过定量数据验证了民俗、文化等因素对经济发展的重要作用,使经济学、民俗学、文化学等学科更加科学化。

　　研究框架的确定是科学研究的基础。目前学术界针对产业集群治理的相关研究尚缺乏统一的研究范式,因此有必要进行科学构建。基于此,本书通过对"三种硬核理论"的剖析,在"不确定性""任务复杂性""交易频率(网络属性)"和"资产专用性"四维度分析法基础上,结合产业集群治理特点,添加了"关系属性",并从战略治理的视角构建了西部地区牛羊特色食品产业集群网络组织创新治理的研究框架。

产业集群类别划分是研究产业集群发展表征的基础。只有先确定某一产业集群处于怎样的发展阶段或属于哪种类型,才能有的放矢地提出具体的治理依据。目前学术界针对产业集群类别的划分或发展阶段的确定并不一致。在阅读文献基础上,本书认为丁建军和陈赤平(2008)[①]基于"合作—竞争"两维度的四分法在实证研究中有较强的应用性,因此在其基础上结合生命周期理论,将产业集群类型分为8种,并分别阐述了每一种类型产业集群存在的特点和具体治理启示,同时分析了各类型产业集群又是如何不断演进的。本书重点介绍了产业集群发展类别判定的两种方法,即模糊综合评判法和非对称模糊贴近度法,并对方法的实施过程进行了详细的描述,为后续实证研究提供了理论基础和研究方法。

对产业集群发展关键影响因素的判定是产业集群治理的出发点,即只有知晓不同性质的产业集群发展影响因素,才能找准症结,对症下药。本书在创建"五维度"分析的框架下,系统梳理、归纳和分析了我国西部地区牛羊特色食品产业集群发展的各类影响因素,采取决策试验和评价试验法(Decision-making Trial and Evaluation Laboratory, DEMATEL)以及深度访谈法,对影响其发展的一般性与异质性因素进行甄选,并为其现状、问题以及内部作用机理研究提供参考指标。通过研究提炼了11个一般性因素和4个异质性因素。其中,政府支撑、产业制度、辅助部门支撑、技术资源、货币资源、信息化资源为主导因素;网络关系(横纵向网络建设)为结果因素;自然资源、企业科层文化、行业协会、劳动力资源、龙头企

---

① 丁建军、陈赤平:《产业集群分类、治理比较及演变趋势分析》,《中南财经政法大学学报》2008年第5期。

业、民族事务部门以及地域根植性作用等为中间性因素。

从目前学术界研究看,关于我国西部地区特色食品产业集群治理方面的研究还处于探索阶段,其主要原因是缺乏直观的统计数据,从而无法从现象与本质两方面进行深入研究。基于此,本书在构建研究框架、甄选关键影响因素的基础上,设计调研问卷以获取定量数据,从而更加直观地反映其发展现状。因此,本书从企业结构与数量、规模企业产值与增长速度、产业集聚程度、园区建设、政策支持等方面对我国西部地区典型省份牛羊特色食品产业发展现状进行比较研究,并在产业生命周期理论的指导下,利用非对称模糊贴近度方法对我国西部地区牛羊特色食品产业集群发展阶段进行研判,并利用方差分析、均值比较和变异系数法等对各省份现状和存在的问题进行深入剖析。同时,为了探究各典型省份牛羊特色食品产业集群的内部作用路径,本书以"钻石模型"为基础,进行模型的验证与优化,得出具体的治理启示。此外,本书还发现了目前我国西部地区牛羊特色食品产业集群存在的主要博弈问题为"龙头企业与中小微型企业之间关于资源等分享与否的博弈"关系,通过演化博弈理论,寻找二者的平衡点,即能够有效地促进集群大中小微企业资源分享的均衡条件为"龙头企业资源分享的纯收益大于其垄断收益;小微企业的学习纯收益大于零"。

产业集群的发展除了受内部因素影响外,外部的市场因素也有较强的作用。因此,本书又对其国内市场需求进行了讨论。在改进的 Howard-Sheth 模型基础上,加入"饮食习惯"变量,利用结构方程模型分析了国内消费者对西部地区牛羊特色食品的购买行为。研究发现:"饮食习惯"因素并不能直接引发国内消费者购买行为,但通过历史的沉淀与文化的融合、企业的营销等方式潜移默化影响国内消费者心理,并在食品安全和消费升级的大背景下,逐渐地促使其形成"为了追求安全、绿色、健康和满足探知欲望"的消费动机。政府应该在"民俗食品"框架下鼓励其发展牛羊特色食品产业。

本书提出了我国西部地区牛羊特色食品产业集群治理的思路、目标、原则、治理模式与机制等。在具体治理过程中应以"保护与发展"为根本目标,遵循"共建、共享、共治"的原则,明确各治理主体的责权利关系,充分发挥地域根植性因素的积极作用,倡导特殊文化背景下多主体协同共治模式,同时积极促进辅助部门的渗透与嵌入作用以提升集群工作效率,还要积极为该模式配套各种协调机制,如构建新型信用机制、强化激励约束机制、完善特色监督机制、有效协调沟通机制、倡导良性竞争机制以及优化利益分配机制等。本书从地方规制、经济层级、协会自治和社区规范四方面探讨其创新治理机制。

西部地区的经济基础、产业基础相对落后,为了全面实施乡村振兴战略,西部地区有必要走一条特色农产品升级之路。我们相信,在国家政策的支持下,我国西部地区特色食品产业集群将会遵循新发展理念实现良性发展,为西部地区经济发展作出应有贡献!

李胜连　于瑞卿　杨建永

2023 年 11 月 29 日

目 录

绪 论 ·· 1

    第一节　研究背景 ··· 1

    第二节　概念的界定与研究的边界 ······························· 3

    第三节　研究的价值与方法 ·· 5

    第四节　研究的技术路线图 ·· 8

第一章　理论基础与产业集群治理框架 ························· 9

    第一节　经济民俗文化学理论基础 ······························ 9

    第二节　产业集群理论 ··· 11

    第三节　产业集群治理理论 ·· 20

    第四节　理论分析框架 ··· 31

第二章　产业集群类别、特征、启示与判定方法 ·········· 35

    第一节　产业集群类别演化 ·· 36

    第二节　产业集群类别再划分、特征与治理启示 ········ 38

    第三节　产业集群类别演化路径与类别评判方法 ········ 52

第三章　西部地区牛羊特色食品产业集群发展影响因素分析 …… 60

第一节　一般性影响因素剖析 …………………………… 61
第二节　异质性因素归纳 ………………………………… 75
第三节　关键影响因素分析 ……………………………… 76

第四章　西部地区牛羊特色食品产业集群发展状态分析 …… 88

第一节　产业总体发展情况分析 ………………………… 88
第二节　典型省份产业集群发展阶段辨识 ……………… 97
第三节　典型省份发展现状差异性分析 ………………… 110
第四节　产业集群异质性与共性问题分析 ……………… 144

第五章　我国西部地区牛羊特色食品产业集群内部作用机理分析 …… 151

第一节　研究假设的提出 ………………………………… 153
第二节　变量设计与问卷调查 …………………………… 168
第三节　典型省份内部作用机理模型优化与假设检验 … 178
第四节　典型省份内部作用机理形成路径分析 ………… 199
第五节　异质性与共性治理启示 ………………………… 218

第六章　我国西部地区牛羊特色食品产业集群治理主体博弈行为分析 … 223

第一节　博弈模型构建 …………………………………… 224
第二节　博弈演化过程分析 ……………………………… 226
第三节　集群治理启示 …………………………………… 230

第七章　西部地区牛羊特色食品国内消费者购买行为分析 …… 234

第一节　模型构建与研究假设 …………………………… 235
第二节　变量设计与量表制作 …………………………… 240

第三节　问卷调查与数据分析 …………………………………… 242

　　第四节　模型分析与结论 ………………………………………… 245

第八章　西部地区牛羊特色食品产业集群创新治理体系构建 ……… 252

　　第一节　集群基本发展思路 ……………………………………… 252

　　第二节　集群治理目标 …………………………………………… 253

　　第三节　集群创新治理原则 ……………………………………… 255

　　第四节　集群创新治理结构分析 ………………………………… 259

　　第五节　集群创新治理机制分析 ………………………………… 270

绪 论

第一节 研究背景

我国西部地区历来属于少数民族聚居区,其发展的根本任务是集中发展特色产业。从过去的十几年发展来看,在"西部大开发战略"指引下国家积极出台政策法规大力支持我国西部地区特色产业发展。乘着政策的东风,西部地区加大了特色产业的发展力度,在一些区域开始出现了产业集聚现象。以西部地区特色产业牛羊肉产业来说,宁夏已建成了吴忠、德胜等牛羊食品产业集聚区;青海建设了海东牛羊食品产业园区;甘肃建设了临夏牛羊食品产业集聚区等。牛羊特色食品产业集聚现象在我国西部地区已经初具规模。

在国际经济形势发生深刻变化的背景下,2013年9月我国首次提出了欧亚大陆经济整合的构想,即"一带一路"倡议。"一带一路"倡议实施的目的在于探寻区域经济发展新路径,开创区域新型合作方式。因此"一带一路"倡议的实施将为我国西部地区牛羊特色食品产业在地区间贸易带来巨大商机。阿拉伯国家属于牛羊食品需求量最大的地区,仅海湾地区消费空间就高达100亿美元;东南亚地区也是牛羊食品的主要消费地区,其需求量突破了160亿美元。可见,从"一带一路"沿线欧亚国家来看,我国西部地区牛羊食品产业有巨大的市场需求潜力和广阔的发展前景。"一带一路"倡议的实施,将会带动沿线欧亚地区牛羊食品贸易与文化交流,同时不断提升我国西部地区牛羊特色食品产业的竞争力。

作为我国西部地区特色食品产业,对其规范化经营、规模化管理必将提高其经济效益,带动我国西部地区乡村振兴,并为乡村振兴战略中的"一村一品"目标的实现提供产业基础。

从区域发展规划来看,我国西部各省份"十四五"规划都非常重视牛羊特色产业发展。如新疆在其"十四五"规划中明确:建设畜牧强区,实施畜牧业发展五大行动,持续做大肉牛肉羊产业,加快推进奶业振兴,因地制宜发展特色养殖业,构建饲料、种源、扩繁、养殖、屠宰、加工全产业链,推动新疆由畜牧大区向畜牧强区转变;宁夏回族自治区在其"十四五"发展规划中强调:提质发展高效种养业,奶产业强化品牌经营,形成规模效应,肉牛和滩羊产业创新营销模式,打造"高端奶之乡""高端牛肉生产基地""滩羊之乡",为其特色牛羊肉产业集群发展提供了政策保障;青海省在其"十四五"规划中强调:大力发展牦牛、藏羊等农牧业特色优势产业,打造"四区一带"农牧业发展布局,建设绿色有机农畜产品示范省;等等。我国西部省份的发展规划彰显了其对特色农产品的充分布局与充分考量,为其区域性特色食品产业集群建设与发展指明了强有力的战略方向。

综上所述,我国西部地区牛羊食品产业作为一种特色食品产业,其对我国西部地区的经济发展、民族团结稳定、乡村振兴等方面有重大作用。因此,我国西部地区应该在继续深化"西部大开发战略"基础上,积极响应"一带一路"倡议,并在中央一号文件、区域发展规划等政策东风指引下,积极促进区域特色牛羊食品产业集群化发展,以利于其产业结构调整与转型升级。

第二节 概念的界定与研究的边界

一、概念的界定

(一)牛羊特色食品产业集群概念界定

波特(Porter,1990)[①]明确指出"产业集群"指在某一区域内相互联系的企业和研究机构在地理上的集聚形式。因此,本书将"牛羊特色食品产业集群"定义为:从事特色牛羊肉食品生产经营的企业(含关联企业)及各种机构、组织等行为主体通过横纵交错的网络关系而紧密联系在一起的产业集合体,是一种特殊的网络组织。由于我国牛羊特色食品生产加工主要集中于西部地区,因此,本书将"西部地区牛羊特色食品产业集群"视为一个整体的概念进行研究,其中新疆、宁夏、青海、甘肃是其集群内部典型的基本组成单元。

(二)牛羊特色食品产业集群创新治理体系概念界定

"治理"(Governance)一词本意为统治、支配和控制。国内学

---

① Porter,M.E.,*The Competitive Advantage of Nations*,New York:Free Press,1990,pp.11-34.

者陈文华(2007)[①]、李世杰(2013)[②]等都对产业集群治理的概念进行了界定,他们认为:产业集群治理是一种多层次治理主体共同参与、多方博弈的动态过程,也是一种与该产业组织相适应的制度安排。

目前产业集群治理的研究边界过于发散,缺乏足够的理论根基,国内外学术界对其理论框架与体系尚未达成一致,但交易成本、网络治理和新兴政治社会交叉领域内的治理理论成为支持产业集群治理研究的"硬核"理论。[③] 本书将在上述三种理论的支撑下,结合地方特殊文化和牛羊食品产业特点因地制宜地构建特色治理理论框架。本书所提到的"创新治理体系"是相对于一般农业产业集群治理而言的,将着重从一般性与异质性相结合的视角研究其在治理理论框架上的突破,从治理主体、治理结构责权利关系、治理模式、治理机制等方面进行创新。

二、研究的边界

产业集群治理一般包含两方面:集群内部治理(地方性治理)和集群外部治理(价值链治理)。由于牛羊特色食品产业集群其外部的价值链治理研究缺乏有效参照物或标准,因此,本书集中于该集群的内部治理研究。同时从消费者视角研究其外部市场需求问题,为其内部的有效治理提供外部拉力。产业集群发展阶段不同,治理方向亦不同。本书旨在研究集群发展阶段的创新治理问题。

---

① 陈文华:《产业集群治理研究》,经济管理出版社2007年版,第16—17页。
② 李世杰:《基于集群剩余索取权的产业集群治理机制研究》,《管理世界》2013年第7期。
③ 魏江、周泯非:《产业集群治理:理论来源、概念与机制》,《管理学家(学术版)》2009年第6期。

第三节 研究的价值与方法

一、研究价值

(一)学术价值

首先,从一般性与异质性相结合的视角构建特色食品产业集群治理的理论框架与体系,为我国西部地区牛羊特色食品产业集群良性发展提供理论支撑与解决方案。

其次,用数据验证民族、民俗、文化等地域根植性因素对经济的作用关系,为经济民俗文化学的科学发展提供量化依据。

再次,在集群生命周期理论的基础上,利用非对称模糊贴近度方法对我国西部地区牛羊特色食品产业集群发展阶段进行研判;以"钻石模型"为基础,通过改进、验证与优化,厘清我国西部地区各个典型省份牛羊特色食品产业集群内部的相互作用关系;以有限理性为前提,系统分析集群治理主体间主要矛盾的演化过程和博弈均衡;在 Howard-Sheth 模型基础上,引入"饮食习惯""消费动机"等潜变量,探索国内消费者牛羊特色食品购买行为的内在逻辑,回应地方政府与企业的关切点。上述方法的综合运用,为我国西部地区牛羊特色食品产业集群的发展提供了有益的尝试与补充。

最后,从"地方规制、经济层级、协会自治和社区规范"四维度进行治理机制的论述与深刻剖析。

(二)应用价值

首先,从区域层面来看,作为西部地区特色产业集群,对其进行创新治理体系的研究,能够为西部地区地方政府制定特色产业集群政策提供决策参考,有利于促进西部地区经济可持续发展,也有利于民族大团结。

其次,从产业层面来看,对西部地区牛羊特色食品产业集群现象与本质的剖析,有利于揭开其"神秘面纱",为促进西部地区特色产业结构调整、优化与升级提供现实需求,也有利于其快速融入"一带一路"倡议,提升其产业竞争力。

最后,从民族层面来看,对西部地区牛羊特色食品产业集群进行创新治理,整合、规范运行,有利于民族地区经济发展,也有利于西部地区特色饮食文化的广泛传播和融合。

二、主要研究方法

本书以实证研究为主兼容部分规范研究,同时注重量化与质性研究相结合、理论与实际相结合,通过经济学、管理学、经济民俗文化学、民族学以及社会学等的学科理论交叉运用,达到系统剖析的目的。主要用到的方法有:

第一,文献查阅法。通过对国内外检索平台,如中国知网、万方数据库、超星电子图书、约翰威立国际出版公司(WILEY)、爱思唯尔数据库(Elsevier SD)、斯普林格数据库(Springer)等,系统归纳本书所用到的相关文献及理论。

第二,问卷调查法。在已有研究成果的基础上,结合西部地区区域文化特点制定合理量表,通过牛羊食品网络社区、牛羊食品产业协会微信群、QQ 群等公共平台以及对集群企业、行业协会、经济和信息委员会等政府职能部门进行线上和线下进行问卷调查。

第三,深度访谈法。为了弥补问卷设计的局限性,设计了首次访谈提纲和二次访谈提纲对数据和结论进行确认,以保证研究方向的正确性。

第四,决策试验与评价实验室法。在研究影响因素时,主要采取系统科学里较为成熟的决策试验与评价实验室法,该方法是将专家意见进行量化,属于定性与定量相结合的研究方法,该方法的运用旨在对西部地区牛羊特色食品产业集群关键影响因素进行甄选。

第五,模糊数学方法。利用非对称模糊贴近度方法,借助问卷数据,对各典型省份牛羊特色食品产业集群的发展阶段进行判断。

第六,均值与变异系数法。变异系数法主要用来判断调研数据的相对离散程度,以确定数据是否科学稳定;在缺少统计数据条件下,本书采取"均值法"来系统分析其发展现状与问题。

第七,结构方程模型(Structural Equation Modeling,SEM)。该方法是研究内部作用机理较为成熟的方法,本书将利用该方法对西部地区各典型省份牛羊特色食品产业集群内部作用机理理论模型进行验证与优化,并对国内消费者购买行为进行分析。

第八,复制动态方程。该方法是在有限理性理论框架下研究博弈主体演化均衡条件的主要方法;本书将重点利用该方法研究西部地区牛羊特色食品产业集群内存在的博弈均衡问题。

第四节 研究的技术路线图

本书的主要技术路线见图0-1。

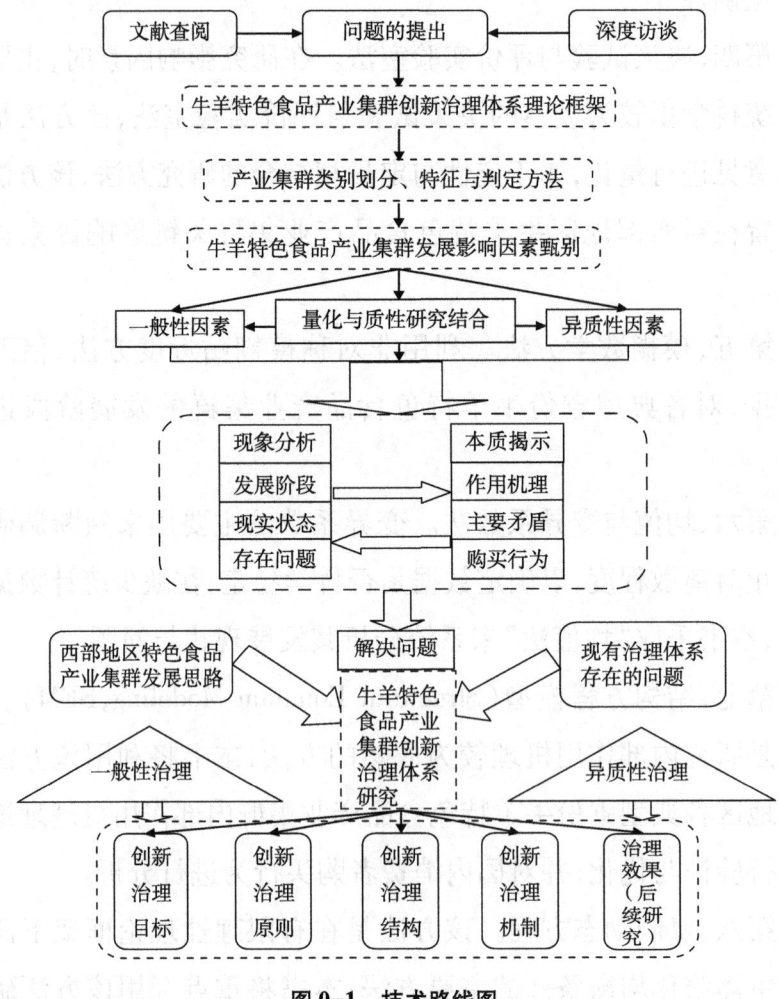

图 0-1 技术路线图

资料来源：笔者团队制作。

第一章 理论基础与产业集群治理框架

从国内外公开发表的文献来看,学者们对畜牧业等农业产业集群的研究相对丰富,但关于牛羊特色食品产业集群及其治理的相关研究还处于导入期。同时,牛羊特色食品产业集群虽然有异质性,但依然有一般产业集群的共性问题。因此,本章将重点从"经济民俗文化学""产业集群理论""产业集群治理理论"三大方面进行理论梳理,并在前人理论研究的基础上,结合我国西部地区牛羊特色食品产业特点构建了特色产业集群创新网络组织治理理论框架。

第一节 经济民俗文化学理论基础

一、经济民俗文化学理论思想

民俗学(Folklore)是研究民间风俗习惯等社会现象的一门科学,最早由英国教授汤姆斯(Thomas,1846)提出,属于交叉学科,其研究范围非常广泛,涉及生活中衣、食、住、行、思想、仪节等各方面。[①] 民

[①] 钟敬文:《民俗学概论》(第二版),高等教育出版社2010年版,第14页。

俗学自创立以来嵌入到许多其他社会领域,比如民俗学与文化学的结合创建了民俗文化学,民俗学与经济学的碰撞形成了经济民俗学(民族经济学),上述三者之间的结合又发展了经济民俗文化学。

我国较早提出"经济民俗文化学"概念的学者为中国民俗学泰斗钟敬文(1992)[①]先生,他认为该学科应该"着眼于中下层社会的生产、经营分配、消费等活动所表现的风习的探究";后来学者何学威(2000)[②]在此基础上对经济民俗文化学概念进行了总结:即研究人民经济生活中的民俗文化因素对经济的影响与作用,探寻其一般规律及其应用价值的交叉学科;民俗文化因素主要包括物质民俗文化因素、精神民俗文化因素和社会民俗文化因素三方面。

另外,中央民族大学刘永佶教授,西南民族大学张明善教授,中南民族大学张跃平教授、李俊杰教授,宁夏大学孙振玉教授等对"民族经济学"学科的发展作出了杰出的贡献,获取了大量研究成果,也为本书探究民俗、文化、饮食习俗等因素对经济的影响提供了理论基础。

在经济全球化背景下,产生了多元文化的对冲与碰撞,我们首先要面对所有市场的不同文化,相互适应、相互影响,才能促进经济的共同发展,如20世纪70年代美国自由主义文化背景下的市场经济与我国儒家思想背景下的计划经济相碰撞,使我国加快了市场化进程,同时也影响了美国政府管控的力度;文化有差异,同样风俗习惯也有差异,比如我国西部地区自古以来有吃牛羊肉的

---

① 钟敬文:《民俗文化学发凡》,《北京师范大学学报》1992年第5期。
② 何学威:《经济民俗文化学刍议》,《广西梧州师范高等专科学校学报》2000年第2期。

风俗习惯,因此,其畜牧业相对发达。不同的民俗与文化背景对经济的作用是不同的,这也是经济民俗文化学产生的根本原因。①

二、经济民俗文化学对本书的支撑

本书主要集中研究我国西部地区牛羊特色食品产业集群的创新治理体系问题,其治理理论研究框架离不开西部地区牛羊特色食品的特殊属性。因此本书在研究牛羊特色食品产业集群创新网络组织治理问题时,实际上是对"经济民俗文化学"理论的综合运用,是在西部地区牛羊特色食品的物质属性、民俗属性和社会属性等地域根植性因素前提下研究其生产、经营、交换、消费等经济行为的。因此,经济民俗文化学理论一直贯穿于本书研究的始末,有战略性指导地位。

第二节　产业集群理论

一、国外产业集群理论研究

20世纪20年代,在西方工业经济推动下,好多学者开始关注产业集聚现象,并逐渐将其归纳为产业集群理论。该理论的创立者是美国权威学者波特(Porter,1990)②,这一理论及其构架在学术界以及现实应用中(如公共政策等方面)都产生了巨大的影响。波特的产业集群概念本身在很大程度上受到经济学家马歇

---

① 何学威:《论经济民俗文化学的研究与建设》,《中南工业大学学报(社会科学版)》1999年第4期。

② Porter,M.E., *The Competitive Advantage of Nations*, New York:Free Press,1990,pp.11-34.

(Marshall)的启发,他进一步阐释并精确描述了马歇尔的观点,这些观点几乎被经济发展学术文献、经济地理及其他相关学科接受并研究。关于产业集群理论的研究一直还在延续,比较被认可的理论包括以下几方面:

(1)古典经济学产业集群思想。主要代表人物斯密(Smith,1997)[①],理论初步形成时间为1776年,主要理论观点为:社会化分工(专业化分工)是企业规模报酬递增的根本原因。这一理论为后来的产业集聚提供了理论基础,为集群提升整体竞争力找到了理论支撑,从而实现了"1+1>2"的理论突破;其局限性在于只研究了企业内部的分工,缺乏对产业集群等中间组织分工的探讨,同时过于注重分工与生产力的关系,而忽视了分工与生产关系以及社会关系之间的联系。

(2)产业区理论。主要代表人物马歇尔(Marshall,1997)[②],其理论初步形成时间为1890年,主要理论观点为:产业集群外部经济提供的利益或便利使那些集聚到一起的、相类似的中小企业效率得到提升。同时根据自身调研创造性地提出了"产业空气"的概念,即所谓的"协同创新环境理念",强调了"环境"对产业集群的影响。该理论对资本主义的"福特主义"经济发展起到了积极作用,不足之处在于其研究对象并未涉猎大型中心企业的核心作用。

(3)工业区位理论。主要代表人物韦伯(Weber,1997)[③]等。其理论初步形成时间为1909年,主要理论观点为:企业是以利润

[①] [英]亚当·斯密:《国民财富的性质和原因的研究》(上卷),商务印书馆1997年版,第5—7页。

[②] [英]马歇尔:《经济学原理》(上卷),商务印书馆1997年版,第279—284页。

[③] [德]阿尔弗雷德·韦伯:《工业区位论》,商务印书馆1997年版,第18—34页。

最大化为原则的,符合经济人假设。当企业集聚成本小于企业独自发展成本时,绝大部分企业选择集聚。同时产业集群的发展不仅有利于工业区内劳动力熟练程度的提高,而且与企业家的成长呈正相关性[1]。该理论思想对后来资本主义国家的区域规划(城市规划)有很强的指导意义,但也存在一定的局限性,如过高地强调运费、劳动力费用等,而忽视了社会的、自然的、技术的以及文化和历史的因素的作用,从而使其三大假设脱离现实。

(4)产业增长极理论。主要代表人物佩鲁(Perroux,1987)[2],其理论初步形成时间为1950年,主要理论观点为:非均衡发展在区域发展过程中起到了绝对重要作用;对"经济空间"的概念进行了解释和划分,并认为经济增长一般是先从一个或多个"增长中心"逐渐向其他地区传导,从而形成以点带面的经济发展趋势。增长极理论优势在于比较现实地表述产业的发展过程,并对各国产业布局与优先发展次序等提供了理论依据;其主要局限在于增长极的发展无形中剥夺了周边区域发展机会,使资源、要素、技术、劳动力等过度集中。我国改革开放初期,优先布局发展东南沿海地区,利用先富带动后富等政策与佩鲁的增长极理论有同源关系,但更超前地看到了增长极理论的副作用,并努力通过制度优势形成协同发展格局。

(5)工业集聚理论。主要代表人物克鲁格曼(Krugman,2000)[3],其理论初步形成时间为20世纪70年代末,主要理论观点为:引入贸易因素,首次利用"规模报酬递增—不完全竞争"数学模

---

[1] [英]巴顿:《城市经济理论与政策》,商务印书馆1984年版,第21—23页。
[2] [法]弗朗索瓦·佩鲁:《新发展观》,华夏出版社1987年版,第12—34页。
[3] [美]保罗·克鲁格曼:《地理与贸易》,北京大学出版社2000年版,第34—71页。

型证明了工业集聚中由于需求、外部经济和特殊历史事件等因素的影响将导致制造业中心区的形成。工业集聚理论认为"产业政策"是工业集聚的重要力量；局限性在于并未意识到无限集聚所带来的后果，如地价的攀升、原材料的短缺、组织管理深陷复杂性等。

(6)新产业区理论。新产业区理论按照研究视角的不同分为：新产业区和新产业空间两种理论。"新产业区理论"主要代表人物邦格纳斯卡(Bagnasco)等，其理论初步形成时间为20世纪70年代末，主要理论观点为："合作与竞争""信任制度""网络建设"三方面在产业集聚过程中的重要作用。"新产业空间理论"主要代表人物为哈瑞森(Harrison)等，其理论初步形成时间为1989年，主要理论观点为：由于市场、技术等环境的不确定性增加，使相距较远的企业交易活动承担更多的流通成本和市场变化风险，为了使企业间的交易成本最优化，企业需要空间上的相对集中。[1] 总体来看，新产业区理论关注"根植性"和"合作网络"的作用，即产业经济行为深深地嵌入到社会关系，并通过层级合作实现创新发展的目的，这与本书要研究的牛羊特色食品产业集群契合度较高。我国西部地区牛羊特色食品企业的经济行为必然受民族文化、饮食习惯、社会规范等影响，这为本研究开拓了思路。然而新产业区理论依然存在一些不足之处，如对影响集群发展的因素考量过于宏观，缺乏微观视角的深入剖析。

(7)竞争优势理论。主要代表人物波特(Porter, 1997)[2]，其理论初步形成于1990年以后，主要理论观点为：在对产业集群概念进行界定的同时，构造了"钻石模型"，认为机会、要素条件、需求

---

[1] 陈璐珊：《产业集群理论研究综述》，《商场现代化》2010年9月。
[2] [美]迈克尔·波特：《竞争优势》，华夏出版社1997年版，第21—88页。

条件、支撑产业、企业战略及政府等是影响产业集群发展的重要因素。从此,学术界开启了专门针对产业集群理论与实践的系统研究。该理论的重要贡献在于明确了集群发展的重要因素,尤其是突出了政府的作用,为本书从微观视角探索集群发展的内部机制提供了理论依据,不足之处在于忽视了社会因素的嵌入性。本书在研究时,将在此基础上充分考虑新产业区理论中的"根植性"因素的作用。详见图1-1。

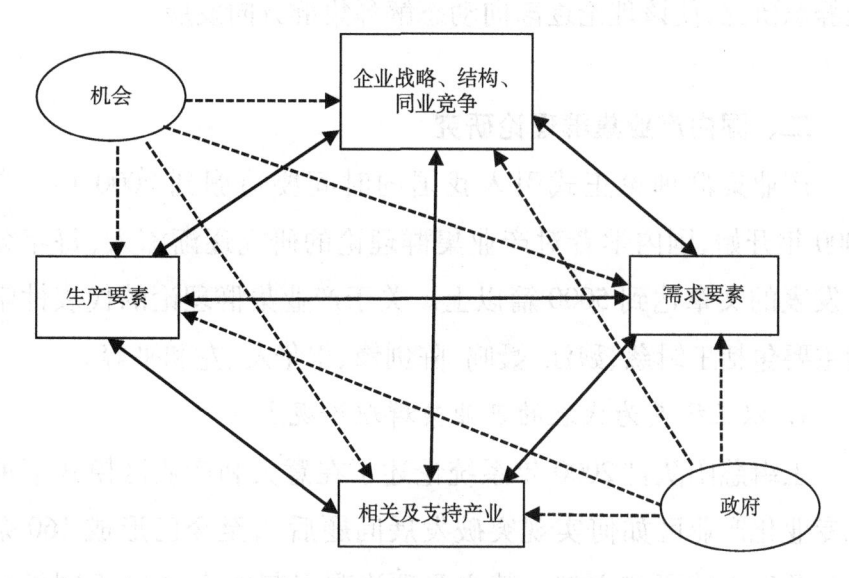

图1-1 迈克尔·波特的钻石模型

资料来源:迈克尔·波特:《竞争优势》,华夏出版社1997年版,第32页。

(8)后续发展理论。自波特系统提出产业集群概念以来,国外学者对产业集群的研究出现了"百花齐放"的发展与迷茫阶段,研究领域也突破了原有的中观、宏观的研究,而是更加微观化。从网络建设(Lynn,Fulvia,2000)[①]、产业集群生命周期理论研究

---

① Lynn Mytelka, Fulvia farinelli, "Local Clusters, Innovation Systems and Sustained Competitivehess", *Discussion Paper Serles*, No.12, 2000, pp.4-6.

(Bent,Christian,Gert,2002)[①]、产业集群的演化机理(Yong Heng,Fang,JingYi Yi,2014)[②],再到集群行动者有限理性理论(Herbert,2013)[③],理论更加贴近实践,且这段时期的成果大部分都以实证研究为主。随着研究的越来越深入,产业集聚研究的混沌状态逐渐出现,即由于理论体系尚不成熟,概念界定尚不清晰,研究区域与对象的特殊性等因素,造成了产业集聚研究处于一段迷茫探索期,直到集群生命周期理论的提出,才打破了先前对产业集群的比较静态研究,使该理论逐渐向动态解释集群方向发展。

二、国内产业集群理论研究

产业集群理论正式引入我国的时间要追溯到2000年。自2000年开始,国内学者对产业集群理论的研究逐渐深入,每年公开发表的文章达到5000篇以上。关于产业集群理论的代表性学者主要包括王缉慈、魏江、聂鸣、陈剑锋、朱华友、左和平等。

1. 以王缉慈为代表的产业集群理论观点

王缉慈团队自2000年系统论述了在意大利产业区模式下浙江专业化产业区如何实现突破发展问题后[④],至今已形成160余篇公开发表的研究文献。其主要理论观点归纳为:(1)不同类型的新产业区,产业集聚的方式不同。传统专业化产业区由于劳动分工精细且专业化程度较高,彼此之间的合作一般以非契约关系

[①] Bent Dalum, Christian O.R.Pedersen, Gert Villumsen, "Technological Life Cycles: Regional Clusters Facing Disruption", *The DRUID Summer Conference 2002 in Helsingere*, No.0, 2002, pp.6-8.

[②] Yong Heng, Fang, Jing Yi Yi, "Study on Evolution Mechanism of Industrial Cluster Based on Brusselator Model", *Applied Mechanics and Materials*, No.11, 2014, pp.4832-4835.

[③] [美]赫伯特·A.西蒙:《管理行为》,詹正茂译,机械工业出版社2013年版,第16页。

[④] 王缉慈:《从意大利产业区模式看浙江专业化产业区发展前景》,《浙江经济》2000年第7期。

链接;高新技术产业区由于对知识的需求很大,因此对科研院所的依赖性较强,同时由于知识溢出效应的反复作用,创新意识很强,弥漫着"产业空气"[1]。(2)只有真正形成产业文化,形成信息对流,并达成创新共识,产业集群才能发挥强大的合力[2]。(3)企业间高关联度时,也就是企业间产生物质流、信息流以及人力流形成的链接网络时,才能促进区域的发展[3]。(4)在创新集群基础上提出了超越集群思想[4]。

2. 以魏江为代表的产业集群理论观点

魏江和王缉慈两位教授及团队在产业集群理论方面的研究基本形成了南北呼应的局面(浙江大学与北京大学)。自 2003 年开始以温州低压电器产业集群为例研究其结构和运行模式[5],魏江教授及其团队在产业集群方面公开发表的研究成果已达 40 余篇。其主要理论观点为:(1)将产业集群看成一个有机经济体,提出了创新有序集成[6],认为个别薄弱环节会在系统内造成"木桶效应",影响产业集群的整体合力;(2)提出了产业集群三层次的学习机制框架[7][8],深入分析了产业集群内部企业交互学习机制的特点,

---

[1] 王缉慈:《简评关于新产业区的国际学术讨论》,《地理科学进展》1998 年第 3 期。

[2] 王缉慈:《良好的创新环境是发展高技术产业的必要条件——〈世界高技术园区〉评价》,《国外城市规划》1999 年第 3 期。

[3] 王缉慈:《高新技术产业开发区对区域发展影响的分析构架》,《中国工业经济》1998 年第 3 期。

[4] 王缉慈:《超越集群——中国产业集群的理论探索》,科学出版社 2010 年版,第 45—92 页。

[5] 魏江、申军:《传统产业集群创新系统的结构和运行模式——以温州低压电器业集群为例》,《科学学与科学技术管理》2003 年第 1 期。

[6] 魏江、叶波:《企业集群的创新集成:集群学习与挤压效应》,《中国软科学》2002 年第 12 期。

[7] 魏江、魏勇:《产业集群学习机制多层解析》,《中国软科学》2004 年第 1 期。

[8] 魏江、申军:《产业集群学习模式和演进路径研究》,《研究与发展管理》2003 年第 2 期。

并认为集体学习是产业集群创新集成的实现机制。

3. 其他产业集群理论观点

聂鸣教授关于产业集群的理论观点最早始于2001年。其主要理论观点与陈剑锋等相似：政策对产业集群发展有重要影响[1][2]；创新是产业集群升级的主要途径[3]。学者赵斯亮等主要针对产业集群的演化进行了研究，认为产业集群是在不断地演化中发展的。[4]

国内学者关于产业集群理论与观点的论述，对指导我国集群创新发展有积极作用。

三、国内外产业集群理论综合评析

从国内外学者的相关研究来看，产业集群理论体系尚处于探索阶段，关于"产业集群"的概念、边界等问题尚不统一，不同学派站在自身角度进行了较为深入系统的研究。随着理论研究的不断深入和各学科的交互融合，产业集群概念呈逐渐收敛趋势。本书将前人理论观点中的共识归纳为以下几点：(1)产业集聚是产业结构优化、效率提升、经济发展的根本需求，与"经济空间"类似，作为中间组织的产业集群内部一般也需要构建"增长极"(中心企业或龙头企业)，从而通过辐射效应提升集群整体竞争力(斯密、佩鲁、马歇尔、王缉慈等)。(2)产业集群集聚的方式主要来自两

---

[1] 聂鸣、李俊、骆静：《OECD国家产业集群政策分析和对我国的启示》，《中国地质大学学报(社会科学版)》2002年第1期。

[2] 陈剑锋：《基于产业集群的政策研究》，《科学学与科学技术管理》2005年第5期。

[3] 蔡铂、聂鸣：《社会网络对产业集群技术创新的影响》，《科学学与科学技术管理》2003年第7期。

[4] 赵斯亮：《我国汽车产业集群创新网络的合作机制及演化研究》，哈尔滨工程大学2012年博士学位论文。

方面:一是由于专业分工、技术创新、资产专用性等原因自发形成的企业间的契约或非契约关系链接(斯密、王缉慈等),属于市场自发集聚型;二是来自经济社会发展、外部市场需求、根植性等因素的作用,由政府、中间组织等推动的产业集中式发展模式,如产业园区、综合体等(波特、聂鸣等),属于外力推动集聚型。(3)产业集群不是静态的集聚组织,而是动态的、交互的(学习),具有渐进性和演化性,其生命周期与创新、集群剩余等高度相关(魏江、朱华友、左和平等)。(4)产业集群发展过程中正式机制(契约等)与非正式机制(声誉、信任等)都发挥着重要作用,突破了交易成本经济学所抛弃的社会因素的影响(魏江、邦格纳斯卡等)。(5)产业集群发展环境面临多重不确定性,如市场的不确定性(马歇尔、哈瑞森等)、制度(政策)的不确定性(Douglass,2008)[①]等。多重不确定性的存在是集群异质性的集中表现,也是产业集群理论分析范式离散化的重要原因,而将不确定性内部化将是产业集群理论分析范式收敛的重要思想(魏江等)[②]。(6)与早期韦伯等完全理性思想即经济人假设相反,更多的学者通过实践认为,由于系统环境与结构的不确定性,使集群行动者成为有先天机会主义倾向的有限理性者,即社会人假设(威廉姆森、魏江等),说明现实中产业集群行动者之间存在的博弈更多的是一种有限理性博弈。(7)学者们普遍认可波特钻石模型在分析产业集聚尤其是分析其内部作用机制时,有较强的理论支撑。政府、生产要素(人力、资本、技术、土地、信息等)、企业(战略、竞争、结构)、关联产业(辅助机构)

[①] [美]Douglass C. North,《制度、制度变迁与经济绩效》,上海人民出版社2008年版,第12—31页。

[②] 魏江、周泯非:《产业集群治理:理论来源、概念与机制》,《管理学家(学术版)》2009年第6期。

作为集群内部治理因素得到了学术界广泛认可；而需求等市场因素，则属于集群外部治理的重要拉力（魏江等）。

已有研究为本书展开提供了坚实的理论基础。本书将充分探讨我国西部地区牛羊特色食品产业集群内部的增长极（中心企业或龙头企业）作用；深挖其集聚的方式和演化阶段，重视正式与非正式机制的有机结合，重视宏观现象与微观机理的深入探讨，并将集群的不确定性内部化，明晰研究边界；同时，将以有限理性理论为假设前提，研究集群行动者间的各种博弈行为。

第三节 产业集群治理理论

一、国外产业集群治理理论研究

截至2023年8月，产业集群治理理论缺少明确的边界约束，治理框架或体系也尚不统一。因此，暂时没有形成主流的理论范式框架和深入的治理案例研究。但是从"治理"概念的角度出发，国外学者提出了交易成本与契约关系理论、网络/网络组织治理理论和新兴政治/社会学交叉领域的治理理论，对解释产业集群治理有较强的引导作用。

（一）交易成本与契约关系理论

威廉姆森（Williamson，1979）[①]在《交易成本经济学——契约关系的治理》一文中详细阐述了交易成本理论。学术界普遍认为

[①] Williamson, O.E., "Jransaction-Cost Economics: The Governance of Contractual Relations", *The Journal of Law and Economics*, Vol.22, No.2, 1979, pp.233-261.

第一章 理论基础与产业集群治理框架

该理论是集群治理方面的奠基性理论。威廉姆森对"治理"的概念进行了明确的定义,即"营造秩序、从而减轻冲突和实现共赢的手段和方法"。交易成本与契约关系理论的主要假设前提是把整个经济系统看成系统内各成员之间二元契约关系的总和,同时,经济绩效取决于所有契约关系的履行总和。

该理论的一个突出贡献在于为产业集群治理后续研究提供了"系统治理环境方面的理论框架",即治理环境分析框架主要包括"不确定性""交易频率""资产专用性"三方面;琼斯(Jones, Hesterly, Borgatti, 1997)等在这三个维度上拓展了"任务复杂性"[①],从而形成了网络治理环境的"四维度"分析法,被后续学者所采纳。(1)不确定性。根据威廉姆森、琼斯等思想,不确定性是个人或组织无法预测的未来事件,主要来自需求端的市场变化和政府机构的政策、制度变化等,因此"市场因素""产业政策"等成为不确定因素的主要参考因素。(2)任务复杂性。琼斯等认为,任务的复杂性指通过投入一系列不同专用性资源去生成一项产品或服务。对资源的追求需要行为主体间相互协调、相互依存。琼斯虽然从宏观角度提出了任务复杂性这一维度,但并未明确具体的考量要件。我国学者彭正银和韩炜(2011)对任务复杂性研究前沿进行了探析,并从"路径""过程"和"结果"三个维度对其进行了细化剖析:从"路径"来看,"信息资源"至关重要;从"过程"来看,"如果一项任务由多个相互冲突的子任务构成(如生产同一产品的集群不同企业),并……采取相互矛

[①] Jones, C., Hesterly, W. S., Borgatti, S. P., "A General Theory of Network Governance: Exchange Conditions and Social Mechanisms", *Academy of Management Review*, No. 22, 1997, pp. 911-945.

盾的行动序列,那么……有较高的复杂性""企业需要……资源与能力的投入、共享,以确保复杂任务的圆满完成"①,因此"技术资源""自然资源""货币资源"以及"知识共享(知识溢出)"等就构成了集群企业完成或联合完成复杂任务过程的基本投入要件;从"结果"来看,"每一种结果都可作为衡量任务执行效果的维度"②,"用数量和质量两个维度去衡量"③更为全面,而产业集聚的动因在于产业规模扩大基础上的成本优势的发挥④,因此从结果来看,"成本因素"是其任务复杂性的质量考量要件,而"产业规模"是其数量考量要件。(3)交易频率(网络交易属性)。威廉姆森对交易频率的描述为"……促使网络组织成员间持续互动……增强网络组织的稳定性……"。琼斯以产业纵向一体化进行交易频率分析。但二人都没有给出具体的考量要件。根据其定义以及曹群等后续学者的观点,集群网络中企业间的联系密度、强度、稳定性以及创新性等⑤能够很好地反映其交易频率。(4)资产专用性。克莱因(Klein,Crauford,Alchian,1978)⑥等于1978年首次提

---

① 彭正银、韩炜:《任务复杂性研究前沿探析与未来展望》,《外国经济与管理》2011年第9期。

② Speier, C., Vessey, I., and Valacich, J.S., "The Effects of Interruptions, Task Complexity, and Information Presentation on Computer Supported Decision Making Performance", *Decision Sciences*, Vol.34, No.4, 2003, pp.771–797.

③ Rothrock, L., Harvey, C.M., and Burns, J., "A Theoretical Framework and Quantitative Architecture to Assess Team Task Complexity in Dynamic Environments", *Theoretical Issues in Ergonomics Science*, Vol.6, No.2, 2005, pp.157–171.

④ 刘妍、朱祖平:《产业集聚过程成本动因的博弈分析》,《科学学与科学技术管理》2004年第6期。

⑤ 曹群:《产业集群创新绩效影响要素的作用机理分析》,《经济研究导刊》2012年第23期。

⑥ Klein Benjamin, Crauford Robert, G., Alchian Armen, A, "Vertical Integration, Appropriable Rents, and the Competitive Contracting Process", *Journal of Low and Economics*, Vol.2, No.21, 1978, pp.297–326.

出资产专用性这一概念。"只有当某种资产和某项特殊的用途结合在一起的时候,这种资产才是有价值的""包括两个显著特征,即由特定经济主体拥有(控制)和只能用于特定用途(一旦挪作他用,其创造价值可能会降低)"。威廉姆森在其著作《资本主义经济制度》中将其引入,并将其划分为以下五类:物质资源专用性、资产选址专用性、人力资本专用性、专项资产和品牌资产专用性。本书结合研究对象特殊性以及前述经济民俗文化学理论,认为我国西部地区牛羊特色食品产业主要集中于西北民族地区,牛羊食品原材料(物质资源)有显著的地域性(资产选址),这与其深深地根植于地区是密切相关的,且其品牌形成是一种蕴含着少数民族饮食文化的反映民俗属性的科层企业再造行为。因此,本书认为西部地区牛羊特色食品产业集群具有较强的资产专用性,其主要考量要件应该包括地域根植性、特殊科层文化和劳动力资源三方面。

威廉姆森的交易成本和契约关系理论的另一主要贡献在于他提出了治理的三种机制,即科层制度(一般单纯指企业或企业与企业间)、市场制度(一般由供求及特殊因素引导)和混合制度(介于上述二者之间)。系统中资产专用性强度大小决定着治理机制的选择问题,即当交易双方资产专用性程度较小时,市场机制是最有效的;当资产专用性程度逐渐变强时,有效的治理机制将从混合制向科层治理过渡。[①] 如前所述,西部地区牛羊特色食品产业集群资产专用性较强,因此基于价格竞争的市场机制并不是有效的治理机制,其科学性有待后面的定量研究去检验。

[①] 魏江、周泯非:《产业集群治理:理论来源、概念与机制》,《管理学家(学术版)》2009年第6期。

交易成本与契约关系理论打破了传统经济学二分法思维,对指导后续产业集群治理有奠基性作用。然而该理论也存在一些局限性,如过于抽象所有经济关系,而社会规范、信任、承诺、声誉等非正式机制被排除在外,显得过于机械化和结构化,而后来的网络/网络组织治理理论则弥补了这一缺点。

(二)网络/网络组织治理理论

网络治理理论是在交易成本与契约关系理论基础上结合格兰诺维特(Granovetter,1985)[①]在《经济行动与社会结构:嵌入性问题》一文中提到的社会网络嵌入性理论观点发展而来的。琼斯等(Jones 等,1997)[②]在《一种网络治理的一般理论:交换条件和社会机制》一文中首次对"网络治理"这一概念进行了界定,认为它是由自治性企业或非营利性企业组成的有可选择性、持久性和结构性的集合,并基于隐性和开放式的契约来适应环境以保障交易进行。这一理论观点最大的贡献在于把信任、声誉、承诺等非正式制度引入到经济系统中来,从而为产业集群的治理提供了一个全新的视角。网络治理理论主要关注治理过程中的非正式和社会性机制。

网络组织治理理论有别于网络治理理论。网络治理理论隐含的假设条件在于系统中所有企业都有相似的特征,而这一假设相对脱离现实,后续学者们的研究都认为不同的网络组织间存在异

[①] Granovetter, M., "Economic Action and Social Structure: The Problem of Embeddedness", *American Journal of Sociology*, Vol.91, No.3, 1985, pp.481-510.

[②] Jones, C., Hesterly, W. S., Borgatti, S. P., "A General Theory of Network Governance: Exchange Conditions and Social Mechanisms", *Academy of Management Review*, No. 22, 1997, pp.911-945.

质性。因此,单纯的网络治理理论并不能充分解释像产业集群这样的中间组织行为。而网络组织治理理论,既关注正式的行政权威关系、科层制度关系、法定契约关系等,又关注信任、声誉、承诺等非正式机制和社会机制的嵌入性问题,对网络组织尤其是战略联盟[1]、产业集群和供应链等[2]有很好的解释效应。

因此,交易费用与契约关系理论中所构建的网络环境治理框架应充分考虑非正式机制和社会机制的嵌入性。由于集群行动者交易行为一般都发生在其内部,主要体现在"交易频率"(网络交易属性)这一维度,且琼斯等从纵向一体化视角进行研究,因此"横向网络关系"(横向一体化中的正式与非正式接触关系)、"纵向网络关系"(纵向一体化中的正式与非正式接触关系)以及"关联产业嵌入"(互补或替代产业间正式与非正式接触关系)将成为集群网络交易属性的基本构成要件,且各个构成要件应充分反映正式与非正式的网络连接密度、强度、稳定性以及创新性等。

网络治理理论的不足之处在于忽视了正式制度的深远影响;网络组织治理理论虽然兼顾了正式与非正式制度的有机融合,却并未对网络组织中行动者的关系、角色进行细化,依然强调政府和市场的主导作用,而产业集群组织有更为复杂的行为关系,尤其是创新网络或区域创新系统等概念的提出,对网络组织治理研究提出了挑战。

---

[1] Artz, K. W., Brush, T. H., "Asset Specificity, Uncertainty and Relational Norms: An Examination of Coordination Costs in Collaborative Strategic Alliances", *Journal of Economic Behavior and Organization*, Vol.41, No.4, 2000, pp.337-362.

[2] Gulati, R., "Alliances and Networks", *Strategic Management Journal*, No. 19, 1998, pp.293-317.

(三) 新兴政治/社会学交叉领域的治理理论

新兴政治/社会学交叉领域的学者们认为:随着经济、技术以及社会的进步,集群网络的概念正在逐渐扩展,除了集群企业外,地方政府、主要职能部门、行业协会、大学(或其他知识型服务机构)以及技术中心等准公共机构都成为集群创新网络的重要节点[①],它们之间的关系处理对集群发展至关重要。

随着经济社会的发展,创新网络等概念的提出,国外学者们一致认为产业集群网络相对于企业与企业间的网络关系更为复杂。因此,一些学者在《我们的全球社区:全球治理委员会的报告》一书中对"治理"的内涵进行了较全面的诠释,即"治理是各种私人的和公共的个体或机构管理其共同事务的诸多方式的总和,是使相互冲突的利益通过联合行动得以调和、持续的过程,既包括正式制度和规则,也包括符合其利益的非正式制度安排"(Carlsson, Ramphal, Alatas 等,1995)[②]。

从新兴政治/社会学交叉领域对治理的界定和思想的分析来看,他们突破了交易成本与契约关系理论和网络/网络组织治理理论中关于系统治理环境的分析框架,并认为"关系属性"有重要地位,但在其后续研究中,该学派并未真正地将其归纳为一个新的考量维度。因此,在此理论支撑下,本书拟将"关系属性"引入网络组织治理理论框架当中去,并结合研究对象实际情况将"政府""龙头企业(中心企业)""行业协会""辅助机构"等列为重要考量

---

① Jessop, B., "The Rise of Governance and the Risks of Failure: The Case of Economic Development", *International Social Science Journal*, Vol.50, No.155, 1998, pp.29-45.

② Carlsson, I., Ramphal, S., Alatas A., Dahlgren, H., "*Our Global Neighbourhood: The Report of the Commission on Global Governance*", USA: Oxford University Press, 1995, pp.22-28.

要件;同时,考虑到西部地区牛羊特色食品产业的特殊性和经济民俗文化学理论的重要性,将"民族事务部门"单独列出来有更好的现实意义(将其独立也符合该学派的论断,即地方政府和主要职能部门)。

从目前来看,产业集群治理理论正在逐渐成熟,治理环境分析框架也在不断优化和清晰,未来治理理论的发展必然沿革上述三种理论并结合各国或区域政治、经济、文化等进行异质性分析,并在异质性结论的基础上重新归纳其一般性,进而使其朝着更加科学的方向演进。

同时,产业集群作为一种复杂网络组织,国外有学者从战略的视角,研究其治理的结构(Marko,2010)[1]、治理的模式(Riccardo,2011)[2]、治理的机制(Ni,2018)[3]等,从而进一步拓展了网络组织治理理论的分析框架,这为本书理论框架的提出提供了重要的理论支撑。

二、国内产业集群治理理论研究

国内产业集群治理理论研究的主要代表人物有魏江、孙国强、易秋平、李国全、易明等,其主要理论倡导为:

魏江教授对国内外产业集群治理理论来源、概念和机制进行了系统的综述,并认为"交易成本、网络治理和新兴政治/社会学

---

[1] Marko Kohtamaki,"Relationship Governance and Learning in Partnerships", *The Learning Organization*, Vol.17, No.1, 2010, pp.41-57.
[2] Riccardo Cappellin, "The Governance of Conflicts and Partnerships in Knowledge and Innovation Networks", *Emerald Group Publishing Limited*, 2011, pp.31-70.
[3] Ni, W., "A Contingent Perspective on the Synergistic Effect of Governance Mechanismson Sustainable Supply Chain", *Supply Chain Management*, Vol.23, No.3, 2018, pp.153-170.

交叉领域内的治理理论"属于集群治理研究的"硬核"理论,但又存在一些局限性。他认为:"……大多数集群要素或产品价格与外部市场并无太大差异,即现实中并不存在体现集群特征的内部市场机制,因此市场机制应该排除在集群治理概念范围外。"[1]之后结合实际,他提出了四种产业集群治理机制,即地方规制、经济层级、社会规范和协会自治,并明确了四方面效率考察的具体标准。

孙国强教授(2003)[2]利用系统理论与方法,将其二维结构拓展到包括"关系""互动"与"协同"的三维视角,并认为集群治理逻辑是在遵守一定的运行规则(学习创新、激励约束、利益分配、决策协调)和行为规范(信任、宏观文化、声誉和联合制裁)基础上集群内部行动者的有机互动与协调。

易秋平、刘友金(2011)[3]认为产业集群组织是一个契约经济体,因此提出在研究产业集群治理时从"契约经济学"的视角进行深入研究;并认为产业集群内部各企业之间有一定的共生关系,可以从生态学的"共生理论"角度入手进行协同分析。总而言之,他们倡导从多学科角度进行产业集群治理分析。

李国全、郭运生(2014)[4]从广义和狭义两个方面进行了产业集群治理理论的评述,他们认为:应该用交叉学科理论方法分析产业集群治理问题,且理论研究的重点应该朝着揭示市场和集群创

---

[1] 魏江、周泯非:《产业集群治理:理论来源、概念与机制》,《管理学家(学术版)》2009年第6期。

[2] 孙国强:《关系、互动与协同:网络组织的治理逻辑》,《中国工业经济》2003年第11期。

[3] 易秋平、刘友金:《产业集群治理研究文献综述与展望》,《湖南科技大学学报(社会科学版)》2011年第14期。

[4] 李国全、郭运生:《产业集群治理理论研究述评》,《河南科技》2014年第1期。

第一章 理论基础与产业集群治理框架

新失灵的本质方面发展等。该理论的倡导为研究产业集群治理提供了更加微观的视角。

易明、杨树旺等(2011)[①]较为客观地阐述了产业集群治理的内涵、机制等,并分析了产业集群治理的理论框架,他们认为:公司治理理论与集群治理不同,行业协会是产业集群治理的主体。其理论贡献在于提出了产业集群治理机制的互补机理,即当集群内部正式机制与非正式机制共存时,机会主义风险小,只有非正式机制存在时,进入壁垒高,只有正式机制时,进入壁垒小,如若二者皆无,集群内部便充斥着各种机会主义。[②]

国内还有一些学者对产业集群治理理论框架或思路进行了研究,基本上是在国外三种硬核理论基础上提出的系统分析范式,如全裕吉(2004)[③]的网络治理理论框架包括"治理环境、治理对象、治理机制和治理目标",杨慧(2006)[④]的产业集群治理分析框架包括"治理范围、治理主体、治理对象、治理结构、运行机制、行动重点、绩效评价与实证研究",钱人瑜、李智和钱振健(2015)[⑤]的网络治理理论框架包括"网络治理环境、网络治理战略目标、治理模式、治理机制"等。

国内学者在产业集群治理理论上的建树有突破性,对本书研究有积极借鉴意义,尤其是魏江教授的四维度集群治理机制更加

[①] 易明、杨树旺等:《产业集群治理的内在逻辑与机制体系》,《湖北社会科学》2011年第11期。

[②] 易明、杨树旺、宋德勇:《产业集群治理理论研究综述及展望》,《工业技术经济》2008年第27期。

[③] 全裕吉:《从科层治理到网络治理:治理理论完整框架探寻》,《现代财经(天津财经学院学报)》2004年第8期。

[④] 杨慧:《产业集群治理分析框架初探》,《科学学与科学技术管理》2006年第5期。

[⑤] 钱人瑜、李智、钱振健:《网络治理的研究综述与理论框架创新》,《商业经济研究》2015年第2期。

贴近中国实际,在继承前人理论的基础上有新的突破,对本书有非常强的指导意义。因此,本书将在创新网络组织治理理论框架内,以魏江教授的"四维度治理机制"为依据,并结合我国西部地区牛羊特色食品的一般性与异质性展开充分论证;孙国强和易明教授的集群治理逻辑对本书探寻集群内部作用机制有积极作用,易秋平、李国全的研究对本书共生治理模式研究有点拨意义。

三、国内外产业集群治理理论综合评析

通过上述对国内外产业集群治理理论的剖析,本书得出以下结论:(1)产业集群治理势在必行,但其治理的理论框架尚不统一,概念和边界也相对发散,但"交易成本与契约关系理论""网络/网络组织治理理论"以及"新兴政治/社会学交叉领域的治理理论"是三种硬核理论,魏江等的治理观点是其有益补充。(2)在上述理论基础上,根据各个国家或地区的经济、社会、文化、民族等特点设计集群创新网络组织治理框架有更强的现实意义。(3)综合前人理论(已前述),创新网络治理环境研究框架可从"不确定性""任务复杂性""网络交易属性""资产专用性"和"关系属性"五个维度进行深入研究,且各维度考量要件应结合实际,科学有效。(4)新兴政治/社会学交叉领域的治理理论所倡导的创新网络组织治理是目前研究的焦点,既关注集群内部的行政权威等正式制度和信任、声誉等非正式与社会制度的嵌入性,同时也聚焦集群内部行动主体间的各种关系,对目前产业集群治理理论走向收敛做了重大贡献。(5)创新网络组织治理是从组织战略视角进行的整体分析,因此治理的目标、原则、结构、机制与效果等成为其治理理论框架不可或缺的部分。

第四节　理论分析框架

如前所述，目前关于产业集群治理的理论框架尚不统一，但在三种硬核理论支撑下，结合各国特点进行补充有积极现实意义。因此，本书在经济民俗文化学理论背景下，突出西部地区牛羊特色食品产业集群的异质性，同时融合"交易成本与契约关系理论""网络/网络组织治理理论"以及"新兴政治/社会学交叉领域的治理理论"等思想，提出了如图1-2所示的产业集群创新网络组织治理理论分析框架：

（1）该理论框架吸收了上述三种治理理论关于治理环境维度的分法，将创新网络治理环境分为五个维度，即"不确定性"、"任务复杂性"、"网络交易属性"（交易频率）、"资产专用性"和"关系属性"。"不确定性"主要考虑市场和西部地区牛羊特色食品产业集群制度（政策）方面的影响，其中"市场"的影响有争议性，威廉姆森等认为市场是造成系统不确定性的重要因素，并将市场机制作为一个维度进行考量，而魏江教授却认为对现实的产业集群组织而言，"市场差异性不大"，因此应该将其排除在外。同时，威廉姆森也承认，治理机制的选择与资产专用性相关，资产专用性低的适合市场机制发挥作用，而西部地区牛羊特色食品产业有较高的资产专用性，因此，按其理论，"市场因素""市场机制"应该不是主导型思想。本书将在后续研究中对该因素的作用进行专家数据趋同检验。任务复杂性主要从路径、过程、结果进行考量，具体要件包括货币、自然、信息、技术等要素资源的投入、知识共享的中间环节

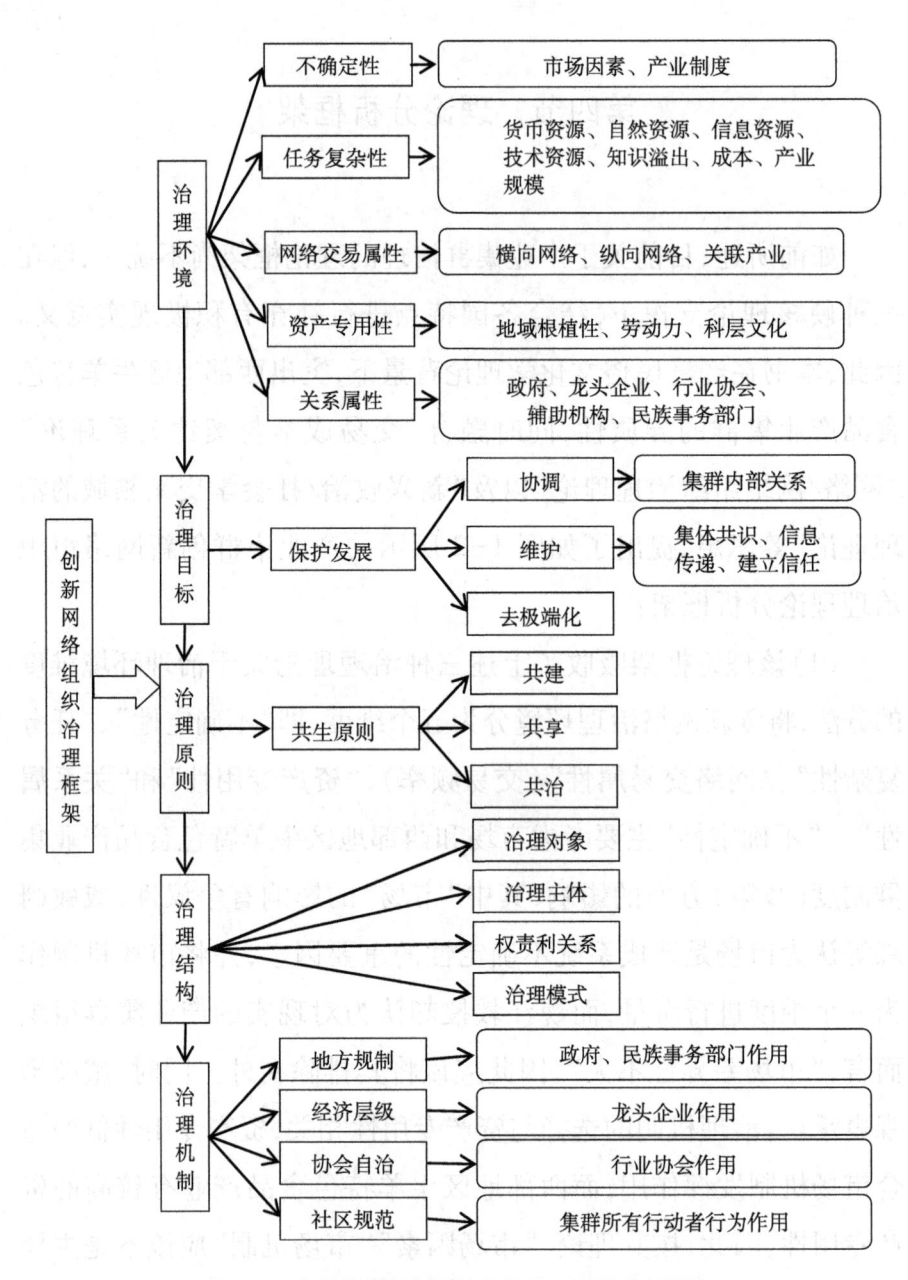

图 1-2 产业集群创新网络组织治理理论分析框架

资料来源:本书笔者团队制作。

第一章 理论基础与产业集群治理框架

以及基于数量和质量考虑的结果,即产业规模和成本。网络交易属性是在三大理论融合的基础上,既重视正式制度,又重视非正式或社会制度的嵌入性,重点考察横纵向(含关联产业)网络关系中的连接密度、强度、稳定性和创新性等。资产专用性是在经济民俗文化学理念基础上根据其定义进行的归纳总结,主要包括地域根植性、劳动力和科层文化。关系属性则归纳了新兴政治/社会学交叉领域的治理思想,将政府、龙头企业、民族事务部门、行业协会和辅助机构纳入分析框架,是对原治理环境分析框架的一种合理突破。

(2)从战略思想入手,结合国内外学者研究,将"治理目标""治理结构""治理机制"纳入整体分析框架,同时突破性地从共生思想去分析产业集群的"治理原则"。由于研究对象的特殊性,其治理目标主要是保护与发展,保护是为了更有效地发展,发展是为了更好地保护,通过协调集群整体与个体来达到维护的目的。治理结构在综合国内外学者现有研究基础上,将其考量要件归纳为治理主体、治理对象、治理模式以及一个突破性要件"主体间的权责利关系分析"(目前学术界只有新兴政治/社会学交叉领域的治理理论对其关系进行了宏观说明,但缺少深入的具体分析)。治理机制将采纳魏江教授的"四维度"治理机制分析范式。治理效果是不可或缺的部分,但不在本书研究范围内,将其作为后续研究。

(3)为使研究有科学性和一定深度,本书将在网络创新组织治理理论框架考量要件基础上甄选影响西部地区牛羊特色食品产业集群发展的关键因素,从现象层面(发展阶段、现状、问题等)宏观分析其现实状态,并从本质层面(内部机理、主要矛盾等)深刻揭示其发展机理,从而为该特色产业集群发展动能注入内部推力;同时关注到集群外部普适性消费需求的特点,深入分析国内消费者购买特色牛羊食品的原因,为其一般性发展提供消费拉力。

(4)整体理论框架将聚焦产业集群研究共识,充分关注"增长极理论"的作用、"演化思想"的发挥、"有限理论"的应用、"钻石模型"的改进和"共生治理思想"的运用。

第二章 产业集群类别、特征、启示与判定方法

产业集群作为一种集聚型组织,对地方经济发展有重要作用,并被无数实践所证明,如温州的鞋业产业集群、无锡的小商品批发产业集群、上海文化创意产业集群、东北汽车及其零配件产业集群等。产业集群形成的动因在于对"集群剩余"的索取。集群内部企业通过成本的优化、资源的整合、人才的交流、管理经验与技术的效仿等形成合力,从而不断地推进集群创新式发展。然而,在产业集群发展的过程中,也出现了许多问题,如一些政府主导型产业集群在政策红利消失殆尽后,缺乏发展的后备动力,导致集群逐渐没落甚至消亡。从国内外现有研究基础来看,产业集群如同一个产品,也有其自身的生命周期,只有在其衰退期通过合理的治理,方能不断演化与可持续发展。因此,从理论上研究产业集群的发展过程、类型、特点及其治理重点有积极的现实意义与理论价值。

第一节 产业集群类别演化

马库森(Markusen,1996)[①]将产业集群划分为以下四种:意大利式、轮轴式、卫星平台式以及依赖国家力量型产业集群,四者之间演化规律不明显;奥布(Allbu,1997)[②]以市场导向与协作为依据将产业集群划分为四种:传统工业集群、组装生产网络集群、园区型集群和工业中心型集群,四者间有初步的演化规律,传统工业集群逐渐向更高级别集群演化;波特(Porter,1998)[③]从价值链的形成角度把产业集群分为水平产业集群和垂直产业集群,也就是现在较熟悉的横向集群网络与纵向集群网络,但二者之间缺少演化规律;麦卡恩(Mccann,2002)[④]从交易成本理论视角出发,将产业集群划分为纯集聚体、产业综合体和社会关系网络三类,且三者之间不具有明显的初、高级演化规律;陈健和詹胜(2006)[⑤]从网络结构视角将产业集群划分为独点支撑型、包络型、触角型三类,三者之间相互独立,演化需要一定条件;丁建军和陈赤平(2008)[⑥]从产业成熟度视角把集群划分为沙滩式、链条式、齿轮式和模块式四

[①] Markusen, A., "Sticky Places in Slippery Space: A Typology of Industrial Districts", *Economic Geography*, No.4, 1996, p.72.

[②] Michael Allbu, "Technological Leaning and Innovation in Industrial Clusters in the South, SPRU", *Electronic Working Papers Series*, No.12, 1997, p.7.

[③] Michael, E. Porter, "Clusters and the New Eeonomics of Competition", *Harvard Business Review*, 1998, pp.14–22.

[④] Philip Mccann, "Industrial Clusters, Transactions Costs and the Institutional Deteminants of MNE, Location Behaviour", *International Business Review*, No.11, 2002, pp.647–663.

[⑤] 陈健、詹胜:《基于网络结构视角的产业集群分类》,《科技广场》2006年第10期。

[⑥] 丁建军、陈赤平:《产业集群分类、治理比较及演变趋势分析》,《中南财经政法大学学报》2008年第5期。

种,并且详细分析了各类型集群之间的演化规律;曹思远和孙圣钧(2011)[1]从市场结构视角将产业集群划分为完全垄断型、寡头垄断型和垄断竞争型产业集群,但并未解释三者之间如何演化;马媛和张永庆(2013)[2]从集群核心吸引物类别的角度将产业集群划分为三种:自然资源型集群、人造资源型集群和复合集群等,三者之间的演化需要条件;近年来虚拟产业集群在互联网与大数据支撑下发展较快,如田霖和韩岩博(2019)[3]提出了虚拟产业集群理论,并对其应用进行了深度研究,但对虚拟网络的演化过程尚处于探索阶段。

综上所述,关于产业集群类别演化的研究脉络基本可以概括为新区域主义范式、曼彻斯特学派的"本地—全球"张力范式、关系经济学范式和演化经济学范式。[4] 国内外相关研究都是从不同视角进行了较为详细的理论研究,对产业集群发展与治理有较高的借鉴意义。然而,现有研究缺少定量的实证分析。从现实角度出发,任何产业集群的发展都不是静态的,而是逐步演化动态的过程。演化经济学强调变革、学习与创新,是对非均衡发展理论的创新。因此,从演化经济学视角对其分类进行探讨,符合产业升级特点,值得深入探讨。虽然奥布(1997)、丁建军和陈赤平(2008)等从演化经济学视角进行了科学分类,然而其分类过于宏观,根据生命周期理论,任何事物的发展都有量变到质变的过程,而这一过程

---

[1] 曹思远、孙圣钧:《市场结构视角下产业集群分类》,《东方企业文化》2011年第18期。
[2] 马媛、张永庆:《旅游产业集群分类的研究评述》,《金融经济》2013年第18期。
[3] 田霖、韩岩博:《虚拟集聚理论与应用研究评介》,《重庆大学学报(社会科学版)》2019年第12期。
[4] 滕堂伟:《从地方集群到集群网络:产业集群研究的国际前沿进展》,《甘肃社会科学》2015年第6期。

的演化具有一定的临界点,因此临界点范围内的事物状态最值得关注和探讨,如生命周期中的起步发展期、发展成熟期、成熟衰退期等。基于此,本书在丁建军、陈赤平(2008)观点的基础上,同样以演化经济学理论为核心,对产业集群进行再分类,重点讨论其4种临界状态产业类型的特征与治理启示,并通过构建数学模型,为产业集群类别的评定提供一种现实解决方案。

第二节 产业集群类别再划分、特征与治理启示

丁建军、陈赤平两位学者以"分工合作程度"和"竞争交易程度"两项指标为依据,从演化经济学视角,对其分类进行界定具有可操作性,且被大多数学者所认可,然而两位学者仅仅在理论上进行了探讨,并未展开实际的量化研究,如对"竞争交易程度""分工合作程度"的测量指标的界定、判定方法的适用性等缺乏深入研究。本书在此基础上,结合生命周期理论,引入对产业集群发展临界点状态的探讨,将其划分为八大类,即沙滩式产业集群、沙链式产业集群、链条式产业集群、链盟式产业集群、沙轮式产业集群、齿轮式产业集群、轮盟式产业集群和联盟式产业集群,并从量化角度探讨其判定方法的适用性。

一、沙滩式产业集群特征与治理启示

(一)特征

沙滩式产业集群一般指在集群内部企业与企业之间缺少分工

与合作，基本无业务对接，企业间缺乏有效竞争的产业集群。集群内部组成单元与外部机构（大学、科研院所、金融投资机构等）之间几乎零联系。[①] 该类型产业集群又分为两种：第一种是集群内仅存在相互竞争的某一节点企业，如物流园区等，但仍会配套一些外辅机构，如金融机构等；第二种集群内存在各个节点企业，且配套外辅机构。该类型产业集群内部结构不集中，企业与企业间、企业与外部机构间缺乏有效沟通交流，大部分是受地方政府的政策红利吸引而集聚到一起，缺乏地域根植性[②]，处于像沙粒一样的游离状态，往往表现为"聚而不群"的特点[③]。沙滩式产业集群示意图见图2-1。

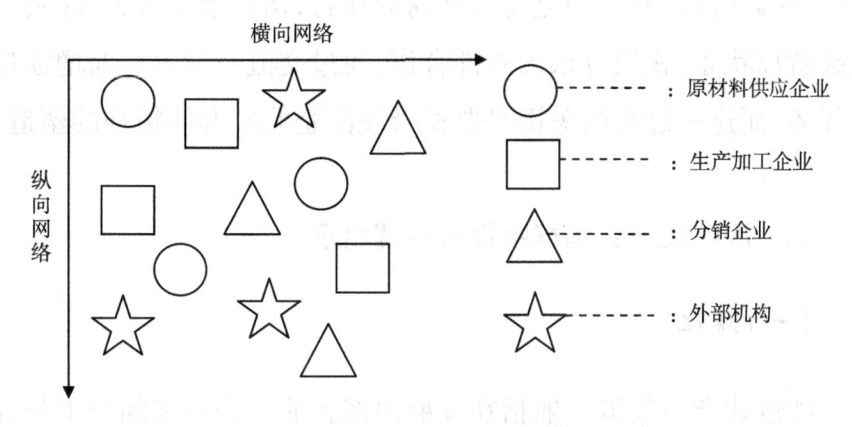

图 2-1 沙滩式产业集群示意图

资料来源：本书笔者团队制作。

---

① 赵天鹏、刘相兵：《基于"钻石模型"的初级农业产业集群分析》，《安徽农业科学》2011年第39期。
② 曾庆福、易善策：《政府主导型产业集群演进路径分析》，《武汉金融》2009年第12期。
③ 王迪飞：《基于复杂网络的战略性新兴产业集群网络演化研究》，南京航空航天大学2018年硕士学位论文。

（二）治理启示

地方政府是该阶段产业集群的治理主体。从治理的角度看，该阶段应该充分发挥政府的导向功能（如政府应明确产业集群的战略定位、产业控制性详规审定、制定完善的产业政策、通过税收与土地等进行调节、充分扩大集聚优势、入园企业性质的筛选等）、协调功能（如协调倡议集群内企业间的园区共建、资源共用、产业共育、利益共享、风险共担等）和行政功能（如产业制度与政策的制定、产业监管措施的实施、市场竞争机制的优化等）等，为其产业集群形成提供肥沃土壤；产业集群内部企业是集群的自然主体，在此阶段，其应强化与拓展商业视野，切忌坐井观天，应及时突破游离状态，积极寻求内外部合作，通过交流与学习不断增强自身优势，而这一过程的关键是要积极关注企业家群体精神的塑造。

二、沙链式产业集群特征与治理启示

（一）特征

沙链式产业集群一般指在集群内部企业与企业之间分工与合作程度逐渐加强，并基本处于中间水平，但竞争交易程度依然很低。集群内部组成单元与外部机构之间也逐渐产生了相互关系。该类型产业集群内部结构在纵向网络建设方面有了明显的改善，为了快速获取集群剩余，上下游企业之间逐渐产生了自发的相互接触，并局部性缔造正式契约关系，形成了纵向合作价值网络[①]

---

① 陈宇科、喻科、孟卫东：《基于价值网的纵向合作创新网络建设——以重庆汽车产业为例》，《科学学与科学技术管理》2009 年第 30 期。

（见图2-2中曲线圈定位置）。沙链式产业集群示意图见图2-2。

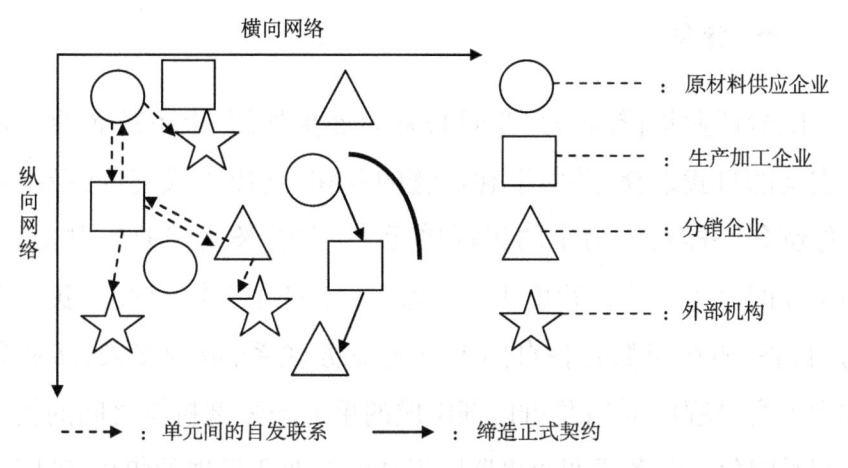

图2-2 沙链式产业集群示意图

资料来源：本书笔者团队制作。

（二）治理启示

该阶段的治理主体依然以政府为主，但以企业为中心的科层治理逐渐浮现出来。[1] 地方政府在该阶段主要由行政作用逐渐转变为催化作用，即政府各项制度、安排的战略落地阶段，随着定期的考核与评价，从而不断地进行政策、制度等方面的纠正、调整与优化。此时，企业家精神得到了很好的体现，模仿、效仿等商业趋利行为在集群内部逐渐显现，如20世纪90年代温州的皮革产业集群，正是通过不断地模仿、改进、提升而突破产业发展瓶颈，并走向世界。此时政府应更加重视对集群龙头企业的培育力度，通过其带动辐射作用进一步促进横纵向网络良性发展。

---

[1] 吴传清、李群峰、刘宏伟、朱兰春、赵玲娟：《企业家精神与产业集群成长——基于新制度经济学的视角》，《经济前沿》2008年第7期。

三、链条式产业集群特征与治理启示

(一)特征

随着产业集群内部企业间联系的逐步加深,上下游企业间进行主动的自我选择,并由于利益链的存在,达成正式契约,最终形成像链条一样较为稳定的集群单元。[①] 在链条式产业集群中,内部企业间分工与合作程度很高,但基本上处于"你干你的,我干我的"状态,相互间都有各自的上下游业务联系,极少交叉,从而导致竞争交易程度低[②];集群内部组成的单元与外部机构之间的关系也相对固化。链条式产业集群属于高度专业化发展的集群,动因在于合作分工带来的效率提升。链条式产业集群示意图见图2-3。

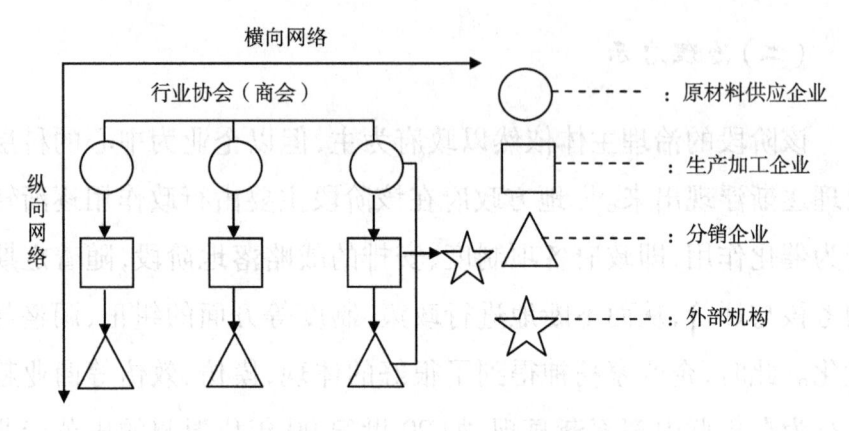

图2-3 链条式产业集群示意图

资料来源:本书笔者团队制作。

[①] 丁建军、陈赤平:《产业集群分类、治理比较及演变趋势分析》,《中南财经政法大学学报》2008年第5期。

[②] 项喜章、胡坤、吴素春:《链条型农产品加工产业集群创新模式研究》,《安徽农业科学》2012年第40期。

（二）治理启示

地方政府在该阶段由催化作用逐渐转变为引导作用，逐步地将产业发展主动权交予市场，同时，由于集群剩余索取权问题的存在，产生了一个新的组织——行业协会（商会），其为该阶段产业集群发展的主要治理主体，其治理的方向主要为行业内部组织制度、行业规范的构建，并充分发挥声誉、信任等非正式机制的作用。此时，辅助机构的嵌入作用在行业协会出现后，无论是在强度、密度和稳定性等方面都有了大幅提升，如将其纳入协会成员、技术顾问、行业专家等序列，并通过技术入股、独立董事等形式与集群企业间构架起千丝万缕的联系。因此，该阶段治理的重心应以行业协会为中心，发挥其纽带作用，联系政府、企业与辅助机构，不断提升产学研转化的成功率和质量。例如，云南三七生物医药产业集群等都是借助了行业协会的强大力量而不断发展起来的。

四、链盟式产业集群特征与治理启示

（一）特征

链条式产业集群发展到一定程度后，由于集群企业间缺乏沟通无法相互学习，必然产生"创新惰性"，从而使产业集群走向"锁定困境"。[①] 此时，一些有远见的企业家或有影响力的"中心企业"，开始思考与同行业进行交流，甚至为了提高产业效率而结成

---

① 胡彬、万道侠：《集聚环境"升级"抑或"降级"：对企业"创新惰性"的新解释》，《财经研究》2019 年第 45 期。

战略联盟。链盟式产业集群中除链条式集群企业外,在某些利益链节点模块出现了个别的企业战略联盟。该联盟通过正式契约形式统一对产品进行分配,统一与外界机构联系。链盟式产业集群示意图见图2-4。

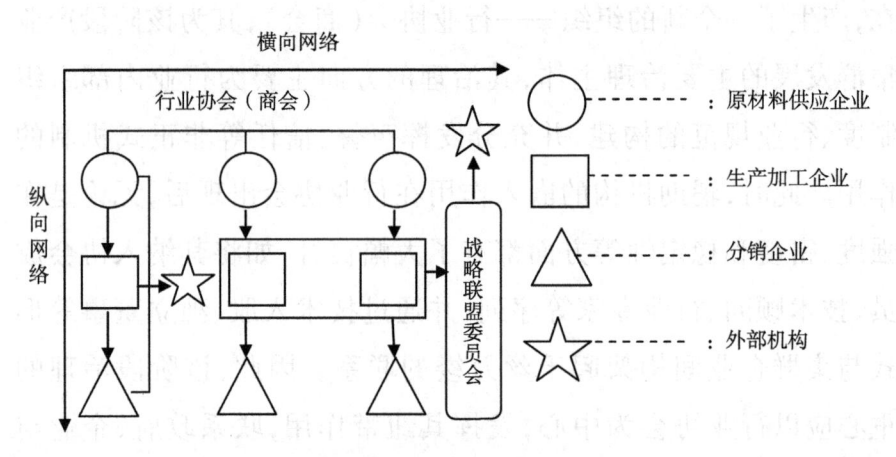

图2-4 链盟式产业集群示意图

资料来源:本书笔者团队制作。

(二)治理启示

此时行业协会的非正式机制已经无法约束联盟的权益分配,因此该阶段会出现一个新的组织——战略联盟委员会(如产业技术联盟等),它是行业协会更加实体化的体现,拥有同业统一定价权,并对企业的原料质量进行监督,共同维护同行业的社会声誉等。该组织有法律效力,而且主要通过正式契约机制运行。由于链盟式产业集群特点在于分工合作程度较高,而竞争交易程度基本处于中等,因此,该阶段治理的主要方向应以引入竞争为主,通过良性竞争,激发集群内企业的创新意识,而其竞争的手段多源于战略联盟委员会根据工艺等对行业不同品类产品的定价。受更多利益的驱使,处于下风的同类竞争企业通过模仿、革新等方式进行变革,淘汰落后产能,激发创新意识,正如江西省崇仁县变电产业集群的发展历程,通过构建"产业技术联盟",在"中心企业"带动下,周边中小企业都进行了技术改造,以应对不断变化的变电市场需求。

五、沙轮式产业集群特征与治理启示

(一)特征

在集群建设初期,政府通过行政推力或政策引力把一批生产加工统一产品属性的竞争企业(或原材料供应企业或分销商,但一般以生产加工企业为主,本书以其为例进行示意图展示)聚集到一起。起初,集群内竞争企业处于游离状态,这一阶段就是我们所谓的沙滩式产业集群的第一种类型。之后,各自通过自身资源与集群外上下游企业接触,随着集群内各个竞争企业与外部上下游企业间的接触加深,部分企业与之基本建立了正式契约关系。其特殊之处在于:部分竞争企业由于资源的买方或卖方市场垄断等原因,选择了相同的上游或下游企业,在行业协会(商会)未建立起来时,它们实质上形成了资源与话语权竞争,属于横向竞争网络。沙轮式产业集群主要特点在于:分工合作程度极小、竞争交易程度中等。沙轮式产业集群示意图见图2-5。

(二)治理启示

从治理的角度看,政府引导作用依然很关键,尤其是引导集群内部企业良性竞争、鼓励其创新产品形式、引进新技术或强化企业

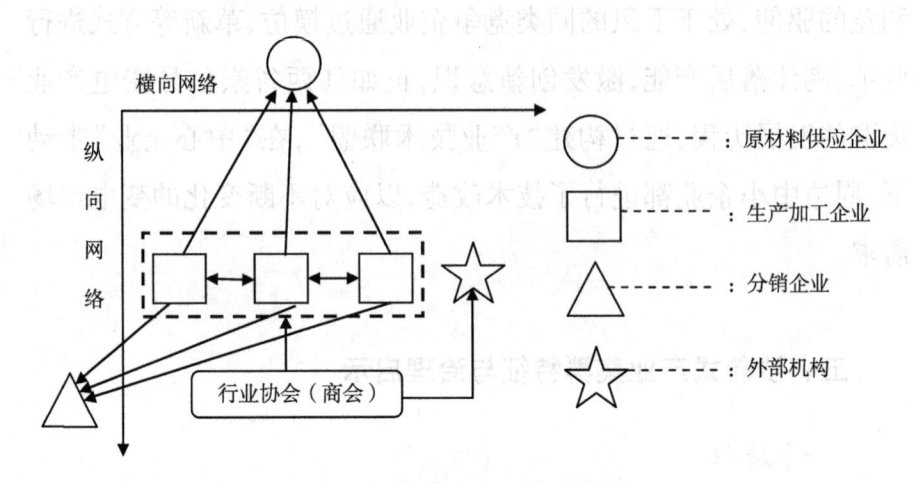

图 2-5 沙轮式产业集群示意图

资料来源:本书笔者团队制作。

内部管理等①;而外辅机构的嵌入作用却非常弱,主要是因为集群企业将重心更多地转嫁到资源的争抢过程中。因此,此阶段有长远意识的企业家应该重视与金融机构、科研院所建立关系。由于过多的精力放在资源的获得上,使大部分集群企业只能生产单一的粗加工制品或半成品,而忽视了技术创新的重要性,很难实现产品宽度、长度和深度的拓展,从而导致"集体创新惰性"。因此,此阶段集群企业家战略眼光发挥着至关重要的作用,在行业协会尚未建立时,政府有义务定期举办企业家会议,通过有的放矢地培训,提升集群整体生命力。同时,外部原料供应商与分销商市场在此阶段都处于买方市场地位,有很强的话语权,容易引起要素市场和需求市场短暂的混乱现象,因此治理的重心在于政府对这两个市场的规范化,打击投机主义商业行为、强化原料产品质量检测、积极维护产品市场分销秩序等。大多数地区的食品产业集群的发

---

① 李胜连、张丽颖、黄立军:《沙轮式产业集群治理措施研究——基于非对称演化博弈的视角》,《技术经济与管理研究》2015年第12期。

展类型与此类似,在政策环境一定条件下,集群集聚基本上以园区形式呈现,而园区内80%甚至更多的企业表现为生产加工类企业,由于对资源的过度追求,出现了一定程度的"道德风险"和负外部性事件;并且由于创新惰性的持续固化,使一些食品产业集群一直处于初加工阶段,无法规模化,比较优势逐渐下降,从而无法在现代竞争激烈的商业环境中持续生存,这也是我国食品产业集群普遍面临的尴尬局面。

六、齿轮式产业集群特征与治理启示

(一)特征

之所以称为齿轮式产业集群,是因为在该阶段集群企业间分工合作程度很低,主要是横向激烈竞争存在,像齿轮一样相互咬合。不管是对上游原材料的竞争,还是对下游分销网络的竞争,实际上都是集群内部企业索取剩余价值的体现,是集群企业间实力的较量,非常有利于集群内部"创新空气"的弥漫。[1] 此时,为了协调内部企业间的激烈竞争,逐渐形成了一个组织——行业协会(商会),该组织通过对交易"潜规则"的规范化,从而形成较正式的行业规则来约束内部横向竞争企业间的无序行为。齿轮式产业集群示意图见图2-6。

(二)治理启示

该阶段集群治理的主体主要为行业协会(商会)与"中心企

---

[1] 丁欢:《协同演化视角下的地方产业集群形成机制研究》,河南大学2015年硕士学位论文。

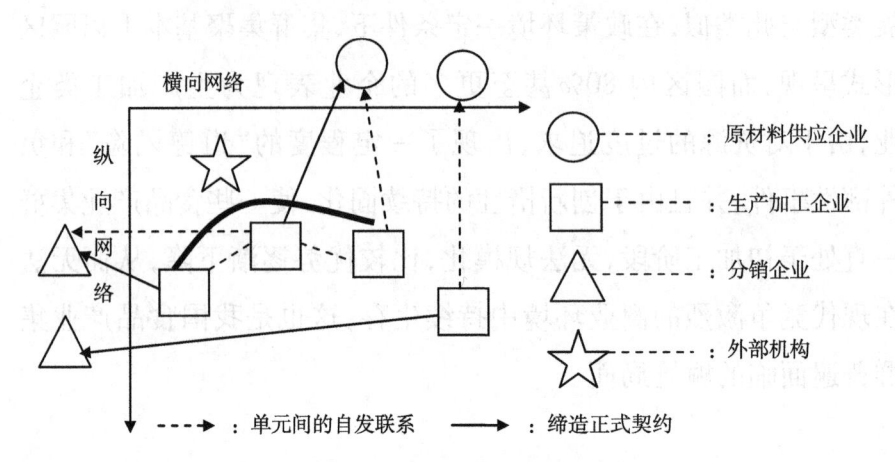

图 2-6　齿轮式产业集群示意图

资料来源:本书笔者团队制作。

业"。行业协会(商会)要解决的关键问题在于:需要通过行规体系建立责权利明确清晰的新秩序,以有效防止内部企业恶性竞争所带来的"柠檬市场"等问题[1],同时通过协会平台与资源积极与第三方外辅机构建立密切联系;而"中心企业"治理的重心在于技术、资源等要素的共享。这要求中心企业的企业家具备战略意识,同时政府应该通过政策倾斜,努力提高集群"中心企业"技术、资源等的分享总收益(如专设基金支持、各类奖励措施等),降低其分享的总成本(如税收减免、技术补贴等),从而提升其分享的积极性和主动性,带动同类中小企业协调发展。甘肃通渭的中医药加工产业集群与此相似,瀛海堂、通广药材等"中心企业"及其行业协会发挥了重大作用;通渭县政府积极出台扶持政策,扶持通广药材、瀛海堂医药公司实施技术改造,使全县中药材饮片加工能力在 2016 年时已达到 8500 吨。

---

[1] 杨翠兰、吴绍波:《基于齿轮式四螺旋模型的产业集群知识转移路径研究》,《情报杂志》2012 年第 31 期。

七、轮盟式产业集群特征与治理启示

(一)特征

齿轮式产业集群必然带来集聚效应,该集聚效应会逐渐吸引集群外上下游关联企业,并在成本优势、地理优势、集群优势等作用下,主动融入齿轮式产业集群中来,但也有部分上下游关联企业由于受到地域保护等影响,无法融入集群;同时,由于集群内部横向竞争企业间竞争程度加剧,行业协会约束力无法对其进行控制和把握,在多种势力尤其是"中心企业"作用下,横向竞争企业间开始形成有法律效力的正式契约机构——战略联盟委员会[①],从而形成轮盟式产业集群。轮盟式产业集群示意图见图2-7。

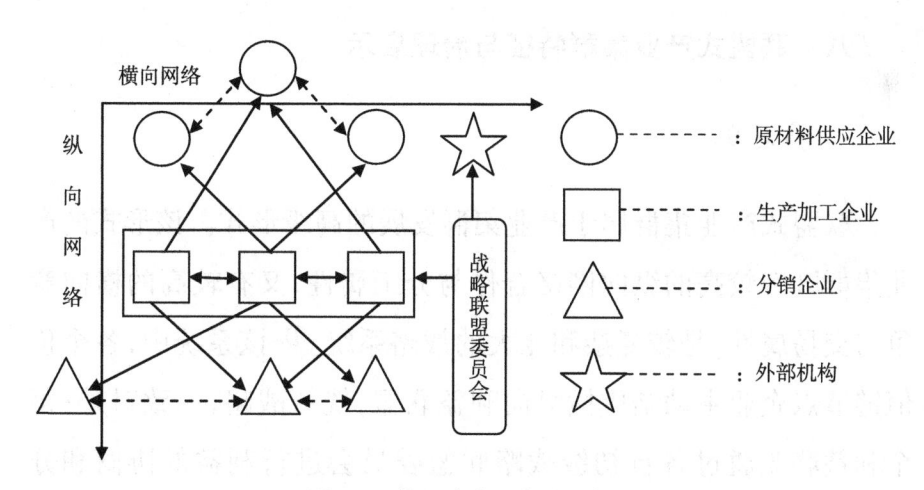

图 2-7 轮盟式产业集群示意图

资料来源:本书笔者团队制作。

[①] 朱宏杰、徐晶:《战略联盟理论及其对我国行业战略联盟的影响》,《甘肃省经济管理干部学院学报》2001年第4期。

（二）治理启示

战略联盟委员会处于支配地位，控制着行业资源的分配与调剂以及与外界机构的沟通与联系，因此，治理的关键是行业战略委员会如何进行有效沟通。由于轮盟式产业集群特点在于分工合作程度较低，而竞争交易程度较高，因此，该阶段治理的主要方向应以强化合作为主，统一应对市场变化，根据内部议定的分类指导价格统一分销，但可通过各类差异化营销策略的实施来完成消费者对其品牌的认知。20世纪90年代我国白色家电产业在经历了恶性价格竞争后，逐渐走向理性与成熟，并最终通过构建产业战略联盟的形式度过了价格危机。

八、联盟式产业集群特征与治理启示

（一）特征

联盟式产业集群属于产业集群发展的高级形式。该形式的产业集群既有较高的纵向网络合作与分工属性，又有较高的横向竞争与交易属性，是较复杂和庞大的战略系统。[①] 该系统中，各个价值链节点企业主动结成横纵向利益联盟，统一战略，一致对外；每个利益联盟通过各自初级战略联盟委员会进行利益的协商和分配；同时各个初级战略联盟又通过高级战略联盟的形式进行战略协商。联盟式产业集群示意图见图2-8。

---

① 丁建军、陈赤平：《产业集群分类、治理比较及演变趋势分析》，《中南财经政法大学学报》2008年第5期。

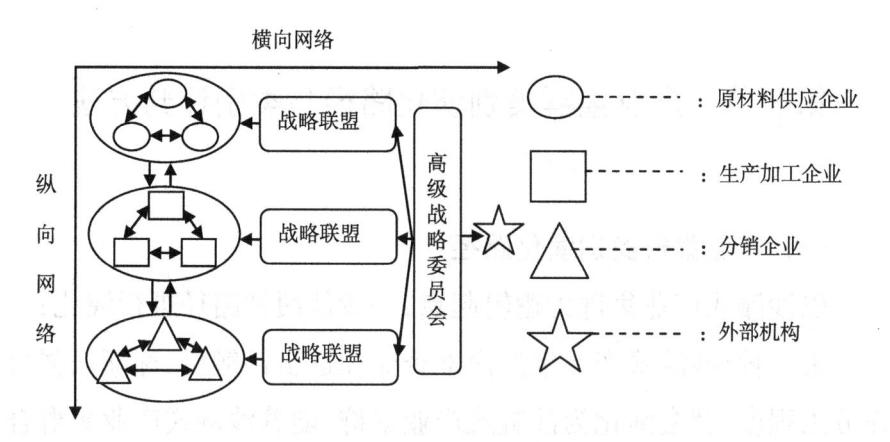

图 2-8 联盟式产业集群示意图

资料来源:本书笔者团队制作。

(二)治理启示

此种产业集群治理主体为高级战略联盟和初级战略联盟,治理的重点在于如何从外部价值链获取更多的产业剩余以及集群内部正式契约的有效履约等。联盟式产业集群多为动态产业集群,一般在遇到重大决策问题时需要高级战略委员会进行集中解决,能够提高该产业集群应对外部环境变化的敏捷性。治理的措施是积极培育竞争、开放的市场体系,形成有利于资源流动的市场机制,形成独特的区域比较优势,创造有利于形成区域集聚的产品供应链和多动态联盟体系的社会环境条件,并通过产业政策的引导,促进产业集群的高级化发展。该类型产业集群需要很高的内部认同感,一般多见于战略储备资源或高新技术产业,如河北钢铁产业联盟、中国稀土产业联盟等。

第三节 产业集群类别演化路径与类别评判方法

一、产业集群类别演化路径

以沙滩式产业集群为逻辑起点,一般从两种路径进行演化:

第一种:沙滩式产业集群内部企业在逐步接触后,逐渐加强合作分工程度,就会演化为沙链式产业集群;随着沙链式产业集群合作分工程度的逐步成熟,形成链条式产业集群,该产业集群属于专业化与一体化程度很高的产业集群;链条式产业集群最大的缺陷在于缺少竞争,容易导致创新惰性,在某一价值节点的"中心企业"倡导下,一部分有远见的企业联合起来,局部组成战略联盟,在彼此相互学习技术、交流经验的同时,增加了竞争力度,该阶段的竞争属于合作式竞争,从而产业集群就进入了链盟式产业集群;在链盟式产业集群带动下,其他价值节点企业也相互自发地组成战略联盟,从而形成不同的模块,此时便形成了联盟式产业集群。

第二种:沙滩式产业集群企业在游离状态下与外界上下游企业接触过程中,形成一定的竞争,表现为与同一供应商签订正式契约等,此时产业集群就进入了沙轮式产业集群;随着竞争交易程度的逐渐加大,产业集群进入了齿轮式产业集群,集群内部企业间通过激烈的相互竞争一方面带来了创新效率和集聚效应,同时也逐渐地吸引了一些上下游企业融入集群,从而形成了轮盟式产业集群;随着上下游企业融入程度的加深,并在已有战略联盟的带动下,其他节点企业也开始自发结成战略联盟,从而进入了产业集群的高级形式——联盟式产业集群。具体演化路径详见图2-9。

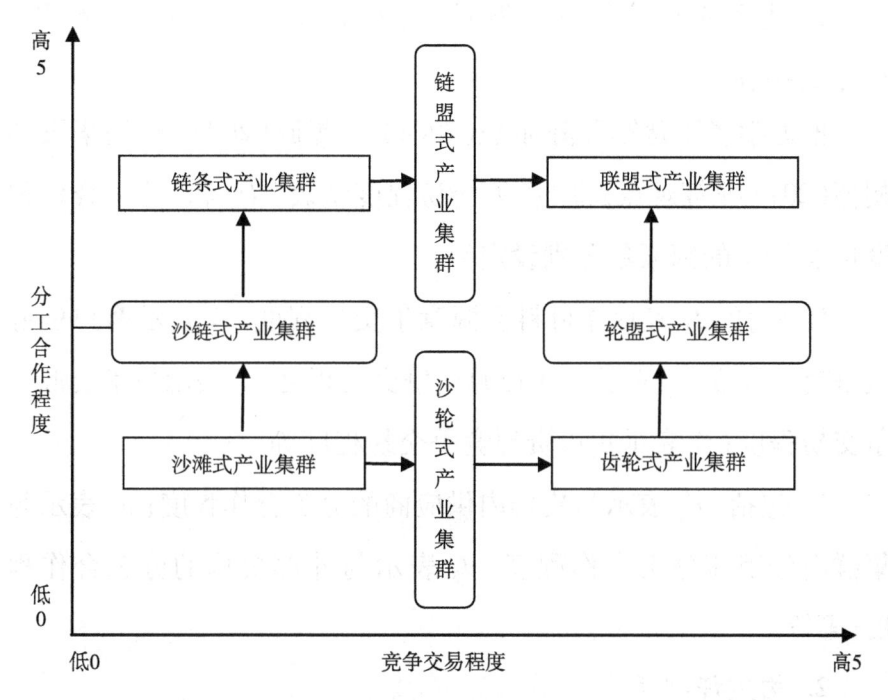

图 2-9 产业集群类别与演化路径

资料来源：本书笔者团队制作。

二、产业集群类别判定方法

（一）模糊综合评判模型

从多方面对事物进行评价，难免带有模糊性和主观性。因此，采用模糊数学方法，可以使评价结果更加合理化。为了能够对分析结果进行较科学的定量测量，本书提出了利用模糊综合评判方法对产业集群发展类别进行辨识。该方法在具体实践操作中，有数据易获性和综合评价性，对产业集群类别的认定有较高的科学性，从而能够更准确地判断产业集群的类别。

模糊综合评判方法主要分析步骤为：

1. 建立评判对象因素集 $U = \{u_1, u_2, \ldots, u_n\}$ 和评判集 $V = \{v_1, v_2, \cdots, v_m\}$

根据学者丁建军和陈赤平(2008)[①]、曹群(2009)[②]、闫华飞和胡蓓(2015)[③]等观点,将"竞争交易程度量表"U_1和"分工合作程度量表"U_2的因素集分别设定为:

U_1包括:f_1表示原材料资源竞争交易程度;f_2表示客户资源竞争交易程度;f_3表示人才资源竞争交易程度;f_4表示技术资源竞争交易程度;f_5表示货币资源竞争交易程度等。

U_2包括:d_1表示与集群内供应商的分工合作程度;d_2表示与集群内分销商分工合作程度;d_3表示与外部机构的分工合作程度;等等。

2. 构建评判集

评判集 V = {非常强;强;一般;不强;非常不强},以5级评分制来反映程度大小;同时,根据上述理论框架和具体指标设计"竞争交易程度量表"和"分工合作程度量表"。

3. 单因素评判

创建一个 U 到 $F(v)$ 的模糊映射:

$$u_i | \to f(u_i) = \frac{r_{i1}}{v_1} + \frac{r_{i2}}{v_2} + \cdots + \frac{r_{im}}{v_m}, (0 \leq r_{ij} \leq 1, 1 \leq i \leq n, 1 \leq j \leq m)。$$

[①] 丁建军、陈赤平:《产业集群分类、治理比较及演变趋势分析》,《中南财经政法大学学报》2008年第5期。

[②] 曹群:《纵向知识整合的产业集群创新博弈过程》,《哈尔滨工程大学学报》2009年第6期。

[③] 闫华飞、胡蓓:《产业集群内涵式发展的量表开发与信效度检验》,《统计与决策》2015年第13期。

V_m：代表评判等级

r_{ij}：代表因素 i 在评价等级上的权重大小

由 f 可以诱导出模糊关系矩阵：

$$\begin{bmatrix} r_{11} & r_{12} & \cdots & r_{1m} \\ r_{21} & r_{22} & \cdots & r_{2m} \\ \cdots & \cdots & \cdots & \cdots \\ r_{n1} & r_{n2} & \cdots & r_{nm} \end{bmatrix}$$

其中，权重可以表示为 U 上的模糊子集 $A = \{a_1, a_2, \cdots, a_n\}$，且有 $\sum_{i=1}^{n} a_i = 1$。权重一般指某个因素或指标在系统中的作用程度大小，可以考虑利用层次分析法（Analytic Hierarchy Process，AHP）或网络层次分析法（Analytic Network Process，ANP）或神经网络法（Back Propagation，BP）等计算。

4. 综合评判

在 R（单因素评价矩阵）和 A 求出来之后，则模糊综合评判模型为 $B = R \circ A$，记 $B = \{b_1, b_2, \cdots, b_m\}$，它是 V 上的一个模糊子集，其中，$b_j = \bigvee_{i=1}^{n}(a_i \wedge r_{ij}) = \max\{\min(a_i, r_{ij})\}, 1 \leqslant i \leqslant n (j = 1, 2, \cdots, m)$。从而求出"竞争交易程度"和"分工合作程度"的模糊数值 $U_1 \in (0,5)$ 且 $U_2 \in (0,5)$，通过 U_1、U_2 数值坐标点的位置便可判断其处于产业集群发展的类别，从而有针对性地实施治理措施，帮助其逐步演化。

（二）非对称贴近度模型

根据国内外研究，本书发现：从不同的视角出发，产业集群发展阶段分类不同，且绝大部分分类缺乏统一标准，大部分是从理论上分析集群的发展阶段,如丁建军和陈赤平(2008)以"分工合作程度"与"竞争交易程度"两项指标为依据进行的四分类(沙滩式产业集群、链条式产业集群、齿轮式产业集群和模块式产业集群)[①]、马库森(Markusen,1996)[②]的产业集群理论分类(意大利式、轮轴式、卫星平台式以及依赖国家力量型产业集群)、奥布(Allbu,1997)[③]以市场导向与协作为依据的四分类(传统工业集群、组装生产网络集群、园区型集群和工业中心型集群)以及菲利普·麦卡恩等(McCann,2002)[④]从交易成本理论视角出发的三分类(纯集聚体、产业综合体和社会关系网络)等。后续学者试图在实证研究方面有所突破,通过构建评价指标来评判产业集群的生命周期阶段,如季凯文(2015)[⑤]、高菲、江山和李亚宁(2014)[⑥]、黄由衡和段丽丽(2013)[⑦]等。本书则采取非对称模糊贴近度多目标分类算法进行研判[⑧],在理论上有科学性,方法上有成熟性和可操作性等特点。

在社会、经济等领域,经常会遇到这样一类决策与评判问题,即根据预先设定的评判指标来评价某事物所处的等级分类,就像

[①] 丁建军、陈赤平:《产业集群分类、治理比较及演变趋势分析》,《中南财经政法大学学报》2008年第5期。

[②] Markusen, A., "Sticky Places in Slippery Space: a Typology of Industrial Districts", *Economic Geography*, No.4, 1996, p.22.

[③] Michael Allbu, "Technological Leaning and Innovation in Industrial Clustersin the South, SPRU", *Electronic Working Papers Series*, No.12, 1997, p.7.

[④] Philip McCann, "Industrial clusters, transactions costs and the institutional deteminants of MNE, location behaviour", *International Business Review*, No.11, 2002, pp.647-663.

[⑤] 季凯文:《产业集群发展阶段判断及其路径选择——以江西14个工业重点产业为例》,《江西科学》2015年第33期。

[⑥] 高菲、江山、李亚宁:《基于模糊贴近度的产业集群生命周期判定方法》,《计算机集成制造系统》2014年第20期。

[⑦] 黄由衡、段丽丽:《基于生命周期和Logistic模型的产业集群发展阶段识别——一个物流产业集群案例研究》,《物流技术》2013年第32期。

[⑧] 华中生、梁梁:《基于模糊贴近度的多目标分类算法》,《运筹与管理》1994年第21期。

本书的研究一样,需要通过一定的指标来评判西部地区典型省份牛羊特色食品产业集群到底处于生命周期的哪一阶段。一般的评价方法基本上属于对所建指标得分的加权综合线性聚合模式,主观性较强,难以避免方法的失真与过多数据信息的丢失。以多目标决策理论中的"理想点"方法为指导,利用非对称模糊贴近度计算指标的最大隶属关系,能够较好地规避上述缺点。非对称模糊贴近度多目标分类算法具体步骤为:

1. 选择隶属函数

本书选择柯西型隶属函数表示分值 x(10分制)对语言变量"低""一般""高""非常高"的隶属程度,隶属函数为:

$$\mu_{低}(x) = \begin{cases} 1 & 1 \leqslant x \leqslant 3 \\ \left\{1 + \left[\dfrac{(x-3)}{2}\right]^2\right\}^{-1} & 3 < x \leqslant 10 \end{cases} \tag{2-1}$$

$$\mu_{一般}(x) = \left\{1 + \left[\dfrac{(x-5)}{2}\right]^2\right\}^{-1} \quad 1 \leqslant x \leqslant 10 \tag{2-2}$$

$$\mu_{高}(x) = \left\{1 + \left[\dfrac{(x-8)}{2}\right]^2\right\}^{-1} \quad 1 \leqslant x \leqslant 10 \tag{2-3}$$

$$\mu_{非常高}(x) = \begin{cases} \left\{1 + \left[\dfrac{(x-9)}{2}\right]^2\right\}^{-1} & 1 \leqslant x < 9 \\ 1 & 9 \leqslant x \leqslant 10 \end{cases} \tag{2-4}$$

2. 贴近度计算

设:

网络特征指标的分数集合 $U = \{u_1, u_2, u_3, u_4, u_5, u_6\}$;

语言变量集合 $V = \{v_1, v_2, v_3, v_4\} = \{低,一般,高,非常高\}$;

集群生命周期阶段:$W = \{w_1, w_2, w_3, w_4\} = \{导入期,成长期,成熟期,衰退期\}$。

因此,由网络特征指标值 $u_i \in U(1 \leq i \leq 6)$ 评价为产业集群生命周期各阶段集合 W 上的一个模糊子集 $\tilde{r}_i = (r_{1i}, r_{2i}, r_{3i}, r_{4i})^T$,从而确定其模糊关系矩阵 $\tilde{R}$。之后,引入产业集群生命周期各阶段对应的特征模糊子集,即

$\tilde{D}_1 = (1,0,0,0); \tilde{D}_2 = (0,1,0,0); \tilde{D}_3 = (0,0,1,0); \tilde{D}_4 = (0,0,0,1)$

利用非对称贴近度公式计算决策矩阵 $\tilde{Z}$。计算公式见式(2-5)。

$$N(\tilde{r}_i, \tilde{D}_j) = 1 - \frac{2}{n(n+1)} \times \sum_{k=1}^{n} |\mu_r(v_k) - \mu_D(v_k)|k \quad (2-5)$$

具体做法:将 r_{ji} 放在第一位,$\forall j', j''$,若 $|j'-j| < |j''-j|$,则将 $r_{j'i}$ 放在 r_{ji} 前面;若 $|j'-j| = |j''-j|$,且 $j' < j''$,也将 $r_{j'i}$ 放在 r_{ji} 前面。

则产业集群单一网络特征指标与其生命周期各阶段特征子集的非对称贴近度为:

$$\tilde{Z}_i = (z_{1i}, z_{2i}, z_{3i}, z_{4i})^T = [N(\tilde{r}_i, \tilde{D}_1), N(\tilde{r}_i, \tilde{D}_2), N(\tilde{r}_i, \tilde{D}_3), N(\tilde{r}_i, \tilde{D}_4)]^T \quad (2-6)$$

所有网络特征指标下的非对称贴近度计为:$Z = (Z_{ij})_{4 \times 6} = (\tilde{Z}_1, \tilde{Z}_2, \cdots, \tilde{Z}_6)$。

之后,根据理想点法,利用向量 $\tilde{C}^+$ 与 $\tilde{C}^-$ 定义参考等级 W^+ 和 W^-,使:

$$\tilde{C}^+ = (C_1^+, C_2^+, \cdots, C_6^+) = [\max_{j=1,2,3,4} N(\tilde{r}_1, \tilde{D}_j), \max_{j=1,2,3,4} N(\tilde{r}_2, \tilde{D}_j), \cdots, \max_{j=1,2,3,4} N(\tilde{r}_6, \tilde{D}_j)] \quad (2-7)$$

$$\tilde{C}^- = (C_1^-, C_2^-, \cdots, C_6^-) = [\min_{j=1,2,3,4} N(\tilde{r}_1, \tilde{D}_j), \min_{j=1,2,3,4} N(\tilde{r}_2, \tilde{D}_j), \cdots,$$
$$\min_{j=1,2,3,4} N(\tilde{r}_6, \tilde{D}_j)] \tag{2-8}$$

W^+ 和 W^- 是一种虚拟评价等级,表示网络特征指标下将生命周期的阶段评价为 W^+ 都是最贴切的,即正理想等级,评价为 W^- 都是最不贴切的,即负理想等级。因此,需要比较产业集群生命周期阶段集合 W 各阶段与正负理想点等级的贴近度,即要求出网络特征指标值与产业集群生命周期阶段 j 的贴近向量。

$$\tilde{C}_{j=1,2,3,4} = (C_{1j}, C_{2j}, \cdots, C_{6j}) = [N(\tilde{r}_1, \tilde{D}_j), N(\tilde{r}_2, \tilde{D}_j), \cdots,$$
$$N(\tilde{r}_6, \tilde{D}_j)]^T \tag{2-9}$$

利用对称贴近度来测量 $\tilde{C}_j$ 与 $\tilde{C}^+$ 和 $\tilde{C}^-$ 之间的差别及是否接近,具体公式为:

$$\delta(\tilde{C}^+, \tilde{C}_j) = \frac{\sum_{k=1}^{6} \mu C_j(u_k)}{\sum_{k=1}^{6} \mu C^+(u_k)} \tag{2-10}$$

$$\delta(\tilde{C}^-, \tilde{C}_j) = \frac{\sum_{k=1}^{6} \mu C^-_j(u_k)}{\sum_{k=1}^{6} \mu C_j(u_k)} \tag{2-11}$$

最后计算 $\dfrac{\delta(\tilde{C}^+, \tilde{C}_j)}{\delta(\tilde{C}^-, \tilde{C}_j)}$,若:

$$\frac{\delta(\tilde{C}^+, \tilde{C}_p)}{\delta(\tilde{C}^-, \tilde{C}_p)} = \max_{j=1,2,3,4} \left[\frac{\delta(\tilde{C}^+, \tilde{C}_j)}{\delta(\tilde{C}^-, \tilde{C}_j)} \right] \tag{2-12}$$

则认定该产业集群生命周期处于 w_p 阶段。

第三章　西部地区牛羊特色食品产业集群发展影响因素分析

　　我国西部地区近几年在西部大开发、内陆开放型经济试验区、"一带一路"建设等实施下快速稳定发展,尤其是2020年5月中共中央、国务院《关于新时代推进西部大开发形成新格局的指导意见》的提出,为西部地区经济高质量发展、产业振兴、人民幸福等带来了更大的福音。

　　2010年以来,以特色经济为契机,我国西部地区地方政府加大了对特色食品产业集群的建设力度,如初步形成了几个相对稳定的牛羊特色食品产业集聚区。但在度过政策红利阶段,因忽视异质性,牛羊特色食品产业集群发展开始出现许多问题。为了充分把握好新时代的国家战略,打造我国西部地区"牛羊特色食品名片",有必要深入研究影响西部地区牛羊特色食品产业集群发展的关键因素,从而有的放矢地解决问题,为其有效治理提供依据;同时本部分提炼的因素将为第四章、第五章提供研究指标,并通过调研数据对其现象与本质进行解析。

　　本书已在第一章从不确定性、任务复杂性、网络交易属性、资产专用性和关系属性五个维度构建了产业集群创新网络治理的环境框架,并根据前人理论依据,提炼了各维度的考量要件,即影响因素。该框架下的各考量要件属于普遍因素,而我国西部地区牛羊特色食品产业集群有很强的异质性,因此,有必要将上述因素结合其产业特点进行深入剖析和关键因素甄选。

第一节 一般性影响因素剖析

本节将从上述五个维度对影响我国西部地区牛羊特色食品产业集群发展的因素进行对应分析,并结合实地调研情况,对各个考量要件从产业集群发展的角度进行有针对性的适用性剖析,同时对具有争议性的因素进行专家观点的比较分析。

一、不确定性

(一)市场因素

关于市场因素对产业集群的影响,学者们存有争议。在交易成本与契约关系理论中,威廉姆森以及琼斯认为"市场因素"是主要的不确定性因素,尤其是需求的不确定性所表现出来的消费者偏好的动态变化,从而引致价格的变动。因此,这里市场因素的概念主要包括消费需求和价格竞争两方面。后续学者在实际研究中,对"市场因素"作用的看法并不一致。支持的观点如波特(1990),将市场需求条件作为"钻石模型"的维度进行考量;克鲁格曼(2000)[1]利用

---

[1] [美]保罗·克鲁格曼:《地理与贸易》,北京大学出版社2000年版。

数学模型,从不完全竞争和规模递增视角探讨了产业集群发展问题,结果发现:特殊历史事件、外部经济和市场需求是主要影响因素;徐达(2012)[1]利用面板数据对我国六大汽车产业集群影响因素进行检验,结果发现:市场需求等为关键因素;綦良群、李蒙蒙和王莉静(2014)[2]利用30个省(自治区、直辖市)数据进行了实证检验,研究结果发现:外部市场需求等对生产性服务业产业集群发展起到了正向影响作用;王琴梅和曹琼(2016)[3]以钻石模型为基础研究了丝绸之路经济带特色产业集群的影响因素,并验证了市场需求条件的显著性。质疑的观点如魏江和周泯非(2009)[4]认为实践中大多数产业集群的要素或价格与外部市场并无差异,市场因素应排除在产业集群治理研究范围外,在后续产业集群发展动力研究中,一些学者也并未认为市场因素为关键因素(陈升和李兆洋,2014[5];陈丽娜,2013[6])。

对我国西部地区牛羊特色食品产业集群而言,从消费需求和价格竞争两方面来讨论其"市场因素"的作用。在不考虑海外市场需求条件下,我国西部地区牛羊特色食品需求主要面向全国,而我国西部地区由于少数民族多、饮食习惯偏好等,从理论上来说使其需求量相对偏高,价格竞争也相对激烈,从而更具有说服力。牛

---

[1] 徐达:《基于面板数据的汽车产业集群发展影响变量检验》,《求索》2012年第5期。
[2] 綦良群、李蒙蒙、王莉静:《区域生产性服务业集群发展机理及影响因素分析》,《中国科技论坛》2014年第10期。
[3] 王琴梅、曹琼:《丝绸之路经济带特色产业集群发展的影响因素研究——以甘肃省定西市马铃薯产业集群为例》,《北京化工大学学报(社会科学版)》2016年第4期。
[4] 魏江、周泯非:《产业集群治理:理论来源、概念与机制》,《管理学家(学术版)》2009年第6期。
[5] 陈升、李兆洋:《共享性资源对资源型地区产业集群竞争力影响的实证研究》,《经济地理》2014年第2期。
[6] 陈丽娜:《深圳文化产业集群发展的现状、形成动因与模式研究》,《特区经济》2013年第8期。

羊特色食品原料为牛羊肉,根据公开的统计数据,本书将宁夏、新疆、青海三地2010—2021年城镇居民的人均牛羊肉消费量进行了统计,具体数据见表3-1。

表3-1　2010—2011年宁夏、新疆、青海三地城镇居民牛羊肉需求情况一览表

（千克/年/人）

年份	2010	2012	2014	2016	2018	2021
宁夏	9.43	9.48	8.28	9.27	8.3	10.7
新疆	—	—	14.5	16.93	13.04	18.76
青海	9.95	10.4	9.5	12.1	13.5	16.10

资料来源:笔者根据2011—2022年宁夏、新疆、青海三地的统计年鉴汇总所得。

如表3-1所示,2010—2021年宁夏、新疆、青海三地城镇牛羊肉消费量基本保持稳定。甘肃虽然没有对牛羊肉消费量进行统计,但都体现在其经济统计年报上,如甘肃2019年统计年鉴标注:近年来食品、烟酒、其他用品和服务支出波动平稳。因此,可判定西部地区牛羊特色食品消费需求比较平稳。从牛羊肉价格指数来看,2010—2021年,宁夏牛肉价格指数处于99—107.4,羊肉价格指数处于95.4—109.2,处于逐年小幅上升的稳定状态[1];甘肃统计了畜肉价格指数,2010—2021年基本维持在97—104.2[2];新疆畜肉价格指数维持在95.5—103.8[3];青海牛肉价格指数101.7—108.0,羊肉价格指数109.8—125.9[4]。可见,西部地区的牛羊肉价格变动并不大。综合来看,市场因素对我国西部地区牛羊特色

---

[1] 资料来源:2011—2022年《宁夏统计年鉴》,中国统计出版社。
[2] 资料来源:2011—2022年《甘肃统计年鉴》,中国统计出版社。
[3] 资料来源:2011—2022年《新疆统计年鉴》,中国统计出版社。
[4] 资料来源:2011—2022年《青海统计年鉴》,中国统计出版社。

食品产业集群发展的影响相对较小,无太大差异。但关于市场因素是否为主要影响因素,尚需进行定性调查与定量解读,具体将在下一节进行分析。

(二) 产业制度(政策)

学者之间关于产业制度对集群发展的影响也存在一定争议。威廉姆森、琼斯等都认为不确定性除了来自市场外,政府等管理机构的政策支持性,如产业制度(政策)的完备性、持续性等是重要的不确定性因素。后续学者基本认为对产业集群发展而言,其制度政策至关重要,有积极影响作用。皮奥里等(Piore 等,1984)[①]对意大利产业集群进行实证研究后提炼出影响产业集群发展的关键因素,并认为产业制度的延续性对保障集群发展至关重要;波特(1990)在其钻石模型中强调了政府的重要作用,其是产业制度(政策)制定和存续的保障;赵虹(2011)[②]在资源枯竭影响城市发展背景下,从驱动因素和制约因素两方面阐述了影响辽宁资源型产业集群发展的主要因素,并认为产业政策有效性是主要驱动因素;李斐、罗福周和刘志等(2014)[③]对影响榆林农业产业集群发展的因素进行了梳理,认为制度、政策法规等属于外部重要影响因素。也有部分学者有不同的看法,如有人研究了公共政策对产业集群发展的作用,并认为公共政策对集群发展的作用不显著

---

① Piore, M., Sabel, C.H., *The Second Industrial Divide: Possibilities for Prosperity*, New York: Basic Books, 1984, pp.34-39.
② 赵虹:《辽宁资源型产业集群发展影响因素研究》,《辽宁科技学院学报》2011 年 4 期。
③ 李斐、罗福周、刘志、李燕承:《榆林农业产业集群发展因素分析》,《西安建筑科技大学学报(社会科学版)》2014 年第 2 期。

(Philippe,Thierry,Florian,2011)[1];王缉慈和童昕(2001)[2]在全球化背景下阐述了地方产业集群的发展问题,并通过系统研究认为:地方政府制定的产业制度限制了知识在不同群体间的交流与分享,从而影响了地方产业集群的快速发展。

绝大部分学者认为产业制度对集群发展有影响。个别学者通过检验,认为制度(政策)的影响不显著,但在具体的调研环节中,无论是企业还是政府都认为产业制度、政策对我国西部地区牛羊特色食品产业集群影响较大,尤其是自2017年年底以来,一些机构的撤销合并、一些地方性标准的废止等,给我国西部地区牛羊特色食品产业发展带来了一定的不确定性。这是国家与地方为了长久发展必须采取的措施,然而后续的规范制度出台较为滞后,是使其发展遭遇困境的主要原因,也是产业制度作为不确定因素的现实依据。

二、任务复杂性

(一)信息资源

彭正银、韩炜(2011)[3]认为信息贯穿在集群发展的全过程中,对各路径复杂任务的实现有重要作用。信息时代的到来,提升了整个世界的经济效率,国内外学者们一致认为信息资源是产业快

---

[1] Philippe Martina, Thierry Mayera, Florian Mayneris, "Public Support to Clusters: A Firm Level Study of French Local Productive Systems", *Regional Science and Urban Economics*, Vol.3, No.43, 2011, pp.108-123.

[2] 王缉慈、童昕:《论全球化背景下的地方产业群——地方竞争优势的源泉》,《战略与管理》2001年第6期。

[3] 彭正银、韩炜:《任务复杂性研究前沿探析与未来展望》,《外国经济与管理》2011年第9期。

速发展的重要手段(Smith,1999[①];Mae,2014[②];刘文佳,2009[③];刘振章,2015[④])。我国西部地区牛羊特色食品产业,属于农业范畴,作为特色农产品,其销售信息、供给信息、人才信息、技术革新信息、国际贸易信息等产业链条内外部信息是其可持续发展的重要保障,尤其是其深深地根植于少数民族聚居的经济欠发达地区,信息技术、信息资源等获取途径都相对东部发达省份差距较大。因此,集群内牛羊特色食品企业信息资源的多寡、借助信息技术推广的程度等都直接影响集群内部企业的竞争力。

(二)技术资源

学术界普遍认为,即技术创新是帮助集群企业度过衰退期的重要因素。随着创新网络组织在各国实践的成功,技术资源成为企业竞争的焦点,尤其是高新技术产业,在专利申报、研发投入等方面的力度更大。我国西部地区牛羊特色食品企业多数为中小型企业,精深加工程度不高,产品线长度、宽度、深度以及产品黏度都处于劣势。牛羊特色食品更多地以初级原材料(冷鲜、冰鲜牛羊肉)、初级加工制品(熟食、休闲食品等)等形式呈现,面对竞争产品繁多的现代市场和消费者对美食的追求,牛羊特色食品加工技术的趋同化、企业家的思维锁定等造成了该产业整体技术相对落

[①] Smith,J.,"Information Technology in the Small Business:Establishing the Basis for a Management Information System",*Journal of Small Business and Enterprise Development*,Vol.6,No.4,1999,pp.326-340.

[②] Mae Keary,"Managing Information Resources and Technology:Emerging Applications and Theories",*Online Information Review*,Vol.38,No.4,2014,pp.591-592.

[③] 刘文佳:《信息化对创意产业集群的影响》,北京交通大学2009年硕士学位论文。

[④] 刘振章:《基于云计算的产业集群信息服务平台建设探讨》,《中国管理信息化》2015年第5期。

后,严重影响集群突破式发展。因此,技术资源应该是我国西部地区牛羊特色食品产业集群突破发展的弱项,应予以高度重视。

(三)货币(金融)资源

金融是产业发展的助推器,是一个国家或一个地区经济发展的血液。作为集群发展的重要要素资源,货币资源供需缺口严重影响着企业的发展后劲。学术界虽然经常提到货币(金融)资源对产业发展的重要性,但对其内涵研究并不多,趋同的看法是将其界定为资金的货币和能够流通的证券。货币(金融)资源是企业发展的基础,企业扩大规模、引进技术、吸纳人才、开拓市场、宣传品牌等都需要大量的货币资金做保障。我国西部地区牛羊特色食品产业集群内部企业多为中小型企业,规模较小,且相对分散,由于精深加工程度不高,附加值难以体现,导致企业毛利率较低,对银行的吸引力较差,从而贷款难度加大,这也是在访谈过程中大部分牛羊特色食品企业(尤其是中小微企业)一直反映的一个问题:资金匮乏。甚至新疆、青海的有些小微型牛羊餐饮业主坦承自己在餐饮行业打拼多年,一直想扩大规模,但由于货币资金所限,只能等自己赚足启动资金后再考虑。综上所述,资金问题、中小企业贷款难等在现实中的确限制了我国西部地区牛羊特色食品产业集聚的规模化发展。

(四)自然资源

随着技术的进步、经济水平的提高、产业集群创新式发展等,学术界关于"自然资源"对产业集群影响的看法也有一些变动。马歇尔在其《经济学原理》中阐述了导致工业地区性分布(区域产业集聚现象)的重要原因是自然条件。我国景德镇陶瓷产业集群得益于其丰富的瓷土资源、内蒙古稀土产业集群得益于其丰富的矿产资源,这都是自然资源对产业集聚作用的鲜活实例。而我国学者杨树旺、易明和王文成(2006)①却有不同看法,他们认为随着经济、科技的发展,区域交通网络的优化等基础设施建设的完善,使运输成本降低,原料指数对产业布局的影响逐渐减弱,加之资源与资源之间的可替代性增强,使自然资源的影响不再那么重要,而技术、人才等社会资源更加重要。我国西部地区牛羊特色食品产业因其丰富的草场资源使其畜牧业发展迅猛,为该产业提供了丰富的牛羊等原材料资源,这也是其集聚的重要因素。我国西部地区交通还不发达,原料指数对产业布局影响还很大。因此,自然资源对其产业集中的影响是否显著还需要结合专家意见进一步论证。

(五)知识溢出

知识溢出是集群企业合作、交流的基础,体现着信任的传递。主要分为 MAR(Marshall Arrow Romer)溢出(同一产业内专业化生产导致的知识溢出)和 Jacobs 溢出(互补产业间多样化生产导致的知识溢出)两类。学术界关于知识溢出对产业集群影响的观点也存在不一致性。大部分学者认为集群属性不同,知识溢出作用有差异,对高新技术产业、知识密集型产业而言,知识溢出作用较强(Alchian,1950②;Cristóbal, Ignacio, José,2013③;

---

① 杨树旺、易明、王文成:《影响产业集群的因素分析》,《西安财经学院学报》2006 年第 6 期。

② Alchian, A., "Armen Uncertainty Evolution and Economic Theory", *The Journal lof Political Economy*, Vol.58, No.3, 1950, pp.211-213.

③ Cristóbal Casanueva, Ignacio Castro, José L., "Galan Informational Networks and Innovation in Mature Industrial Clusters", *Journal of Business Research*, Vol.5, No.66, 2013, pp.603-613.

闫华飞,2015[①]);对普通产业集群而言,知识溢出作用相对较弱,如单玲玉(2011)[②]对制造业集群进行实证研究后发现,其MAR溢出不显著,Jacobs溢出显著;吴宏丹(2012)[③]研究结论表明:企业长期缺乏与关联企业的交流,导致获取新信息的能力下降,知识溢出的促进作用不明显……在空间维度下的竞争阻碍了知识溢出。我国西部地区牛羊特色食品产业集群属于轻工业中的食品加工业,是劳动密集型产业,由于以中小企业和私营业主为主,其技术水平总体而言处于较低水平,甚至好多企业依然采取较为原始的和落后的技术或传承技法从事牛羊特色食品加工与制作,而像内蒙古伊利、宁夏涝河桥、新疆阿尔曼等这样大型的牛羊特色食品加工企业并不多见。因此,知识溢出对我国西部地区牛羊特色食品产业集群发展的影响或作用目前来看应该较小。

(六) 产业规模

产业规模是与产业结构相关的指标,规模是绝对值,结构是内部比例关系,产业结构更能反映产业发展内涵。国内外学者以及经济学家都认为产业规模与经济之间有倒"U"型关系,即产业规模过大容易造成产能过剩,产业规模过小无法发挥其规模效益,适度的产业规模才能促进产业集群良性发展。我国西部地区牛羊特色食品产业集群在2010—2020年发展较快,各类园区的建设、政府的导向、大型企业的参与等使其产能飞速发展,如2012—2020

[①] 闫华飞:《创业行为、创业知识溢出与产业集群发展绩效》,《科学学研究》2015年第1期。
[②] 单玲玉:《知识溢出对制造业发展的影响研究》,南京财经大学2011年硕士学位论文。
[③] 吴宏丹:《我国工业集聚对知识溢出影响的空间计量研究》,湖南大学2012年硕士学位论文。

年,新疆牛羊特色食品企业产值由420.45亿元增加到796.00亿元;宁夏牛羊特色食品生产总值占其食品工业生产总值的比例一直维持在70%左右;甘肃牛羊特色食品企业产值由105.36亿元增加到191.56亿元;从2022年政府调查来看,我国西部地区各典型省份牛羊特色食品产值基本与2020年持平,但个别地区出现了小幅度下滑。由此可见,产业规模对其影响已经基本步入了相对稳定的时期,可视为控制变量来考虑;同时,从产业结构来看,2016—2020年宁夏牛羊特色食品产值占地区食品工业比重基本维持在70%左右,青海省维持在53%左右,可见其内部结构相对稳定,对集群的实质影响相对稳定,因此作为控制变量来考虑有现实意义。

(七)成本

国内外学者都认为产业集聚行为从一般意义上讲会降低原料采购、运输甚至是人力等成本[1],从而提高其竞争优势,即成本优势是产业集群发展的内核动力[2]。然而,从我国西部地区牛羊特色食品产业集群发展来看,其成本优势并不明显。绝大部分牛羊特色食品企业得益于集聚优势,就地采购牛羊等原材料进行生产加工。而我国是肉制品消费大国,全国各地牛羊肉供应量充足,如河南的双汇、吉林的皓月等牛羊食品龙头企业都是就近采购原材料,即使货源不足,通过在牧区组织采购亦能得到保障,增加的运输成本在我国物流业快速发展的背景下,显得并不突出。以吉林皓月集团为例,2020年吉林省的活牛采购价格为8.00—8.25

---

[1] 陈雪梅、姜鹏:《竞争与合作共存情况下集群内企业的均衡位置分析》,《特区经济》2005年第3期。
[2] 熊广勤:《地区产业集群发展的影响因素、动力机制与模式选择综述》,《管理现代化》2012年第1期。

元/斤,在宁夏的采购价格为 8.20—8.35 元/斤(品质相对较好,导致价格相对较高)。皓月集团在宁夏采购的话需增加运费 80 元/头,按 1000 斤/头计算,增加 0.08 元/斤,通过对比,我国西部地区成本优势不明显,反而其品质优势突出。可见,成本因素对我国西部地区牛羊特色食品产业集群的影响不够明显。

三、网络交易属性

(一)横、纵向网络关系

威廉姆森以及琼斯在交易成本与契约关系理论论述中重点强调了"交易频率"的重要性,后续学者所发展的网络/网络组织治理理论以及新兴政治/社会学交叉领域的治理理论认为除了正式机制,信任、声誉等非正式和社会机制至关重要。学术界一致认为网络关系建设是集群发展的内部推动力。对我国西部地区牛羊特色食品产业集群而言,各省份所建造的园区内部基本以牛羊食品加工和销售型企业集聚为主,更多地表现为横向网络之间竞争,同时也体现着内部纵向价值链前端的产销合作;由于其深深地根植于我国西部地区的特殊文化、社会关系等,其产业上游以养殖业为主,呈现小集聚、大分散的特点,小集聚主要分布在水草茂盛的黄河河套流域和广袤的牧区,大分散主要是在"退牧还草"的政策背景下,所提倡的舍饲养殖方式的多点分散,常见于"订单农业"的形式出现在产业链条的各个环节。可以说我国西部地区牛羊特色食品产业集群处于横纵向网络交织、竞争与合作共存的多层次复杂系统当中,各种关系的理顺直接影响着集群是否能够良性发展。

（二）关联产业嵌入

由于我国西部地区牛羊特色食品产业集聚的出现，一些专门的物流公司、广告公司以及民俗文化旅游公司等开始出现。我国西部地区各省份园区内部，尤其是宁夏、青海和甘肃临夏的关联产业主要以物流公司、广告公司（主业为包装）为主，而互补性食品加工产业几乎很少，个别园区出现了零星的油料和食品辅料企业，偶有产业技术联盟中心（如宁夏吴忠牛羊食品产业园区）。同时，随着牛羊特色食品品牌效应的增加以及民俗饮食文化的传播，逐步带动了一些本地文化旅游业发展，如一些食品制作体验旅游、民族风情展览、民俗体验等，但比较零散，尚未形成规模。因此，我国西部地区牛羊特色食品产业集群其他关联产业的嵌入作用已出现，但尚不明显，是否为关键因素，还需结合专家意见综合考量。

四、资产专用性

（一）地域根植性

随着各种新兴交叉学科的涌现，国内外学者都认为产业集聚受区域的经济、社会、政治、文化、制度以及特殊历史事件影响（Alchian, 1950; Krugman, 2000 等），根植性好的集群往往表现为一个区域品牌，但同时也将导致锁定效应。[1] 我国西部地区特色牛羊食品产业集群受地域根植性影响较深，饮食文化已在该区域传

---

[1] 耿建泽：《地域根植性对企业集群发展的影响》，《安徽农业大学学报（社会科学版）》2007年第1期。

承上千年，虽因内部信仰差异导致其对"饮食习俗"认识上有所不同，但历史积淀下来的沉没成本，使其形成了区域的共同品牌，并以独特的菜系广受普通大众所喜爱。从某种意义上来说，牛羊特色食品品牌是地域根植性作用下社会回馈给我国西部地区独有的礼物（专属性）；但正因为我国西部地区牛羊特色食品极强的地域根植性，容易造成集群路径的锁定，即根据已有经验和习惯选择熟悉的发展路径，而忽视了其他发展契机。

（二）劳动力资源

劳动力资源是资产专用性中最典型的一类。产业集群类别不同，所需要的劳动力技能不同，在产业升级，集群规模化、现代化过程中，集群企业通过培育专用性劳动力，使其成为产业专用性人才。根据新疆、宁夏、青海、甘肃等地最新修订的管理条例，各地都明确为了尊重饮食习俗，其生产经营的关键岗位（生产、经营、餐饮部门的负责人，采购、保管、主要制作等关键岗位的人员等）应安排回族劳动力。回族劳动力的资产专用性并非体现在其"劳动"属性，而是其对饮食习惯规范生产的经验、文化等属性，这是其他普通劳动力短时间内所不能熟悉与贯通的。因此，回族劳动力资源，作为一种资产专用性，对我国西部地区牛羊特色食品产业集群发展有积极贡献。

（三）特殊科层文化

科层文化源自德国社会学家韦伯的科层组织理论。韦伯认为科层组织是现代社会管理最有效的形式。科层管理，排除了行为人的主观因素的干扰，所有成员，都必须服从于组织的共同目标、制度和程序,以保障最佳地完成组织任务。① 而科层文化是从科层组织中不断演进出来的一个概念,是规章、制度、行为、习惯等在科层内部长期的积淀。韦伯所描述的最初的科层文化忽视了个人情感、社会因素。

我国西部地区牛羊特色食品企业的科层文化有资产专用性,是一种文化资产专用性。在对宁夏、甘肃等地的牛羊特色食品龙头企业的座谈会上,课题组了解到:牛羊特色食品企业的法人大部分为回族人;企业中回族员工数量占比在40%—70%;如果完全按照传统的行政官僚科层式进行治理,必然带来一定的矛盾和冲突。只有较好地将两种文化、思维、饮食习俗等融合,达到平衡,才能更好地促进牛羊特色食品企业朝着共同的战略目标努力。因此,作为一种特殊的文化资产专用性,其是一把"双刃剑",结合得当将促进集群发展,不得当必然带来冲突。

五、关系属性

目前三种硬核治理理论都对政府、企业(尤其是龙头企业或中心企业)、行业协会以及辅助机构的作用进行了深入剖析,在此不再赘述。重点论述一下"民族事务部门"作为关系属性考量要件的必要性。民族事务部门也属于我国行政管理部门,但由于我国西部地区,回族等少数民族人口占比较高,牛羊特色食品生产往往离不开饮食文化这一异质性的存在,其职能与职责更加重要。对一般性食品而言,由国家食品药品监督部门、工商行政管理部门以及各级人民政府卫生、农牧、商务、住房城乡建设、检验检疫、城

---

① 陈彩虹:《公司的"科层文化"现象》,《中国发展观察》2018年第18期。

市管理等部门分头、分职责负责管理;而我国西部地区牛羊特色食品,由于部分涉及少数民族饮食习惯问题,民族事务部门主要对存在的一些矛盾关系进行协调,如准营证的监制与退出、标准的统一、包装及广告的规范、生产经营场所的监督等。因此,同时作为我国西部地区地方政府的一级行政单位,民族事务部门职能、职责、职权都与其他行政单位不同,将其分开考虑其产业特殊性,更能全面、透彻、科学地分析该产业的现象与本质。

第二节 异质性因素归纳

异质性、集群等概念原属于生物学群落范畴,因此研究二者之间的关系具有同源性。异质性理论起初主要用于微观主体(如企业)领域的相关研究,近年来该理论逐渐被应用到中观甚至宏观领域,国内对异质性集群或集群异质性的研究也越来越多(陈志展,2011[1];林承亮,2011[2];吴波,2011[3]等)。异质性被大多数学者解读为"独特性""难以模仿性"和"不可替代性"。本书在研究时,假定我国西部地区牛羊特色食品产业集群为一个有机整体,进而从微观视角提炼其内部异质性。

我国西部地区牛羊特色食品产业由于受民族、文化、饮食习俗等影响,与其他产业相比除了一般性特征,自身具有一定异质性。

---

[1] 陈志展:《异质性和产业成长》,西南财经大学2011年博士学位论文。
[2] 林承亮:《知识溢出、异质性集群与企业的创新努力》,《科技进步与对策》2011年第24期。
[3] 吴波:《集群企业异质性及其对产业集群演进的影响机制研究》,《科学学与科学技术管理》2011年第6期。

李自然、李德宽、吾马尔·拜克力、黄军成、阿不都艾尼、李曦辉、李含琳等牛羊特色食品产业方面的专家给出了西部地区牛羊食品的特点,这些异质性给西部地区牛羊特色食品产业集群发展蒙上了一层"神秘面纱",其发展及治理过程必然与一般集群相比有差异性。

在我国西部地区,区域文化、饮食习惯等都会直接或间接地作用于西部牛羊特色食品产业集群中来,依据学者观点,本书将其统一归纳为"地域根植性"问题,其是该产业集群异质性的综合体现;同时,从治理主体的角度看,其规范、监督等活动将会直接或间接地由"民族事务部门"参与,因此本书将"民族事务部门"列为该产业集群治理的异质性因素,比较符合现实;该集群在劳动力资源方面以及在企业家精神、创新力、学习力和企业规章制度等科层文化方面由于受到民族、文化、饮食习惯等影响必然与一般食品企业有区别,因此本书将"劳动力资源"和"特殊科层文化"也列为异质性因素进行讨论。

第三节 关键影响因素分析

在结合产业实际情况下,第一节对影响我国西部地区牛羊特色食品产业集群的各类因素进行了系统的定性分析,是产业集群治理过程中普遍存在的因素。在集群发展过程中,因产业类别等异同,各因素的作用程度大小也不相同。因此,有必要根据我国西部地区牛羊特色食品产业发展实际需要识别关键影响因素。

一、方法选择

决策试验与评价实验法(Decision-making Trial and Evamation Laboratory,DEMATEL),是系统工程结构模型的一种,主要用来解决筛选复杂系统主要要素,简化系统结构的方法论。该方法是基于专家经验与知识,并结合调研数据来处理复杂社会问题的方法,对要素关系不确定的系统而言,该方法更为有效。

该方法是1971年Battelle研究所为了解决现实世界中复杂、困难的问题而提出的方法论,在解决经济学、管理学以及社会学等难以量化说明的系统有很好的效果;该方法是一种运用图论和矩阵进行系统要素分析的结构方法;DEMATEL分析方法求解步骤为:

1. 根据理论成果或经验梳理出某一研究问题的所有可能影响因素 F1,F2,F3,…,Fn。

2. 因素之间两两比较,按照影响关系的强、中、弱,分别用3、2、1表示,或者有影响的记为"1",无影响的记为"0",不影响总体结论,见图3-1。

3. 根据专家经验与知识打分,构建某一研究问题的直接影响矩阵 D ,见图3-2。

其中,元素 d_{ij} 表示因素 d_i 对因素 d_j 有直接影响关系;"0"表示两因素之间无影响关系。

4. 利用MATLAB软件将直接影响矩阵 D 转化为综合影响矩阵 T:首先,将直接影响矩阵 D 进行规范化处理,得到规范化直接影响矩阵 G , $G = D\lambda(\lambda > 0)$; λ 为尺度因子,通常表示为:

$$\lambda = \frac{1}{\max\limits_{1 \leqslant i \leqslant n} \sum\limits_{j=1}^{n} D_{ij}} \tag{3-1}$$

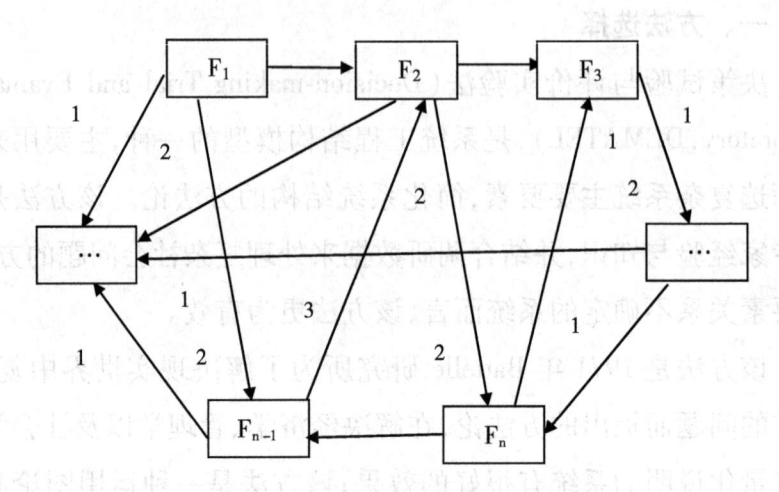

图 3-1 DEMATEL 方法分析框架

资料来源:杨印生:《经济系统定量分析方法》,吉林科学技术出版社 2001 年版,第 46—49 页。

$$D = \begin{bmatrix} 0 & d_{12} & \cdots & d_{1n} \\ d_{21} & 0 & \cdots & d_{2n} \\ \cdots & \cdots & \cdots & \cdots \\ d_{n1} & d_{n2} & \cdots & 0 \end{bmatrix}$$

图 3-2 某一研究问题的直接影响矩阵

资料来源:笔者团队制作。

综合影响矩阵:

$$T = G + G^2 + \cdots + G^n \tag{3-2}$$

5. 计算各个因素的影响度、被影响度以及中心度与原因度。

因素 d_i 的影响度 f_i 和被影响度 e_i 的计算公式为:

$$f_i = \sum_{j=1}^{n} t_{ij} (i = 1, 2, \cdots, n) \tag{3-3}$$

$$e_i = \sum_{i=1}^{n} t_{ij} (j = 1, 2, \cdots, n) \tag{3-4}$$

在综合影响矩阵 T 当中,"行和"代表每个因素的综合影响度;"列和"代表每个因素的被影响度。"行和"与"列和"之差代表"原因度",记作 A_i,其中,数据若为正值,说明该因素对其他因素影响较大,同时被称为"原因因素";数据若为负值说明该因素受其他因素影响较大,同时被称为"结果因素";"行和"与"列和"之和代表"中心度",记作 B_i,表示该因素在系统中的重要程度。

本书之所以选择 DEMATEL 方法来用于我国西部地区牛羊特色食品产业集群关键影响因素的甄选,主要是因为该方法可以将复杂系统问题简单化、定性问题定量化、经验问题科学化。

二、样本确定与结构

DEMATEL 方法是基于专家或行业内知情人士主观判断数据化的方法,在国外较为流行。从现有公开文献来看国内最早采用 DEMATEL 方法研究的是吉林大学杨印生教授及其团队,该团队自 2004 年开始,针对各类影响因素及其内部关系进行研究。因此,于 2020 年 1 月拜访了杨印生教授,并请教和学习了 DEMATEL 方法。学习中针对专家样本量问题请教了杨教授,他认为:"该方法从国外引进,其抽样样本在统计上并不遵循数理逻辑,无法实现计量检验,因此国外相关书籍亦未规定样本数量,但其样本量不是越多越好,而是越精越好,几位行业顶级专家的综合意见即可真实地反映因素间的关系……"在对杨教授访谈基础上,本书又对中国知网 2004—2020 年发表的各类有关 DEMATEL 方法的文章进行比对发现:专业性较强的问题,样本量水平在 15—64 份之间(李洪伟和杨印生,2006[①];杨印生、刘佩军和李宁,2006[②] 等);专业性

[①] 李洪伟、杨印生:《基于DEMATEL方法的地面仿生机械绿色属性影响因素分析》,《吉林大学学报(工学版)》2006年第2期。

[②] 杨印生、刘佩军、李宁:《我国东北地区农业机械化发展的影响因素辨识及系统分析》,《农业技术经济》2006年第5期。

较差的即具有普适性的问题,样本量水平在 34—397 份之间(周永广、王微波和陈怡平,2004[①];王伟和高齐圣,2009[②] 等)。我国西部地区牛羊特色食品产业集群影响因素问题具有较强的专业性和地域性,为了使问题更加科学化,本书拟确定样本量 60 份(基本满足目前学术界对专业性强的问题的 DEMATEL 方法研究的样本量需求),为应对无效问卷出现的问题,拟调查 76 份。

样本结构采取分层抽样调查。根据牛羊特色食品产业特点和专业性,将其分为 7 大类,即西部地区规模以上牛羊特色食品企业中高层管理人员、重点牛羊特色食品行业协会管理人员、政府直接管理部门人员、高校知名学者、在西部地区建厂的非西部地区大型企业办事处典型代表、西部地区的牛羊特色食品产业典型相关辅助部门、大型牛羊特色食品餐饮店负责人。同时考虑两个方面的均衡:一是区域间的均衡,即在典型的新疆、宁夏、青海、甘肃四地的均衡;二是类别专业性倾向,即根据专业性对不同类别将被调查者样本量进行分化。本书认为,企业、政府管理机构、行业协会、高校专家学者有更强的专业性,对该问题有更透彻的理解力,因此这四类是调查的重点,每个类别拟调查 16 份(每个类别每个地区 4 份);其余三类每个类别调查 4 份(每个类别每个地区 1 份)。西部地区各地各类专家计划与实际调查人员汇总表具体见表 3-2。

[①] 周永广、王微波、陈怡平:《黄山市旅游发展阻力的问题构造》,《浙江大学学报(理学版)》2004 年第 3 期。
[②] 王伟、高齐圣:《DEMATEL 方法在高校教学设计中的应用》,《现代教育技术》2009 年第 3 期。

表 3-2　各地各类专家计划与实际调查人数汇总表

（其中"/"右边为实际调查人数；单位：人）

地区	企业	政府	协会	大学	办事处	餐饮	辅助机构	合计
宁夏	4/8	4/4	4/4	4/8	1/1	1/1	1/2	19/28
甘肃	4/6	4/4	4/1	4/2	1/1	1/1	1/1	19/16
青海	4/6	4/4	4/2	4/2	1/1	1/1	1/1	19/17
新疆	4/2	4/4	4/1	4/2	1/1	1/1	1/1	19/12
计划总量	16	16	16	16	4	4	4	76
实际总量	22	16	8	14	4	4	5	73

资料来源：笔者团队制作。

从表 3-2 可知，最终有效调查 73 份，满足 60 份预设样本量需求。在具体的调研过程中，列出上述 20 个因素，请各层次被调查者结合我国西部地区牛羊特色食品产业特点进行因素间的关系确定，有影响的记为"1"，无影响的记为"0"；同时针对专业性术语，配合现场解读与解释，以保障问卷科学性。

三、我国西部地区牛羊特色食品产业集群关键影响因素甄选

本书严格按照 DEMATEL 方法操作步骤进行分析，第一步与第二步基本在调研结束时完成，余下的分析过程为：

对调研数据经过均值化处理后（均值大于等于 0.50 的设为 1，均值小于 0.50 的设为 0）[1]，得到我国西部地区牛羊特色食品产业集群发展影响因素规范化直接影响矩阵 G（见表 3-3）。

---

[1] 杨印生：《经济系统定量分析方法》，吉林科学技术出版社 2001 年版，第 51—53 页。

表3-3 影响因素规范化直接影响矩阵

因素	F1	F2	F3	F4	F5	F6	F7	F8	F9	F10	F11	F12	F13	F14	F15	F16	F17	F18	F19	F20
F1	0	1	0	1	0	0	1	0	1	0	0	1	1	1	1	1	1	1	0	1
F2	0	0	0	0	0	0	0	0	0	1	0	0	1	0	0	0	0	0	0	0
F3	1	1	0	0	0	1	1	0	1	1	0	1	1	1	1	0	0	1	1	1
F4	0	1	1	0	1	0	1	0	0	0	0	0	0	0	0	0	0	1	1	0
F5	1	1	0	1	0	1	1	0	1	0	0	0	0	0	0	0	0	0	0	0
F6	0	1	0	0	0	0	0	0	0	0	0	0	0	0	0	0	0	0	0	0
F7	0	1	0	0	0	0	0	0	0	0	0	0	0	0	1	1	1	1	0	0
F8	0	0	0	0	0	0	0	0	0	0	0	0	0	0	0	1	0	0	0	0
F9	0	1	0	0	0	0	0	0	0	0	0	0	0	0	0	0	0	1	0	0
F10	0	0	0	0	0	0	0	0	0	0	0	0	0	0	0	0	0	0	0	0
F11	0	0	0	0	0	0	0	0	0	0	0	0	0	0	0	0	0	0	0	0
F12	0	0	0	0	0	0	0	0	0	0	0	0	0	0	0	0	0	0	1	1
F13	0	0	0	1	0	0	0	1	0	1	0	1	0	1	1	1	0	0	0	1
F14	0	0	0	0	0	0	1	1	0	0	0	0	0	0	0	0	1	1	1	0
F15	0	0	0	0	0	0	0	0	0	0	0	0	0	0	0	0	0	0	0	0
F16	0	0	0	0	0	0	0	0	0	0	0	0	0	0	0	0	1	1	1	0
F17	0	1	0	0	0	0	0	0	0	0	0	0	0	0	0	0	0	0	0	0
F18	0	0	0	0	0	0	0	0	0	0	0	0	0	1	0	0	0	0	0	0
F19	0	0	0	1	0	0	1	0	0	0	0	0	0	1	1	1	0	0	0	0
F20	0	1	0	0	0	0	0	0	0	0	0	0	0	0	0	0	0	0	0	0

注:F1:产业制度;F2:地域根植性;F3:政府支撑;F4 技术资源;F5:成本因素;F6:关联产业;F7:劳动力资源;F8:行业协会;F9:货币资源;F10:自然资源;F11 知识溢出;F12:横向网络建设;F13:纵向网络建设;F14:辅助部门支撑;F15:民族事务部门;F16:龙头企业;F17:企业科层文化;F18:市场因素;F19:信息化资源;F20:产业规模。

资料来源:笔者团队制作。

利用 MATLAB 软件进行编程,对上述规范化的直接影响矩阵进行转换,得到我国西部地区牛羊特色食品产业集群发展影响因素间的综合影响矩阵 T。

设:$a = [G]$

$b = a/\max$

则：$T = b \times inv\{eye(n) - b\}$。

通过对综合影响矩阵 T 整理得到各个因素间的具体影响度、被影响度、中心度和原因度，具体见表3-4。

表3-4 影响因素综合矩阵分析

因素	影响度	被影响度	中心度	原因度	因素	影响度	被影响度	中心度	原因度
F1	1.8266	0.1789	2.0055	1.6477	F11	0.6250	0.2712	0.8962	0.3538
F2	0.4877	1.4226	1.9103	-0.9350	F12	1.7579	2.3622	4.1201	-0.6040
F3	1.9208	0.1417	2.0625	1.7791	F13	1.2021	2.3622	3.5643	-1.1600
F4	1.406	0.8451	2.2511	0.5609	F14	1.3222	0.1786	1.5008	1.1436
F5	0.9236	0.1870	1.1106	0.7366	F15	0.3817	2.2526	2.6343	-1.8710
F6	0.2704	0.2548	0.5252	0.0156	F16	1.3059	1.3475	2.6534	-0.0420
F7	1.0302	1.2294	2.2596	-0.1990	F17	1.0226	1.4303	2.4529	-0.4080
F8	0.5588	0.7891	1.3479	-0.2300	F18	0.2370	0.9500	1.1870	-0.7130
F9	1.0969	0.7677	1.8646	0.3292	F19	1.1620	0.8958	2.0578	0.2662
F10	0.7000	1.1710	1.8710	-0.4710	F20	0.4959	0.6956	1.1915	-0.2000

资料来源：笔者团队制作。

通过分析，本书得到以下分析结论：

1. 中心度分析

"中心度"代表了各个因素在系统中作用的大小。根据表3-4数据不难发现，我国西部地区牛羊特色食品产业集群发展因素影响程度从大到小排序为：F12（横向网络建设，影响度4.1201）、F13（纵向网络建设，影响度3.5643）、F16（龙头企业，影响度2.6534）、F15（民族事务部门，影响度2.6343）、F17（科层文化，影响度2.4529）、F7（劳动力资源，影响度2.2596）、F4（技术资源，影响度2.2511）、F3（政府支撑，影响度2.0625）、F19（信息资源，影响度2.0578）、F1（产业制度，影响度2.0055）、F2（地域根植性，影响度 1.9103)、F10(自然资源,影响度 1.8710)、F9(货币资源,影响度 1.8646)、F14(辅助部门支撑,影响度 1.5008)、F8(行业协会,影响度 1.3479)、F20(产业规模,影响度 1.1915)、F18(市场因素,影响度 1.1870)、F5(成本因素,影响度 1.1106)、F11(知识溢出,影响度 0.8962)、F6(关联产业,影响度 0.5252)。

"关联产业"对我国西部地区牛羊特色食品产业集群发展的影响度最低,为 0.5252,结合本章第一节论述,在我国西部地区牛羊特色食品产业集群中虽然出现了一些物流公司、包装公司等,但由于其互补和替代产品对应的产业较窄,且在集群中只有零星出现,因此本书结果与专家意见一致,认为其不是关键因素,将其剔除;"知识溢出"的影响度为 0.8962,专家给出的结论是排名倒数第二,印证了单玲玉、吴宏丹等观点,也与实际相符,我国西部地区牛羊特色食品产业集群总体加工技术差异性不大,MAR 知识溢出不显著;"成本因素"专家结论排在倒数第三,也与本章第一节观点相一致,目前我国西部地区牛羊特色食品产业集群内外部成本基本持平,可看作控制变量来考虑;"市场因素"专家意见排在倒数第四,印证了魏江教授等的判断,其消费需求和价格竞争都相对稳定,可作为控制变量进行考虑;"产业规模"专家意见排在倒数第五,也符合本章第一节的数据分析结论,产业规模对其影响已经基本渡过了导入期和成长期,步入了相对稳定的成熟期,可视为控制变量来考虑;同时,在本章第一节分析时,学者们对"产业制度""自然资源"的影响的看法也是不一致的,但领域内专家给出结果显示,这两个因素排名较靠前,因此,本书在充分分析牛羊特色食品产业特点后,选择尊重 73 位专家的意见。

经本章第一节定性分析及第三节定量分析,本书将"关联产业""知识溢出""成本因素""市场因素"和"产业规模"这五个因素剔除,通过中心度分析,得到了15个关键影响因素(见表3-5)。

表3-5 关键影响因素一览表

一级指标	二级指标	排名
不确定性	产业制度(F1)	10
任务复杂性	货币资源(F9)	13
	技术资源(F4)	7
	信息资源(F19)	9
	自然资源(F10)	12
网络交易属性	横向网络建设(F12)	1
	纵向网络建设(F13)	2
资产专用性	地域根植性(F2)	11
	劳动力资源(F7)	6
	科层文化(F17)	5
关系属性	政府支撑(F3)	8
	龙头企业(F16)	3
	行业协会(F8)	15
	辅助部门支撑(F14)	14
	民族事务部门(F15)	4

资料来源:笔者团队制作。

2. 原因度分析

(1)原因因素分析

上面已经获取了15个关键影响因素,下面将分析这15个关键因素中哪些是原因因素?哪些是结果因素?

从表3-4不难看出,我国西部地区牛羊特色食品产业集群发展影响因素中的原因因素按大小顺序依次为F3(政府支撑,1.7791)、F1(产业制度,1.6477)、F14(辅助部门支撑,1.1436)、F4

(技术资源,0.5609)、F9(货币资源,0.3292)、F19(信息化资源,0.2662)。此类因素属于基本条件因素,应该引起地方政府足够重视。其中,F3(政府支撑)原因度最高,地方政府的作用是非常大的,而且起到了翘板作用;F1(产业制度)之所以是原因因素在于产业规制必然带来产业发展,我国西部地区2010年以来出台了许多关于规范牛羊特色食品产业发展的制度,这些制度的实施对保障整个牛羊特色食品产业的健康发展起到了很大作用;F14(辅助部门支撑)作为辅助因素对牛羊特色食品产业集群的发展起到了推动作用,利用好当地大学科研院所、金融投资咨询机构等外部机构的辅助功能,将会提升牛羊特色食品产业竞争力;对F4(技术资源)、F9(货币资源)、F19(信息化资源)而言,任何产业发展尤其是集群化发展,没有一定的技术、货币以及信息资源支撑,很难获取竞争优势,因此技术、货币、信息资源是集群发展的助推器,也就不难理解为原因因素了。

(2)结果因素分析

从表3-4可以得出,我国西部地区牛羊特色食品产业集群发展影响因素中的结果因素按绝对值大小顺序依次为F15(民族事务部门,-1.8710)、F13(纵向网络建设,-1.1600)、F2(地域根植性,-0.9350)、F12(横向网络建设,-0.6040)、F10(自然资源,-0.4710)、F17(科层文化,-0.4080)、F8(行业协会,-0.2300)、F7(劳动力资源,-0.1990)、F16(龙头企业,-0.0420)。结果因素并不是绝对的,而是相对的,也就是说该因素可能是最终的被影响因素,也可能处于中间环节,既被其他因素影响,也影响其他因素。F15(民族事务部门)和F2(地域根植性)受到政府等其他影响,又对集群企业发展有影响,因此是处于中间环节的结果因素;F10

(自然资源)、F7(劳动力资源)以及F17(科层文化)都属于中间因素,既受产业制度、政策、资金等影响,又对横纵向网络发展有推动作用;F16(龙头企业)与F8(行业协会)也属于中间因素,受到来自政府、区域文化等影响,又作用于集群发展;F12(横向网络建设)和F13(纵向网络建设)受到政策、制度等影响较大,因此属于结果因素。

第四章　西部地区牛羊特色食品产业集群发展状态分析

　　截至2021年,我国西部地区牛羊特色食品产业集群已经形成十余年,相对集中的集聚区主要包括宁夏盐池、固原等牛羊肉养殖示范区(主产滩羊)、宁夏吴忠牛羊食品加工产业集聚区、宁夏涝河桥牛羊食品销售集聚区、青海海东高原牛羊食品加工区、甘肃临夏牛羊食品产业园区、甘肃甘南州高原牛羊养殖示范区等。集群内生产、加工、销售基本上实现了一体化,牛羊特色食品品类基本涵盖了肉制品、油脂、乳品及其衍生品与牛羊餐饮业、旅游休闲食品产业等在内的较为完整的产业链条。本章将主要比较分析我国西部地区各个典型省份牛羊特色食品产业的整体发展情况、各个典型省份牛羊特色食品产业集群发展阶段、现状与存在的问题等,从而找出差异性和共同性,为我国西部地区牛羊特色食品产业集群合理布局与发展提供借鉴。

第一节　产业总体发展情况分析

　　本节将结合中国统计年鉴、调研时所获内部资料及官方网站

第四章 西部地区牛羊特色食品产业集群发展状态分析

公布的资料等为依据,对我国西部地区典型省份牛羊特色食品产业集群发展情况进行论述。我国西部地区牛羊特色食品产业主要分布在新疆、宁夏、青海、甘肃、云南、内蒙古和陕西,由于时间、经历和资金限制,结合邻地同源关系和牛羊食品产业集聚情况,在云南和青海中选取青海,在内蒙古与新疆中选择新疆,在陕西和甘肃中选择甘肃。主要从各个典型省份企业结构与数量、规模企业牛羊肉产量与增长速度、产业集聚程度、园区建设、政策支持等方面分别进行比较论述。

一、企业结构与数量比较分析

截至2021年,新疆全区规模以上牛羊养殖合作社或公司共计22家(如老龙河、馒头山、伊新牛羊养殖专业合作社等),规模以上牛羊肉生产加工企业共计55家,牛羊肉特色餐饮企业3.7万个,经营与牛羊肉相关业务的个体户与摊贩约22万户,从业人员近94万人,其中少数民族从业人员约占55%。新疆共有127家民族特需商品定点生产企业;宁夏全区规模以上牛羊养殖专业合作社或公司共计16家(如同心县荣振养殖专业合作社等),规模以上牛羊肉生产加工型企业127家,牛羊肉特色餐饮企业已达到9600家,牛羊风味小吃300余种;全区29家企业被国家民族事务委员会、财政部、中国人民银行确定为民贸特需商品定点企业;青海规模以上牛羊养殖合作社或公司31家,规模以上牛羊肉加工型企业68家,牛羊肉特色餐饮及个体工商户4500余家,共计54家企业被列为民族特需食品;甘肃牛羊食品企业主要集中于临夏回族自治州(以下简称临夏),甘肃规模以上牛羊养殖企业28家,规模以上牛羊肉生产加工型企业115家,牛羊肉特色餐饮企业10150家,共计 105 家企业被列为民族特需食品企业。横向比较来看,青海的养殖业较为发达,宁夏和甘肃的加工业较为发达,新疆的餐饮业较为突出,甘肃和新疆牛羊特色食品定点加工企业较多(见表4-1)。

表 4-1 我国西部地区典型省份牛羊特色食品企业结构与数量

(单位:家)

典型地区	规模以上养殖型企业	规模以上加工型企业	零售型	定点企业
新疆	22	55	37000	127
宁夏	16	127	9600	29
青海	31	68	4500	54
甘肃	28	115	10150	105

资料来源:笔者根据各典型省份公开资料整理得到。

二、规模以上牛羊特色食品产量与增长速度比较分析

2012—2021 年:新疆牛羊肉产量由 88.24 万吨增加到 109.25 万吨,增长了 23.81%,年均增长速度 2.40%;宁夏牛羊肉产量占其食品工业生产总值的比例一直维持在 70% 左右,自 2012 年以来其牛羊肉产量由 16.20 万吨增加到 2021 年的 23.30 万吨,增长了 43.83%,年均增长速度高达 4.12%;青海省这九年间牛羊特色食品生产总值占比食品工业的比例基本维持在 53% 左右,全省牛羊肉产量由 19.74 万吨增加到 33.53 万吨,增长了 69.86%,年均增长速度为 6.07%;甘肃牛羊肉产量由 35.22 万吨增加到 60.50 万吨,增长了 71.78%,年均增长速度 6.20%。总体来看,新疆牛羊肉产量处于领先地位;甘肃和青海的年均增长速度占据优势;宁夏牛羊肉产量相对较少,这可能与地域空间范围是相关的。我国西部地区各省份历年牛羊肉产量情况见表 4-2。

表4-2 我国西部地区典型省份牛羊特色食品历年产量一览表

(单位:万吨)

地区	2012年	2014年	2016年	2018年	2020年	2021年
新疆	88.24	94.33	102.92	101.36	100.97	109.25
宁夏	16.20	17.70	19.90	21.40	22.50	23.30
青海	19.74	21.24	24.90	26.30	32.55	33.53
甘肃	35.22	38.65	41.51	46.12	52.50	60.50

资料来源:笔者根据新疆、宁夏、青海、甘肃2013—2021年统计年鉴数据整理得到。

三、区位商、产业专业化系数、空间基尼系数、EG指数比较分析

区位商(Location Quotient,LQ)是一个地区特定部门的产值(或就业人数或固定资产额)在地区工业总产值(或就业人数或固定资产额)中所占比重与全国该部门产值(或就业人数或固定资产额)在全国工业总产值(或就业人数或固定资产额)中所占比重之间的比值。在区域经济、产业经济中通常用其来判断该产业是否为地区专业化部门。区位商大于1,可认定为该产业是地区专业化部门,且越大专业化水平越高;区位商小于或等于1,则认定该产业在该区域属于自给性部门。通常利用专业化系数(Coefficient of Specialization,CS)来判定其产业专业化水平,其计算公式为:$CS = 1 - \frac{1}{LQ}$。空间基尼系数(Spatial Gini Coefficient,G)是判定某一产业在特定地理区域集聚程度的评价指标,其计算公式为:$G = \sum_{i=1}^{n}(S_i - x_i)^2$,$x_i$是$i$地区就业人数或产值占全国总就业人数或产值的比例,$S_i$是该地区某产业就业人数或产值占全国该产业总就业人数或产值的比重。[1] 根据统计年鉴数据,本书

---

[1] 吴殿廷、宋金平、姜晔:《区域发展战略规划:理论、方法与实践》,中国农业大学出版社2010年版,第48—61页。

选取 2020 年产值测算我国西部地区典型省份的区位商、产业专业化系数和空间基尼系数。2020 年全国牛羊肉食品产业总产值采用"前瞻产业研究院"公布的数据 4900 亿元计算。EG 指数（一种测量产业集聚程度的指数。）r 计算公式为：

$$r = \frac{G - (1 - \sum_{i=1}^{n} x_i)H}{(1 - \sum_{i=1}^{n} x_i^2)(1 - H)} \qquad (4-1)$$

其中，$H = \sum_{i=1}^{n}(X_i/X)^2$，X 代表市场总规模，$X_i$ 代表 i 企业规模。N 代表市场企业数量。

EG 指数是对 G 指数的修正，引入了 H 指数（赫芬达尔指数，一种测量产业市场集中度的经济学指标），H 指数一般需要行业内前 50 家大型企业市场份额的微观数据，不足 50 家的按实际大型企业数量全部计算[①]，根据其公式发现，由于我国西部地区各个典型省份牛羊特色食品企业规模小而杂，如新疆规模以上企业 77 家，产值过亿的大型企业仅有 6 家，而其 2020 年市场总规模约为 796 亿元，因此，在计算 H 指数时，6 家过亿公司市场占有率的平方数过小（不足十万分之一），这也与其实际相符，98% 的企业为中小微型企业，尤其是每个省份都有 10000 家左右牛羊肉特色餐饮企业，规模集中在 100 万以下，因此，H 值可忽略为 0，同理，x_i^2 数值也过小，亦可忽略为 0，从而使 EG 指数计算结果无限接近于 G 指数。具体数据见表 4-3。

---

① 关爱萍、冯星仑、张强：《不同要素密集型制造业集聚特征及变动趋势——来自中国 2000—2014 年的经验证据》，《华东经济管理》2016 年第 10 期。

表 4-3 2020 年我国西部地区典型省份牛羊特色食品产业集聚情况一览表

地区	新疆	宁夏	青海	甘肃
区位商	11.9448	17.1727	9.9195	4.2493
产业专业化系数	0.9163	0.9418	0.8992	0.7647
空间基尼系数	0.0222	0.0044	0.0008	0.0009
EG 指数	0.0222	0.0043	0.0008	0.0009

资料来源:由笔者根据 2021 年《新疆统计年鉴》《宁夏统计年鉴》《青海统计年鉴》《甘肃发展年鉴》《中国统计年鉴》与前瞻产业研究院公开数据整理而来。

从表 4-3 可知:我国西部地区四大典型省份的区位商远远大于 1,充分说明了上述四地都是牛羊特色食品产业专业化部门,其中宁夏最突出,说明宁夏牛羊特色食品产业更加专业化;宁夏和新疆牛羊特色食品产业专业化水平超过了 0.9,甘肃专业化水平较低,只有 0.7647;然而,四地空间基尼系数都远远小于 1,充分说明了虽然四地牛羊特色食品产业专业化较强,集聚现象已初步显现,但由于重复建设、规模较小等问题,使其集聚水平较低;从 EG 指数来看,只有新疆的大于 0.02,小于 0.05,表示牛羊特色食品产业均匀分布,其他地区都小于 0.02,说明其牛羊特色食品产业比较分散,EG 指数只有大于 0.05,才能说明产业的集聚程度较高。[①] 因此,牛羊特色食品产业整体上在我国西部地区典型省份的集聚程度并不高,更多地表现为群而不聚的特点,这主要与西部地区牛羊特色食品产业中餐饮业占比过大,布局过于分散等特点是极其相关的。

四、牛羊特色食品产业园区建设情况比较分析

新疆具有得天独厚的发展牛羊特色食品的文化背景和丰富的

[①] 高运胜:《上海生产性服务业集聚区发展模式研究》,对外经济贸易大学出版社 2009 年,第 73—78 页。

牧场资源,如新疆是我国第二大牧区,牛羊饲养以天然放牧为主,肉质鲜美,所产乳制品更为佳美,形成了新疆巴音布鲁克黑头羊、阿勒泰羊肉、尉犁罗布羊肉、新疆手撕牛肉干等全国知名牛羊特色食品品牌。新疆特色牛羊食品产业布局较为分散,尚未形成有竞争力的集聚区或园区,30%左右的牛羊食品企业主要分布在乌鲁木齐市、昌吉回族自治州等北部地区,南部地区如阿克苏、喀什、和田等地的牛羊特色食品企业发展缓慢,这与该区域注重重工业(石油、煤炭等)发展是有关的;随着宁夏牛羊特色食品产业发展,其与农业、畜牧业、纺织业、旅游业、文化产业的生产关联度不断增强,政府在用地、税收、技术改造、信贷、出口、创名牌、各类质量认证等方面都给予畜牧业企业很多优惠,使宁夏牛羊特色食品产业发展充满勃勃生机;同时产业集聚现象逐步形成,建有吴忠牛羊食品加工产业园区、盐池—同心滩羊养殖示范区等,但受空间地理限制,其养殖规模与产值相对新疆还有很大差距;2018年青海省牛羊产值约26.30万吨,牛羊特色食品产业分布主要在西宁、门源、循化、化隆四地。西宁市属于集牛羊特色食品研发、加工、销售一体化的产业集散地,海东市成为高原特色现代化牛羊特色食品加工中心;门源县重点打造牛羊特色食品生态育肥养殖基地;循化县重点发展和推广牛肉拉面产业,产业布局较为合理,且海东牛羊特色食品产业园区已经投入使用;甘肃牛羊特色食品产业主要集中于临夏,并建有临夏产业园,年产牛羊肉约45万吨。临夏牛羊特色食品产业近十年来得到了长足发展,主要得益于国家西部大开发战略、"一带一路"倡议和深度贫困带"三区三州"精准脱贫攻坚任务等的大力支持。州内牛羊特色食品企业主要集中于绿色牛羊食品产业园内,产品种类从单一型向肉制品精深加工、乳制品加工等多样化发展;发展层次从粗放式、家族式经营向精细化、机械化、现代化方式转变;从无品牌、小打小闹向品牌化、集约化发展,涌现出燎原、八坊清河源、康美、圣泽源等省内外知名品牌。

总体来看,新疆牛羊特色食品产业相对分散,但牧场广袤,牛羊品质品牌影响突出;宁夏牛羊特色食品产业园区建设相对更强、更规范;青海产业布局突出高原特色更加合理;甘肃临夏产业园区定位绿色牛羊食品更加符合现代消费需求。

五、政策支持情况比较分析

新疆地方政府非常重视民族工作和关心民族经济的发展,"十二五"规划期间新疆就提出了加大特色产业的发展力度,尤其是对民族特需食品的支持力度,并将其列为22项重点民生工程之一,着力打造新疆特色餐饮文化,为牛羊特色食品餐饮业的良性发展提供了政策保障。2011年新疆又出台了《促进新疆特色餐饮产业发展的政策措施》,为牛羊特色食品企业提供了免税、贴息贷款、技术培训等多项优惠措施,努力打造牛羊特色食品"美食之都"。2017年面对复杂的区内环境和国际环境,新疆出台了《新疆维吾尔自治区去极端化条例》,从而为牛羊特色食品市场的良性发展注入了强心剂,有利于产业环境的净化、民族的团结和国家的长治久安。

宁夏为了落实"一带一路"倡议,积极为本区畜牧食品企业服务,出台了很多支持政策,如《宁夏回族自治区人民政府关于加快发展内陆开放型经济的意见》《宁夏回族自治区促进中小企业发展条例》《宁夏优势特色农产品区域布局及发展规划》等将牛羊肉产业列为四大主导产业,并在税收、土地、人才、资金保障等方面都给予了很大支持。同时地方政府主动成立服务机构和举办各类展会,进一步促进其产业发展;自2015年开始截至2019年,宁夏已连续举办5届中国—阿拉伯国家博览会,向世界推介中国牛羊特色食品品牌。

青海省政府出台了《关于进一步转变发展方式,加快推进高原特色现代农牧业发展的若干意见》,明确了大力支持牛羊畜牧业发展的目标,并从财政、税收、金融等方面给予了大力支持,积极培育壮大牛羊等农牧龙头企业,积极推进龙头企业技术创新等;2021年,青海省人民政府办公厅发布了《青海省人民政府办公厅关于促进高原特色畜牧业高质量发展的实施意见》,坚持走绿色发展之路,围绕"生态青海、绿色农牧",加快推进绿色有机农畜产品输出地建设,走人草畜协调平衡、生态生产生活共赢的绿色发展路子。这说明青海省政府对发展牛羊特色食品产业的定位更加聚焦于"高原""有机"和"绿色"。

《甘肃省"十三五"草食畜牧业发展规划》强化政策、科技、设施装备、人才和机制支撑,建立以布局区域化、养殖规模化、生产标准化、经营产业化、服务社会化为特征的现代草食畜牧业生产体系;2022年,甘肃省扎实推进"甘味"肉羊、平凉红牛产业集群和肉牛提质增量等重点项目建设,续建畜牧业重点项目共154个,年度投资102亿元,为牛羊特色食品产业提供强有力的资金支持;同时甘肃各地市积极打造畜牧业品牌,强化补奖力度,如陇南市印发《陇南市推进现代畜牧业高质量发展奖补办法(2023—2025年)》(试行)(以下简称《办法》),进一步明确奖补原则、奖补对象、资金来源、奖补范围和标准及申报流程等。

总体来看,四地的地方政府都比较重视畜牧业特色发展,宁夏地方政府的支持力度相对更强;新疆重点支持牛羊餐饮业在全国的突围发展;青海、甘肃两省都对畜牧产业进行了合理的规划与定位。

第二节 典型省份产业集群发展阶段辨识

一、产业集群发展阶段辨识

本部分将采用第三章所论述的模糊贴近度方法对我国西部地区典型省份牛羊特色食品产业集群发展阶段进行辨识。

(一)确定产业集群生命周期研判指标与各阶段特点

根据高菲等(2014)[1]、王其和等(2010)[2]、李文臣等(2010)[3]、安德森(Andersson, Hanson, Serger, 2004)[4]、提奇(Tichy, 1998)[5]等学者对产业集群生命周期判定指标及各阶段特点的描述,本书提炼了以下六个判定指标,并在认真解读上述学者观点的基础上,采纳提奇、高菲等总结的各个发展阶段各指标的特性,具体特征见表4-4。

---

[1] 高菲、江山、李亚宁:《基于模糊贴近度的产业集群生命周期判定方法》,《计算机集成制造系统》2014年第20期。

[2] 王其和、夏晶、王婉娟:《产业集群生命周期与政府行为关系研究》,《当代经济》2010年第20期。

[3] 李文臣、李盛玲:《政府行为与产业集群生命周期的匹配性分析》,《华东经济管理》2010年第4期。

[4] Andersson, T., Hanson, E. W., Serger, S. S., "The Cluster Policies Whitebook", *IKED*, *Stockholn*, 2004.

[5] Tichy, G., Clusters: Less Dispensable and More Risky than Ever, Clusters and Regional Specialisation, London: Pion Limited, 1998, pp.121-124.

表4-4 产业集群生命周期研判指标与各阶段特征一览表

指标特征	导入期	成长期	成熟期	衰退期
集群规模	一般	高	非常高	一般
垂直合作程度	低	高	非常高	一般
水平竞争程度	低	一般	高	低
辅助机构合作程度	低	一般	高	一般
政府支持力度	一般	高	非常高	非常高
资源齐备性	低	高	高	一般

资料来源：笔者团队制作。

其中，资源齐备性，主要从劳动力资源、货币资源、技术资源、信息资源和自然资源五方面测量；垂直合作程度与水平竞争程度分别从原材料资源、客户资源、人才资源、技术资源、货币资源五方面的合作或竞争关系进行测量。

（二）特征值与产业集群生命周期阶段集合的模糊关系矩阵

1. 确定调查样本，利用样本均值代表各省份特征指标值

本书按照里克特7级量表进行各指标评分。对统计学中样本量的确定主要采用两种：总体方差已知和总体比例已知。本研究总体方差无法确定，但总体比率可以计算，因此采取总体比率公式进行抽样。具体计算公式为：

$$\text{放回抽样计算公式：} n = \frac{z^2 p(1-p)}{\Delta_p^2} \quad (4-2)$$

$$\text{不放回抽样计算公式：} n = \frac{Nz^2 p(1-p)}{N\Delta_p^2 + z^2 p(1-p)} \quad (4-3)$$

其中，n为抽样样本数，N代表总体，z一般值取95%的置信

水平，Δ_p 代表抽样极限误差，一般取值±5%。一般情况下在 N 非常大且难以确定时，可近似地按照式（4-1）计算[①]，由于我国西部地区各省份牛羊特色食品企业数量过于庞大，且无统计数据，因此可按照式（4-1）计算。p 代表总体比率，指总体中有某种性质的单位数目在总体中所占的比重。牛羊特色食品产业按照统计年鉴分类主要分布在畜牧业、农副食品加工业、食品制造业和餐饮业范畴，按照各典型省份上述四类行业的产业活动单位数占西部地区（西部九省）上述四行业总体产业活动单位数的比例计算新疆、宁夏、青海和甘肃的 p 值，分别为 0.13、0.11、0.10 和 0.12，代入式（4-2）可得各省份需调查样本数分别为 174 份、151 份、139 份和 163 份（不足 1 份的，向上取整），为使样本更加合理科学，本书计划拟分别对四地调查 180 份问卷。样本结构与上一章基本保持一致，采取七大类分层抽样调查。具体情况见表 4-5。

表 4-5 样本分层汇总表

地区	企业	政府	协会	大学	办事处	餐饮	辅助机构	合计
新疆	90/81	20/14	20/12	20/22	5/10	20/40	5/10	180/189
宁夏	90/124	20/44	20/18	20/17	5/8	20/20	5/5	180/236
青海	90/101	20/16	20/14	20/20	5/0	20/26	5/6	180/183
甘肃	90/77	20/21	20/16	20/12	5/8	20/44	5/9	180/187
计划总量	360	80	80	80	20	80	20	720
实际总量	383	95	60	71	26	130	30	795

资料来源：笔者团队制作。

调研时间：结合评审专家意见，需要对各个典型省份进行差异

[①] 曾五一、肖红叶：《统计学导论》，科学出版社 2015 年版，第 67—69 页。

性分析,首次调研样本量不足(2018年调查样本数:新疆110份、宁夏236份、青海119份、甘肃132份),因此课题组于2020年6—7月在地方政府的帮助下以及通过各地方牛羊食品产业专业微信群在线调查,收集问卷情况为:新疆79份、青海64份、甘肃55份,从而使样本达到研究所需样本量。

两次样本方差齐性检验:将2018年样本设定为"1",2020年样本设定为"2",分别对新疆、青海和甘肃三地两次样本进行差异性检验。采取Levene独立样本T检验,发现三地各项指标的显著性P都大于0.05,说明两次样本无显著性差异,可以合并使用。

经计算新疆上述六项指标均值(根据10分制隶属函数,此数据为各地特征指标调研数据均值按照10/7进行数据转换所得,下同)分别为:(7.88,7.13,5.64,5.24,5.89,6.24);宁夏均值分别为:(7.59,8.24,5.80,6.19,8.42,6.11);青海均值分别为(6.81,7.99,5.44,5.53,7.24,5.83);甘肃均值分别为(5.90,7.10,5.10,4.77,6.36,5.66)。

2. 指标值与产业集群生命周期阶段集合的模糊关系矩阵R确定

根据指标平均值与第二章式(2-1)至式(2-4)得到以下模糊关系矩阵:

$$\tilde{R}_{\text{新疆}} = \begin{bmatrix} 0.3254 & 0.1900 & 0.3646 & 0.4436 & 0.8347 & 0.2759 \\ 0.9964 & 0.8409 & 0.9071 & 0.9858 & 0.4733 & 0.5636 \\ 0.7631 & 0.5336 & 0.4180 & 0.3443 & 0.2926 & 0.5636 \\ 0.3254 & 0.4436 & 0.3646 & 0.9858 & 0.2926 & 0.7223 \end{bmatrix}$$

$$\tilde{R}_{\text{宁夏}} = \begin{bmatrix} 0.3736 & 0.1272 & 0.3387 & 0.2822 & 0.2548 & 0.2926 \\ 0.9597 & 0.9858 & 0.8621 & 0.7386 & 0.9578 & 0.5283 \\ 0.6680 & 0.8738 & 0.4525 & 0.5498 & 0.9224 & 0.5283 \\ 0.3736 & 0.2759 & 0.3378 & 0.7386 & 0.9224 & 0.7645 \end{bmatrix}$$

$$\tilde{R}_{\text{青海}} = \begin{bmatrix} 0.5498 & 0.1384 & 0.4019 & 0.3846 & 0.4436 & 0.3331 \\ 0.7386 & 1.000 & 0.9538 & 0.9344 & 0.8738 & 0.4593 \\ 0.4548 & 0.7968 & 0.3790 & 0.3790 & 0.5636 & 0.4593 \\ 0.5498 & 0.3091 & 0.4019 & 0.9344 & 0.5636 & 0.8531 \end{bmatrix}$$

$$\tilde{R}_{\text{甘肃}} = \begin{bmatrix} 0.8316 & 0.1922 & 0.4756 & 0.5608 & 0.6009 & 0.3612 \\ 0.4756 & 0.8316 & 0.9975 & 0.9870 & 0.5979 & 0.4221 \\ 0.2939 & 0.5256 & 0.3223 & 0.2772 & 0.3646 & 0.4221 \\ 0.5498 & 0.3091 & 0.4019 & 0.9344 & 0.5636 & 0.8531 \end{bmatrix}$$

(三)产业集群生命周期各阶段贴近度计算

由第二章式(2-5)至式(2-6)得到各典型省份决策矩阵:

$$\tilde{Z}_{\text{新疆}} = \begin{bmatrix} 0.3747 & 0.4122 & 0.4837 & 0.2496 & 0.6840 & 0.3569 \\ 0.5760 & 0.6075 & 0.6466 & 0.4123 & 0.5756 & 0.4432 \\ 0.5491 & 0.573 & 0.5050 & 0.2641 & 0.4129 & 0.5166 \\ 0.3512 & 0.5096 & 0.4347 & 0.4565 & 0.3949 & 0.5801 \end{bmatrix}$$

$$\tilde{Z}_{\text{宁夏}} = \begin{bmatrix} 0.3956 & 0.3431 & 0.4905 & 0.3201 & 0.0882 & 0.3593 \\ 0.5714 & 0.6006 & 0.6478 & 0.4570 & 0.2991 & 0.4300 \\ 0.5133 & 0.6566 & 0.5363 & 0.4728 & 0.4220 & 0.5065 \\ 0.3664 & 0.4062 & 0.4495 & 0.5294 & 0.4185 & 0.5934 \end{bmatrix}$$

$$\tilde{Z}_{青海} = \begin{bmatrix} 0.4514 & 0.3512 & 0.4750 & 0.2641 & 0.3751 & 0.3624 \\ 0.5075 & 0.6094 & 0.6405 & 0.4291 & 0.5041 & 0.4003 \\ 0.4129 & 0.6316 & 0.4658 & 0.3169 & 0.3871 & 0.4649 \\ 0.4225 & 0.4162 & 0.4175 & 0.4835 & 0.4041 & 0.6224 \end{bmatrix}$$

$$\tilde{Z}_{甘肃} = \begin{bmatrix} 0.4672 & 0.4050 & 0.4611 & 0.2807 & 0.5853 & 0.3644 \\ 0.5268 & 0.5968 & 0.6177 & 0.4086 & 0.5844 & 0.3826 \\ 0.2522 & 0.5667 & 0.3998 & 0.2099 & 0.4671 & 0.4428 \\ 0.4491 & 0.5161 & 0.3936 & 0.4228 & 0.4438 & 0.6347 \end{bmatrix}$$

根据 $\tilde{Z}$，由第二章式(2-7)至式(2-8)计算正负理想等级分别为：

$$\begin{cases} \tilde{C}^+_{新疆} = (0.5760 \quad 0.6075 \quad 0.6466 \quad 0.4565 \quad 0.6840 \quad 0.5801) \\ \tilde{C}^-_{新疆} = (0.3512 \quad 0.4122 \quad 0.4347 \quad 0.2496 \quad 0.3949 \quad 0.3569) \end{cases}$$

$$\begin{cases} \tilde{C}^+_{宁夏} = (0.5714 \quad 0.6566 \quad 0.6478 \quad 0.5294 \quad 0.4220 \quad 0.5934) \\ \tilde{C}^-_{宁夏} = (0.3664 \quad 0.3431 \quad 0.4495 \quad 0.3201 \quad 0.0882 \quad 0.3593) \end{cases}$$

$$\begin{cases} \tilde{C}^+_{青海} = (0.5075 \quad 0.6316 \quad 0.6405 \quad 0.4835 \quad 0.5041 \quad 0.6224) \\ \tilde{C}^-_{青海} = (0.4129 \quad 0.3512 \quad 0.4175 \quad 0.2641 \quad 0.3751 \quad 0.3624) \end{cases}$$

$$\begin{cases} \tilde{C}^+_{甘肃} = (0.5268 \quad 0.5968 \quad 0.6177 \quad 0.4228 \quad 0.5853 \quad 0.6347) \\ \tilde{C}^-_{甘肃} = (0.2522 \quad 0.4050 \quad 0.3936 \quad 0.2099 \quad 0.4438 \quad 0.3644) \end{cases}$$

再次，由第二章式(2-9)计算特征指标取值与产业集群生命周期各阶段的贴近向量：

第四章 西部地区牛羊特色食品产业集群发展状态分析

$$\begin{cases} \tilde{C}_{1新疆} = (0.3747 & 0.4122 & 0.4837 & 0.2496 & 0.6840 & 0.3569) \\ \tilde{C}_{2新疆} = (0.5760 & 0.6075 & 0.6466 & 0.4123 & 0.5756 & 0.4432) \\ \tilde{C}_{3新疆} = (0.5491 & 0.5753 & 0.5050 & 0.2641 & 0.4129 & 0.5166) \\ \tilde{C}_{4新疆} = (0.3512 & 0.5096 & 0.4347 & 0.4565 & 0.3949 & 0.5801) \end{cases}$$

$$\begin{cases} \tilde{C}_{1宁夏} = (0.3956 & 0.3431 & 0.4905 & 0.3201 & 0.0882 & 0.3593) \\ \tilde{C}_{2宁夏} = (0.5714 & 0.6006 & 0.6478 & 0.4570 & 0.2991 & 0.4300) \\ \tilde{C}_{3宁夏} = (0.5133 & 0.6566 & 0.5364 & 0.4728 & 0.4220 & 0.5065) \\ \tilde{C}_{4宁夏} = (0.3664 & 0.4062 & 0.4495 & 0.5294 & 0.4185 & 0.5934) \end{cases}$$

$$\begin{cases} \tilde{C}_{1青海} = (0.4514 & 0.3512 & 0.4750 & 0.2641 & 0.3751 & 0.3624) \\ \tilde{C}_{2青海} = (0.5075 & 0.6094 & 0.6405 & 0.4291 & 0.5041 & 0.4003) \\ \tilde{C}_{3青海} = (0.4129 & 0.6316 & 0.4658 & 0.3169 & 0.3871 & 0.4649) \\ \tilde{C}_{4青海} = (0.4225 & 0.4162 & 0.4175 & 0.4835 & 0.4041 & 0.6224) \end{cases}$$

$$\begin{cases} \tilde{C}_{1甘肃} = (0.4672 & 0.4050 & 0.4611 & 0.2807 & 0.5853 & 0.3644) \\ \tilde{C}_{2甘肃} = (0.5268 & 0.5968 & 0.6177 & 0.4086 & 0.5844 & 0.3826) \\ \tilde{C}_{3甘肃} = (0.2522 & 0.5667 & 0.3998 & 0.2099 & 0.4671 & 0.4428) \\ \tilde{C}_{4甘肃} = (0.4491 & 0.5161 & 0.3936 & 0.4228 & 0.4438 & 0.6347) \end{cases}$$

最后,由第二章式(2-10)至式(2-11)计算最大隶属关系:

$$\begin{cases} \delta(\tilde{C}^+_{新疆}, \tilde{C}_{1新疆})/\delta(\tilde{C}^-_{新疆}, \tilde{C}_{1新疆}) = 0.8397 \\ \delta(\tilde{C}^+_{新疆}, \tilde{C}_{2新疆})/\delta(\tilde{C}^-_{新疆}, \tilde{C}_{2新疆}) = 1.3616 \\ \delta(\tilde{C}^+_{新疆}, \tilde{C}_{3新疆})/\delta(\tilde{C}^-_{新疆}, \tilde{C}_{3新疆}) = 1.0210 \\ \delta(\tilde{C}^+_{新疆}, \tilde{C}_{4新疆})/\delta(\tilde{C}^-_{新疆}, \tilde{C}_{4新疆}) = 0.9516 \end{cases}$$

$$\begin{cases} \delta(\tilde{C}^+_{宁夏}, \tilde{C}_{1宁夏})/\delta(\tilde{C}^-_{宁夏}, \tilde{C}_{1宁夏}) = 0.6050 \\ \delta(\tilde{C}^+_{宁夏}, \tilde{C}_{2宁夏})/\delta(\tilde{C}^-_{宁夏}, \tilde{C}_{2宁夏}) = 1.3711 \\ \delta(\tilde{C}^+_{宁夏}, \tilde{C}_{3宁夏})/\delta(\tilde{C}^-_{宁夏}, \tilde{C}_{3宁夏}) = 1.4654 \\ \delta(\tilde{C}^+_{宁夏}, \tilde{C}_{4宁夏})/\delta(\tilde{C}^-_{宁夏}, \tilde{C}_{4宁夏}) = 1.1588 \end{cases}$$

$$\begin{cases} \delta(\tilde{C}^+_{青海}, \tilde{C}_{1青海})/\delta(\tilde{C}^-_{青海}, \tilde{C}_{1青海}) = 0.7020 \\ \delta(\tilde{C}^+_{青海}, \tilde{C}_{2青海})/\delta(\tilde{C}^-_{青海}, \tilde{C}_{2青海}) = 1.2910 \\ \delta(\tilde{C}^+_{青海}, \tilde{C}_{3青海})/\delta(\tilde{C}^-_{青海}, \tilde{C}_{3青海}) = 0.9700 \\ \delta(\tilde{C}^+_{青海}, \tilde{C}_{4青海})/\delta(\tilde{C}^-_{青海}, \tilde{C}_{4青海}) = 1.0340 \end{cases}$$

$$\begin{cases} \delta(\tilde{C}^+_{甘肃}, \tilde{C}_{1甘肃})/\delta(\tilde{C}^-_{甘肃}, \tilde{C}_{1甘肃}) = 0.9388 \\ \delta(\tilde{C}^+_{甘肃}, \tilde{C}_{2甘肃})/\delta(\tilde{C}^-_{甘肃}, \tilde{C}_{2甘肃}) = 1.3876 \\ \delta(\tilde{C}^+_{甘肃}, \tilde{C}_{3甘肃})/\delta(\tilde{C}^-_{甘肃}, \tilde{C}_{3甘肃}) = 0.7811 \\ \delta(\tilde{C}^+_{甘肃}, \tilde{C}_{4甘肃})/\delta(\tilde{C}^-_{甘肃}, \tilde{C}_{4甘肃}) = 1.1684 \end{cases}$$

综上所述，由第二章式(2-12)可知：新疆、青海和甘肃牛羊特色食品产业集群生命周期处于成长期；宁夏牛羊特色食品产业集群生命周期处于成熟期。

二、治理启示

（一）成长期一般性与异质性治理启示

产业集群的导入期更多地体现着"聚而不群"或"群而不聚"等特点,类似于学者丁建军和陈赤平(2008)所提出的"沙滩式产业集群"[①]一样,像沙粒一样处于自发的流离状态,在经历了集群企业规模的进一步扩大、集群纵向一体化关系的紧密联系、横向竞争的持续、辅助机构的逐步嵌入、政府政策的大力支持以及集群赖以生存的各类要素资源的齐备性提高,产业集群逐步进入成长阶段。

新疆、青海和甘肃三地的牛羊特色食品产业集群发展都处于成长期,在共性(竞争不足、辅助机构嵌入性不强)基础上也表现出了一定的差异性,如新疆的优势在于要素资源的充足和企业数量的庞大,短板主要是在特色牛羊食品产业园区建设方面有待强化。可见,新疆牛羊特色食品产业集群处于生命周期的成长期,在资源的丰富性、地域的根植性等方面具有极强的发展潜力;甘肃牛羊特色食品产业主要集中于临夏和甘南州等地区,政府倡导牛羊特色食品园区或基地建设,其牛羊特色食品品牌享誉全国,如兰州牛肉拉面等,但受要素资源相对短缺等影响,地方政府注重该产业外源型发展,突出"绿色食品"定位,"牛肉拉面经济"遍布全国,因此,其产业发展更多地属于市场拉动型的扩张式发展模式,缺乏内

---

① 丁建军、陈赤平:《产业集群分类、治理比较及演变趋势分析》,《中南财经政法大学学报》2008年第5期。

涵发展，尤其是集群横纵向网络关系以及社会关系的嵌入性等方面都还相对处于劣势；青海牛羊特色食品产业集群发展相对均衡，但各项指标基本处于一般水平，使其步入生命周期成长阶段的主要因素是来自政府的大力支持和牛羊特色食品产业的合理布局带来的产业链条上的较高的分工与合作。总体来说，虽然各有差异，但新疆、甘肃和青海牛羊特色食品产业集群都处于生命周期的成长期，对其治理既要遵循生命周期理论各阶段的一般性治理，又要突出各地差异性的异质性治理。

1. 一般性治理启示

产业集群成长期在地理上的显著特征是"工业园区建设力度"加大，为企业集聚提供了便利的经济空间；在企业家行为因素中，技术革新是该阶段演进的根本，其效果大于企业的社会关系或规模等的再投入；从政府支持角度看，该阶段最明显的优势在于优惠政策所释放的政策红利和良好营商环境的构建；集群网络（横纵向交织以及社会性嵌入等）的作用在该阶段相对不突出，集群内部社会网络建设尚不成熟，各种集群组织之间的互动水平、嵌入水平等还不高，不能形成稳定持续的互动机制，从而影响集群企业创新能力的提高[①]，但集群企业与各类中介机构、科研院所等开始展开各种形式的合作[②]，丛生效应开始显现。产业集群成长期治理主体主要是政府和企业，政府起到推动作用，企业主要发挥科层治理作用。从政府治理角度看，更多地应充分发挥正式机制的作用，优化营商环境，如积极制定长远的产业规划，明确发展导向；科

[①] 李文臣、李盛玲：《政府行为与产业集群生命周期的匹配性分析》，《华东经济管理》2010年第4期。

[②] 于树江、刘静霞、李艳双：《产业集群成长阶段的动力因素研究》，《河北工业大学学报》2011年第2期。

学服务并合理保障以增强集群内生发展动能,尤其是在投融资、法律、财税、教育培训、市场信息、人才引进等方面通过行政的力量进行干预;积极培育龙头企业,同时积极引导行业协会等中介组织发展[1];从企业科层管理角度看,一方面,应强化企业上下游业务关系建立,如与供应商、分销商、大学等科研机构、金融机构、政府机构等之间的互动与合作;另一方面,处于成长期的集群企业往往采取扩张型战略,主要表现为持续巩固市场地位、扩大规模、延伸产业链等,占用大量资金,而对固有技术往往盲目自信,从而忽视对技术、产品品质等方面的投入[2]。因此集群企业,尤其是集群龙头企业应在关注扩张的同时,更加动态关注和加大对技术研发、产品研发的投入力度,通过技术动态改进、技术变革与技术创新来获取集群整体持续竞争优势。

2. 异质性治理启示

新疆应加强牛羊特色食品的民俗属性定位,协调好七个有特殊饮食习俗的少数民族间的关系,在民俗食品框架下,进行产业集群战略重构和再定位势在必行,同时产业制度和支持政策应有所倾斜。另外,其草场资源、原材料资源相对丰富,应重点打造牛羊特色食品养殖业和餐饮业产业集群;甘肃应在其品牌效应和"拉面经济"带动下,走牛羊特色食品精深加工的道路,打造全国牛羊特色食品深加工基地,面向全国乃至借助共建"一带一路",走出国门,以规避其资源的相对短缺。这就要求甘肃牛羊特色食品产业加快技术革新速度和产品升级步伐;青海应效仿宁夏,利用其高原资源特色,进一步深化产业布局,走畜牧、加工与餐饮协调发展之路。

---

[1] 张庆阁:《产业集群的演化及其治理机制研究》,《河南社会科学》2012年第9期。
[2] 王贵兰:《企业成长期的技术风险管理》,《人民论坛》2011年第2期。

(二)成熟期一般性与异质性治理启示

在成熟期,集群企业规模、纵向合作关系和政府支持力度都达到了非常高的程度;辅助机构的嵌入性以及集群要素资源等也达到了一般偏高的水平。集群内部经过成长期的动荡,许多突破原有地方性和社区规范的一些有效率的实践活动被保留下来,并在集群内逐步扩散,这些实践活动中的正式或非正式的行动被固化为集群的相关制度[1],无论是结构、知识、制度、文化、技术、品牌、产品、要素资源等都容易陷入创新惰性[2],而集群衰亡的主要原因一是集群内部的僵化,以及集体思维的惯性,最终致使生产力和创造力的降低;二是集群外部环境的变化[3]。因此,集群治理的方向应该是如何突破思维锁定和路径锁定,同时积极应对环境变化。

1. 一般性治理启示

此时,政府的角色发生了重大转变,由行政管理型逐渐过渡到服务保障型,如简化行政审批流程,提高服务效率;强化市场监督,维护产业声誉等。集群治理的主体转变为以焦点企业(龙头企业)和行业协会为主导的集群成员间的社会规制模式。从龙头企业治理来看,该阶段产业链各环节企业间的分工合作相对成熟稳定,同一环节的企业竞争加剧,一些有远见的集群企业依靠前期的政策红利、技术优势、产品优势等逐渐扩大规模,成为集群中有一

---

[1] 胡娟:《基于生命周期的物流产业集群治理模式及演变路径探析》,《物流工程与管理》2015年第7期。

[2] 汪秀婷、戴蕾:《集群网络中技术创新惰性的成因及突破策略研究》,《科学管理研究》2014年第5期。

[3] Porter, M.E., "Clusters and the New Economics of Competition", *Harvard Business Review*, Vol.76, No.6, 1998, pp.77-90.

定话语权的中心企业,市场竞争结构逐步趋于平衡,如果缺乏创新,产业集群升级或成熟期延长就变得很艰难,尤其是在外部价值链创新突破背景下,集群只能逐渐走向衰亡。正如学者于树江、刘静霞、李艳双(2011)[①]所言,龙头企业在此阶段有义务率先进行技术创新、产品创新、制度创新、管理创新和服务创新。因此,产业技术创新联盟、品牌联合塑造、外部价值获取等成为该阶段龙头企业治理的重点;从行业协会治理角度看,加强行业规范、约束、互动与渗透,共同维护行业声誉与信用,充分发挥非正式制度和社会文化的积极作用。

2. 异质性治理启示

宁夏牛羊特色食品产业集群从数据(成长期隶属关系为1.3711,成熟期为1.4655,二者相差不多)和现实角度综合来看,刚刚步入成熟期。宁夏出台了各项畜牧业产业支持政策(企业发展政策、技术提升政策、农户饲养政策、认证标准制定、区域联盟认定等),搭建了多层次服务机构,鼓励成立了多家行业协会,初步推动了牛羊特色食品产业技术联盟等,在政府支持、产业制度、产业链的完整性和合理性、辅助机构的嵌入性、网络关系的稳定性等方面都暂时排在了其他三地前面。其先天不足在于地域狭小、经济空间有限、原材料资源供应已达上限、产能吃紧、技术固化。因此,除了创新、集群网络关系进一步提升等一般性治理思路外,还要考虑环境的重大现实影响,处理好治理与发展之间的关系、处理好投资者信心与经济增长之间的关系等。

[①] 于树江、刘静霞、李艳双:《产业集群成长阶段的动力因素研究》,《河北工业大学学报》2011年第2期。

第三节　典型省份发展现状差异性分析

目前相关统计资料中,关于我国西部地区牛羊特色食品产业集群发展的定量数据很少,现有的资料更多的是从定性的角度进行分析,不足以揭开其"神秘面纱"。为此,本书根据第三章得出的主要影响因素,进行了问卷设计,希望通过第一手资料的获取,并结合第二手资料,对我国西部地区典型省份牛羊特色食品产业集群发展的现实状态进行比较分析。为了使数据更加有辨识度,本节将采用"里克特7级量表"(1——非常不强;2——比较不强;3——不强;4——一般;5——强;6——比较强;7——非常强)进行调研。关于调查问卷的设计、测量指标选取的依据、数据的结构分析等将在第五章"作用机理分析"中进行详细叙述,本节不再赘述。

根据研究需要,本节主要对数据的信度和效度进行检验。量表的信度分析一般采用 Cronbach's Alpha 值进行判断,具体判断标准见表4-6。

表4-6　信度检验标准一览表

内部一致性信度系数值	层面或构念	整个量表
α系数<0.50	不理想;建议舍弃	非常不理想;弃用
0.50≤α系数<0.60	可以接受	考虑重新修订
0.60≤α系数<0.70	尚佳	勉强接受
0.70≤α系数<0.80	佳(信度高)	接受
0.80≤α系数<0.90	理想(甚佳;信度很高)	佳(信度高)
α系数≥0.90	非常理想(信度非常好)	理想(甚佳;信度很高)

资料来源:吴明隆:《问卷统计分析与实务——SPSS操作与应用》,重庆大学出版社2010年版,第96—103页。

量表的效度检验一般通过建构效度进行检验,即因子分析,主要的判定指标为 KMO 指标值(Kaiser-Meyer-Olkin Measure of Sampling Adequacy),当 KMO≥0.9 时,表示题项间的效度关系极佳;当 0.8≤KMO<0.9 时,表示良好;当 0.7≤KMO<0.8,表示适中;0.6≤KMO<0.7,表示普通;0.5≤KMO<0.6,表示欠佳;KMO<0.5,表示无法接受。

利用 SPSS 22.0 对调研数据信度和效度进行检验,具体数据见表 4-7,可见数据信度和效度符合分析要求。

表 4-7　我国西部地区典型省份调研数据信度与效度情况一览表

省份	新疆	宁夏	青海	甘肃
量表信度	0.883	0.954	0.876	0.899
量表效度	0.876	0.868	0.824	0.855

资料来源:笔者团队制作。

独立样本 T 检验和方差分析都是检验样本的差异性问题的适用性方法,而对于自变量为三分类及以上的应采取方差分析。本节将结合第一章创新网络组织环境"五维度"和各省份集群绩效,采取方差分析对我国西部地区四个典型省份牛羊特色食品产业集群发展状态进行差异性分析。其中,对作为控制变量的"省份"进行赋值,即新疆为"1"、宁夏为"2"、青海为"3"、甘肃为"4"。对方差分析来讲,要先进行方差齐性检验,当显著性 P<0.05 时,说明违反了方差的同质性假设,需要用 Welch 法或 Brown-Forsythe 法进行检验,且需采用 Tamhane's T2 法进行异质性事后比较分析。经统一测算,各省份、各维度都违反了方差同质性假设,因此本书采取 Welch 法进行 F 统计量检验和 Tamhane's T2 法进行事后差异性

分析。

变异系数是反映数据离散程度的指标,在学术界对其大小标准没有统一界定,本书经查阅大量资料发现:《岩土工程勘察规范》中规定:变异系数 < 0.1,表示数据变异性很小;变异系数在 0.1—0.2,表示数据变异性小;变异系数在 0.2—0.3,表示数据变异性中等;变异系数超过 0.3 则说明数据有较强离散性;朱小影、周红和余训兵(2009)[①]、王立恩和姜复东(2009)[②]等人认为变异系数 < 0.5 表示研究数据有相对均质性,0.5—0.7 有中等非均质性,0.7 以上则有严重非均质性,上述界定基本适用于工程环境,而经济学科(含产业经济)方面尚无统一界定,缺乏参考数据,但变异系数的现实意义在于通过比较来反映数据的相对离散程度或稳定性问题[③],本书将对四个典型省份各分项指标进行比较,因此,变异系数的作用在于体现四地数据的相对稳定性问题。

一、"不确定性"环境发展现状差异性分析

结合第一章、第三章结论,"不确定性"主要是来自"产业制度"(y_2)的变化,产业制度作用越强,其不确定性越低,主要从"牛羊特色食品产业集群企业认证制度执行程度""牛羊特色食品产业管理制度落实程度"和"牛羊特色食品产业监督制度执行程度"三方面进行测量。四地产业制度 Welch 检验、事后分析与分项指

---

① 朱小影、周红、余训兵:《渗透率变异系数的几种计算方法——以麻黄山西区块宁东油田 2、3 井区为例》,《海洋石油》2009 年第 2 期。

② 王立恩、姜复东:《碳酸盐岩储层非均质性定量表征方法》,《天然气技术》2009 年第 1 期。

③ 贾俊平、何晓群、金勇进:《统计学》,中国人民大学出版社 2018 年版,第 56 页。

标均值见表 4-8 和表 4-9。可知：从产业制度执行情况来看，说明四地之间至少两两存在差异。宁夏高于新疆、青海和甘肃，差异值分别为 3.10、1.66 和 1.87；青海高于新疆和甘肃，差异值分别为 1.43 和 0.21；甘肃又高于新疆，差异值为 1.22。说明宁夏对牛羊特色食品产业集群建设的制度供给较为充分，而新疆则相对弱些。

从分项测量指标均值数据来看：(1) 认证制度。宁夏和甘肃的食品认证制度达到了"较强"的水平，且数据相对安全，这与实际也是相符的；青海在食品认证制度方面也达到了"强"的水平，且数据相对最安全；新疆尚处于"不强"水平，但数据相对离散，并不显著。(2) 产业管理制度。从食品产业管理制度来看，宁夏和青海基本都达到了"强"的水平，新疆和甘肃基本处于"一般偏强"水平。(3) 监督制度。宁夏处于强的水平，新疆、青海和甘肃处于一般偏强水平。

这与实际访谈情况也是相符的。自 2002 年以来，青海和甘肃在制定牛羊特色食品产业政策方面都在学习国际国内经验，而新疆，饮食习惯差异性较大，导致新疆牛羊特色食品产业集群发展有更大的不确定性。

表 4-8 四地产业制度情况多重比较分析

Welch Tamhane's T2		统计量 39.101	df1 3	df2 436.633	显著性 0.000	
(I) province	(J) province	均值差 (I-J)	标准误	显著性	95%置信区间	
					下限	上限
1.00	2.00	-3.0956*	0.2893	0.0000	-3.8604	-2.3307
	3.00	-1.4335*	0.2585	0.0000	-2.1173	-0.7497
	4.00	-1.2216*	0.2574	0.0000	-1.9025	-0.5407

续表

Tamhane's T2	Welch	统计量	df1	df2	显著性	
		39.101	3	436.633	0.000	
2.00	1.00	3.0956*	0.2893	0.0000	2.3307	3.8604
	3.00	1.6621*	0.3092	0.0000	0.8446	2.4795
	4.00	1.8740*	0.3083	0.0000	1.0589	2.6890
3.00	1.00	1.4335*	0.2585	0.0000	0.7497	2.1173
	2.00	-1.6621*	0.3092	0.0000	-2.4795	-0.8446
	4.00	0.2119	0.2796	0.9720	-0.5278	0.9516
4.00	1.00	1.2216*	0.2574	0.0000	0.5407	1.9025
	2.00	-1.8740*	0.3083	0.0000	-2.6890	-1.0589
	3.00	-0.2119	0.2796	0.9720	-0.9516	0.5278

注：*均值差的显著性水平为0.05，下同。

资料来源：笔者根据调研数据整理得到。

表4-9 四地产业制度分项测量指标均值差异性分析

要件	测量指标	N	极小值	极大值	均值	标准差	变异系数
认证制度	xy21	189	1.00	6.00	3.8307	1.1863	0.3097
	ny21	236	1.00	7.00	5.7034	1.3229	0.2319
	qy21	183	1.00	7.00	4.9235	1.0455	0.2123
	gy21	187	1.00	7.00	5.6898	1.3239	0.2327
管理制度	xy22	189	1.00	7.00	4.7725	0.9599	0.2011
	ny22	236	1.00	7.00	5.4280	1.35550	0.2497
	qy22	183	1.00	7.00	4.9071	1.0572	0.2155
	gy22	187	1.00	6.00	4.3155	1.2666	0.2935
监督制度	xy23	189	1.00	7.00	4.6190	1.0733	0.2324
	ny23	236	1.00	7.00	5.1864	1.3173	0.2540
	qy23	183	1.00	7.00	4.8251	1.1823	0.2450
	gy23	187	1.00	6.00	4.4385	1.2182	0.2745

注：xy21—gy21 分别代表新疆、宁夏、青海、甘肃产业认证制度发展情况；
xy22—gy22 分别代表新疆、宁夏、青海、甘肃产业管理制度发展情况；
xy23—gy23 分别代表新疆、宁夏、青海、甘肃产业监督制度发展情况；
省份顺序下同。

资料来源：笔者根据调研数据整理得到。

二、"任务复杂性"环境发展现状差异性分析

任务的复杂性,主要从货币资源(y_5)、技术资源(y_6)、信息资源(y_7)和自然资源(y_8)四方面进行分析。要素资源的拥有程度越高,其任务可完成程度越高,从而导致其复杂性越低。"货币资源"主要从"自有资金实力""银行借贷能力"和"风险融资能力"三方面测量;"技术资源"主要从"发明专利数量""发明专利质量"和"生产工艺先进程度"三方面测量;"信息资源"主要从"情报获取程度"和"品牌推广程度"两方面测量;"自然资源"主要从"基础设施建设""原材料集中度"和"原材料供应速度"三方面进行测量。

总体来看:宁夏牛羊特色食品产业集群发展的任务复杂性(资源拥有程度)与新疆、青海无差异,与甘肃有显著差异,高于甘肃 3.42;新疆与青海和甘肃之间有显著差异,分别高于青海和甘肃 2.14 和 3.81;青海与甘肃有显著差异,青海高于甘肃 1.67,充分说明甘肃在发展牛羊特色食品产业集群过程中要素资源的拥有程度相对较低,将面临更复杂的任务。从各分项要件来看:(1)货币资源。新疆与宁夏无差异,青海与甘肃无差异;新疆、宁夏货币资源相对丰富,青海、甘肃相对匮乏。(2)技术资源。宁夏与新疆两地技术资源存在显著差异,宁夏略高于新疆 0.96,其他省份间无显著差异,从其均值来看,四地都处于"不强"水平。(3)信息资源。青海省信息资源相对匮乏,新疆与宁夏、甘肃无显著差异,甘肃高于宁夏 0.67,但整体上,四地信息资源拥有程度都还处于"一般"水平。(4)自然资源。四地之间都存在显著差异,新疆自然资源拥有程度相对最高,其次青海、宁夏,甘肃自然资源拥有程度相对匮乏,结合其均值分析,主要原因在于牛羊特色食品原材料过于分散造成。

从分项要件测量指标均值数据来看,除了自然资源中新疆、宁

夏和青海在基础设施、原材料集中度和供应速度等方面有"强"的水平，且变异系数相对较低（0.2左右），而甘肃相对较弱，其他方面基本处于"一般"水平；四地的信息资源基本处于"一般"状态；而技术资源是最大的弱势，四地都处于"不强"状态，从分项均值数据的变异系数来看，"发明专利数量"与"发明专利质量"离散性过高，从侧面反映出了强者越强的马太效应，即大中小微企业间的技术差异性较大；四地的牛羊特色食品企业融资能力和银行借贷能力都处于"不强"水平，反而自有资金能力相对高一些。但从产业经济的角度看，这将不利于四地牛羊特色食品产业集群跨越式发展，需要政府加大金融政策倾斜，牛羊特色食品企业更应转变思想。详细数据见表4-10和表4-11。

表4-10 四地任务复杂性及各层面情况多重比较分析

要件	（I）province	（J）province	均值差（I-J）	标准误	显著性	95%置信区间 下限	95%置信区间 上限
货币资源	1.00	2.00	-0.5009	0.2587	0.2810	-1.1847	0.1829
		3.00	1.0385*	0.2065	0.0000	0.4921	1.5849
		4.00	1.2746*	0.2036	0.0000	0.7359	1.8133
	2.00	1.00	0.5009	0.2587	0.2810	-0.1829	1.1847
		3.00	1.5394*	0.2362	0.0000	0.9147	2.1640
		4.00	1.7755*	0.2336	0.0000	1.1575	2.3934
	3.00	1.00	-1.0385*	0.2065	0.0000	-1.5849	-0.4921
		2.00	-1.5394*	0.2362	0.0000	-2.1640	-0.9147
		4.00	0.2361	0.1741	0.6870	-0.2245	0.6966
	4.00	1.00	-1.2746*	0.2036	0.0000	-1.8133	-0.7359
		2.00	-1.7755*	0.2336	0.0000	-2.3934	-1.1575
		3.00	-0.2361	0.1741	0.6870	-0.6966	0.2245

续表

要件	(I) province	(J) province	均值差 (I-J)	标准误	显著性	95%置信区间 下限	95%置信区间 上限
技术资源	1.00	2.00	-0.9621*	0.3112	0.0130	-1.7848	-0.1394
		3.00	-0.7002	0.2872	0.0880	-1.4600	0.0596
		4.00	-0.6277	0.2960	0.1900	-1.4107	0.1553
	2.00	1.00	0.9621*	0.3112	0.0130	0.1394	1.7848
		3.00	0.2618	0.3233	0.9610	-0.5929	1.1165
		4.00	0.3344	0.3311	0.8950	-0.5409	1.2096
	3.00	1.00	0.7002	0.2872	0.0880	-0.0596	1.4600
		2.00	-0.2618	0.3233	0.9610	-1.1165	0.5929
		4.00	0.0725	0.3087	1.0000	-0.7440	0.8891
	4.00	1.00	0.6277	0.2960	0.1900	-0.1553	1.4107
		2.00	-0.3344	0.3311	0.8950	-1.2096	0.5409
		3.00	-0.0725	0.3087	1.0000	-0.8891	0.7440
信息资源	1.00	2.00	0.2377	0.2198	0.8610	-0.3432	0.8186
		3.00	0.8977*	0.1978	0.0000	0.3744	1.4211
		4.00	-0.4291	0.2056	0.2060	-0.9731	0.1149
	2.00	1.00	-0.2377	0.2198	0.8610	-0.8186	0.3432
		3.00	0.6600*	0.1966	0.0050	0.1404	1.1797
		4.00	-0.6668*	0.2045	0.0070	-1.2072	-0.1263
	3.00	1.00	-0.8977*	0.1978	0.0000	-1.4211	-0.3744
		2.00	-0.6600*	0.1966	0.0050	-1.1797	-0.1404
		4.00	-1.3268*	0.1807	0.0000	-1.8047	-0.8489
	4.00	1.00	0.4291	0.2056	0.2060	-0.1149	0.9731
		2.00	0.6668*	0.2045	0.0070	0.1263	1.2072
		3.00	1.3268*	0.1807	0.0000	0.8489	1.8047

续表

要件	(I) province	(J) province	均值差 (I-J)	标准误	显著性	95% 置信区间 下限	95% 置信区间 上限
自然资源	1.00	2.00	1.6064*	0.2076	0.0000	1.0576	2.1552
		3.00	0.8998*	0.1948	0.0000	0.3845	1.4151
		4.00	3.5876*	0.1826	0.0000	3.1047	4.0706
	2.00	1.00	-1.6064*	0.2076	0.0000	-2.1552	-1.0576
		3.00	-0.7066*	0.2160	0.0070	-1.2777	-0.1355
		4.00	1.9812*	0.2051	0.0000	1.4390	2.5235
	3.00	1.00	-0.8998*	0.1948	0.0000	-1.4151	-0.3845
		2.00	0.7066*	0.2160	0.0070	0.1355	1.2777
		4.00	2.6878*	0.1921	0.0000	2.1796	3.1961
	4.00	1.00	-3.5876*	0.1826	0.0000	-4.0706	-3.1047
		2.00	-1.9812*	0.2051	0.0000	-2.5235	-1.4390
		3.00	-2.6878*	0.1921	0.0000	-3.1961	-2.1796
任务复杂性整体	1.00	2.00	0.3812	0.7607	0.9970	-1.6300	2.3923
		3.00	2.1358*	0.6145	0.0030	0.5104	3.7613
		4.00	3.8055*	0.6105	0.0000	2.1906	5.4203
	2.00	1.00	-0.3812	0.7607	0.9970	-2.3923	1.6300
		3.00	1.7547	0.7322	0.0980	-0.1816	3.6910
		4.00	3.4243*	0.7289	0.0000	1.4969	5.3517
	3.00	1.00	-2.1358*	0.6145	0.0030	-3.7613	-0.5104
		2.00	-1.7547	0.7322	0.0980	-3.6910	0.1816
		4.00	1.6696*	0.5746	0.0230	0.1497	3.1895
	4.00	1.00	-3.8055*	0.6105	0.0000	-5.4203	-2.1906
		2.00	-3.4243*	0.7289	0.0000	-5.3517	-1.4969
		3.00	-1.6696*	0.5746	0.0230	-3.1895	-0.1497

资料来源:笔者根据调研数据整理得到。

表 4-11 四地任务复杂性各层面分项测量指标均值差异性分析

要件	测量指标	N	极小值	极大值	均值	标准差	变异系数
货币资源	xy51	189	1.00	7.00	4.4339	1.1949	0.2695
	ny51	236	1.00	7.00	4.3644	1.1862	0.2718
	qy51	183	2.00	6.00	4.2186	0.9413	0.2231
	gy51	187	1.00	5.00	3.9947	0.8645	0.2164
	xy52	189	1.00	5.00	3.8783	0.9231	0.2380
	ny52	236	1.00	7.00	4.1186	1.1498	0.2792
	qy52	183	1.00	4.00	3.2732	0.6888	0.2104
	gy52	187	1.00	4.00	3.3209	0.7062	0.2126
	xy53	189	1.00	5.00	3.5132	0.9654	0.2748
	ny53	236	1.00	7.00	3.8432	1.3260	0.3450
	qy53	183	1.00	4.00	3.2951	0.7847	0.2381
	gy53	187	1.00	4.00	3.2353	0.7748	0.2395
技术资源	xy61	189	1.00	7.00	3.6825	1.4085	0.3825
	ny61	236	1.00	7.00	3.6568	1.4604	0.3994
	qy61	183	1.00	5.00	3.4153	1.2008	0.3516
	gy61	187	2.00	7.00	3.7914	1.2376	0.3264
	xy62	189	1.00	7.00	2.8836	1.2235	0.4243
	ny62	236	1.00	7.00	3.2797	1.5704	0.4788
	qy62	183	1.00	5.00	3.1093	1.3943	0.4484
	gy62	187	1.00	5.00	3.1658	1.4253	0.4502
	xy63	189	1.00	4.00	3.6243	0.7305	0.2016
	ny63	236	1.00	7.00	4.2161	1.3208	0.3133
	qy63	183	3.00	6.00	4.3661	0.9213	0.2110
	gy63	187	1.00	5.00	3.8610	1.0328	0.2675

续表

要件	测量指标	N	极小值	极大值	均值	标准差	变异系数
信息资源	xy71	189	1.00	6.00	4.0159	1.0987	0.2736
	ny71	236	1.00	7.00	4.2881	1.2955	0.3021
	qy71	183	1.00	5.00	3.9016	0.9265	0.2375
	gy71	187	3.00	7.00	4.4866	1.1040	0.2461
	xy72	189	1.00	7.00	4.6032	1.3746	0.2986
	ny72	236	1.00	7.00	4.0932	1.3929	0.3403
	qy72	183	1.00	5.00	3.8197	1.0458	0.2738
	gy72	187	3.00	7.00	4.5615	1.0371	0.2274
自然资源	xy81	189	4.00	7.00	4.7989	0.9350	0.1948
	ny81	236	1.00	7.00	4.7669	1.2032	0.2524
	qy81	183	4.00	7.00	5.0437	1.0526	0.2087
	gy81	187	1.00	6.00	4.2406	0.7971	0.1880
	xy82	189	5.00	7.00	5.9841	1.0025	0.1675
	ny82	236	2.00	7.00	5.2373	1.1863	0.2265
	qy82	183	4.00	7.00	5.4098	1.0225	0.1890
	gy82	187	2.00	6.00	4.3743	0.9327	0.2132
	xy83	189	5.00	7.00	5.7725	0.9764	0.1691
	ny83	236	1.00	7.00	4.9449	1.1191	0.2263
	qy83	183	4.00	7.00	5.2022	1.0151	0.1951
	gy83	187	1.00	6.00	4.3529	0.8122	0.1866

注：xy51—gy51 分别代表四地集群企业"自有资金实力程度"；

xy52—gy52 分别代表四地集群企业"银行借贷能力程度"；

xy53—gy53 分别代表四地集群企业"风险融资能力程度"；

xy61—gy61 分别代表四地集群企业"发明专利数量"；

xy62—gy62 分别代表四地集群企业"发明专利质量"；

xy63—gy63 分别代表四地集群企业"生产工艺先进程度"；

xy71—gy71 分别代表四地集群企业"外部信息情报获取程度"；

xy72—gy72 分别代表四地集群企业"品牌推广程度"；

xy81—gy81 分别代表四地集群企业"道路交通等基础设施建设程度"；

xy82—gy82 分别代表四地集群企业"产业原料集中程度"；

xy83—gy83 分别代表四地集群企业"产业原料供给速度"。

资料来源：笔者根据调研数据整理得到。

第四章 西部地区牛羊特色食品产业集群发展状态分析

三、"网络关系"环境发展现状差异性分析

网络关系属性,主要从网络连接密度(y_9)、网络连接强度(y_{10})、网络连接稳定性(y_{11})和网络创新性(y_{12})四方面进行分析。网络连接密度越频繁,连接强度越强,连接稳定性越牢靠,网络创新性越强,其网络关系程度越高。"网络连接密度"主要从"集群竞争企业之间""上下游企业之间""与高校、科研院所、金融机构等之间""与行业协会之间""与政府职能部门之间""与民族宗教事务部门之间"的联系六方面测量;"网络连接强度"主要从"信息交流""技术共享""教育培训""要素分工""人才资源交流""知识资源共享"六方面测量;"网络连接稳定性"主要从"信任""声誉""集群文化、规章、习俗"和"正式契约"四方面测量;"网络创新性"主要从"产品创新""技术创新""知识创新"和"管理创新"四方面进行测量。

总体来看:新疆的网络关系程度与青海和甘肃无显著差异,基本处于同一水平;宁夏相对于其他三地有显著差异,并分别高于新疆、青海、甘肃三地6.00、3.84、9.12;青海显著高于甘肃5.28。说明在牛羊特色食品产业集群网络关系建设方面宁夏相对较强,青海次之,新疆第三,甘肃相对较弱;但从均值数据来看,四地整体网络关系建设无论从网络连接密度、强度、稳定性还是网络创新性等方面都处于较低水平。从各分项要件来看:(1)网络连接密度。新疆与宁夏之间无显著差异;青海网络连接密度相对最强,甘肃相对最弱。(2)网络连接强度。新疆网络连接强度与其他三地无显著差异,青海和甘肃无显著差异;宁夏相对具有优势,青海相对最弱。(3)网络连接的稳定性。新疆、青海和甘肃三地之间无显著差异,宁夏相对具有较弱优势。(4)网络创新性。与稳定性呈现

一致性特点,即新疆、青海和甘肃三地之间无显著差异,宁夏具有较弱优势。

从分项要件测量指标均值数据来看:(1)网络连接密度。牛羊特色食品产业集群内部竞争企业间、与高校科研院所间的联系密度青海省都具有优势,处于一般偏强水平,其他省份处于不强水平且数据稳定性相对较差;集群内企业间的上下游关系、与行业协会间的关系基本都处于一般偏强水平,数据相对稳定;与政府部门、民族宗教事务部门的联系甘肃都较弱,处于一般水平,其他省份处于强的水平且数据相对稳定。(2)网络连接强度。四地在信息交流合作程度、技术共享程度、人才资源交流程度和知识资源共享程度等方面都处于不强水平且数据相对发散;在教育培训合作程度和要素分工合作程度方面新疆和宁夏具有稍微优势,但四地整体都处于不强水平且数据相对发散。(3)网络连接稳定性。宁夏在牛羊特色食品产业集群内部信任和声誉机制上具有相对优势,并达到了强的水平,其他三地处于一般水平,青海数据相对发散;新疆和宁夏在集群文化、规章、习俗方面具有相对优势,达到了强的水平,青海和甘肃相对处于弱势,达到了一般水平且数据相对稳定;在合同、协议等正式契约执行方面新疆相对处于弱势,但四地基本都达到了强的水平且数据相对稳定。(4)网络创新性。无论是产品、技术、知识还是管理创新,宁夏都相对具有优势,但也仅仅达到了一般水平,数据具有相对发散性,说明大中小微企业之间差异性较大,其他三地在上述四层面的创新方面都处于不强水平,数据相对稳定。详细数据见表4-12和表4-13。

表4-12 四地网络关系属性及各层面情况多重比较分析

要件	（I）province	（J）province	均值差（I-J）	标准误	显著性	95%置信区间 下限	95%置信区间 上限
网络连接密度	1.00	2.00	-0.8279	0.5155	0.500	-2.1906	0.5348
		3.00	-3.0951*	0.4684	0.000	-4.3340	-1.8562
		4.00	2.3736*	0.4563	0.000	1.1666	3.5806
	2.00	1.00	0.8279	0.5155	0.500	-0.5348	2.1906
		3.00	-2.2671*	0.5001	0.000	-3.5893	-0.9450
		4.00	3.2016*	0.4888	0.000	1.9092	4.4939
	3.00	1.00	3.0951*	0.4684	0.000	1.8562	4.3340
		2.00	2.2671*	0.5001	0.000	0.9450	3.5893
		4.00	5.4687*	0.4388	0.000	4.3078	6.6296
	4.00	1.00	-2.3736*	0.4563	0.000	-3.5806	-1.1666
		2.00	-3.2016*	0.4888	0.000	-4.4939	-1.9092
		3.00	-5.4687*	0.4388	0.000	-6.6296	-4.3078
网络连接强度	1.00	2.00	-1.3808	0.6183	0.146	-3.0153	0.2536
		3.00	1.3110	0.5484	0.099	-0.1396	2.7616
		4.00	0.4437	0.5524	0.963	-1.0175	1.9050
	2.00	1.00	1.3808	0.6183	0.146	-0.2536	3.0153
		3.00	2.6919*	0.6241	0.000	1.0421	4.3417
		4.00	1.8246*	0.6276	0.023	0.1654	3.4837
	3.00	1.00	-1.3110	0.5484	0.099	-2.7616	0.1396
		2.00	-2.6919*	0.6241	0.000	-4.3417	-1.0421
		4.00	-0.8673	0.5589	0.541	-2.3458	0.6111
	4.00	1.00	-0.4437	0.5524	0.963	-1.9050	1.0175
		2.00	-1.8246*	0.6276	0.023	-3.4837	-0.1654
		3.00	0.8673	0.5589	0.541	-0.6111	2.3458

续表

要件	（I）province	（J）province	均值差（I-J）	标准误	显著性	95% 置信区间 下限	95% 置信区间 上限
网络连接稳定性	1.00	2.00	-2.0410*	0.3282	0.000	-2.9090	-1.1731
	1.00	3.00	0.1946	0.2688	0.978	-0.5165	0.9057
	1.00	4.00	0.3826	0.2642	0.619	-0.3163	1.0815
	2.00	1.00	2.0410*	0.3282	0.000	1.1731	2.9090
	2.00	3.00	2.2357*	0.3486	0.000	1.3139	3.1574
	2.00	4.00	2.4236*	0.3451	0.000	1.5111	3.3361
	3.00	1.00	-0.1946	0.2688	0.978	-0.9057	0.5165
	3.00	2.00	-2.2357*	0.3486	0.000	-3.1574	-1.3139
	3.00	4.00	0.1879	0.2892	0.987	-0.5771	0.9530
	4.00	1.00	-0.3826	0.2642	0.619	-1.0815	0.3163
	4.00	2.00	-2.4236*	0.3451	0.000	-3.3361	-1.5111
	4.00	3.00	-0.1879	0.2892	0.987	-0.9530	0.5771
网络创新性	1.00	2.00	-1.7506*	0.3506	0.000	-2.6778	-0.8235
	1.00	3.00	-0.5713	0.2929	0.273	-1.3462	0.2035
	1.00	4.00	-0.0759	0.2883	1.000	-0.8385	0.6867
	2.00	1.00	1.7506*	0.3506	0.000	0.8235	2.6778
	2.00	3.00	1.1793*	0.3654	0.008	0.2131	2.1454
	2.00	4.00	1.6748*	0.3618	0.000	0.7183	2.6312
	3.00	1.00	0.5713	0.2929	0.273	-0.2035	1.3462
	3.00	2.00	-1.1793*	0.3654	0.008	-2.1454	-0.2131
	3.00	4.00	0.4955	0.3061	0.491	-0.3143	1.3053
	4.00	1.00	0.0759	0.2883	1.000	-0.6867	0.8385
	4.00	2.00	-1.6748*	0.3618	0.000	-2.6312	-.7183
	4.00	3.00	-0.4955	0.3061	0.491	-1.3053	0.3143

续表

要件	（I）province	（J）province	均值差（I-J）	标准误	显著性	95%置信区间下限	95%置信区间上限
网络关系整体	1.00	2.00	-6.0004*	1.4691	0.000	-9.8850	-2.1158
	1.00	3.00	-2.1607	1.1313	0.296	-5.1533	0.8318
	1.00	4.00	3.1240	1.2197	0.063	-0.1023	6.3504
	2.00	1.00	6.0004*	1.4691	0.000	2.1158	9.8850
	2.00	3.00	3.8397*	1.4464	0.049	0.0144	7.6650
	2.00	4.00	9.1245*	1.5165	0.000	5.1150	13.1340
	3.00	1.00	2.1607	1.1313	0.296	-0.8318	5.1533
	3.00	2.00	-3.8397*	1.4464	0.049	-7.6650	-0.0144
	3.00	4.00	5.2848*	1.1923	0.000	2.1305	8.4391
	4.00	1.00	-3.1240	1.2197	0.063	-6.3504	0.1023
	4.00	2.00	-9.1245*	1.5165	0.000	-13.1340	-5.1150
	4.00	3.00	-5.2848*	1.1923	0.000	-8.4391	-2.1305

资料来源：笔者根据调研数据整理得到。

表4-13 四地网络关系各层面分项测量指标均值差异性分析

要件	测量指标	N	极小值	极大值	均值	标准差	变异系数
网络连接密度	xy91	189	1.00	7.00	3.4815	1.4861	0.4269
	ny91	236	1.00	7.00	3.7288	1.5907	0.4266
	qy91	183	3.00	7.00	4.4754	1.0261	0.2293
	gy91	187	1.00	6.00	3.4920	1.2198	0.3493
	xy92	189	1.00	7.00	4.4339	0.9632	0.2172
	ny92	236	1.00	7.00	4.7246	1.1798	0.2497
	qy92	183	3.00	7.00	4.8689	1.1016	0.2262
	gy92	187	1.00	6.00	4.2246	0.8118	0.1922
	xy93	189	1.00	7.00	3.3651	1.4764	0.4387
	ny93	236	1.00	7.00	3.5593	1.4734	0.4140

续表

要件	测量指标	N	极小值	极大值	均值	标准差	变异系数
网络连接密度	qy93	183	3.00	7.00	4.3388	0.8926	0.2057
	gy93	187	1.00	6.00	3.3904	1.3490	0.3979
	xy94	189	1.00	7.00	4.5026	1.1139	0.2474
	ny94	236	1.00	7.00	4.5593	1.2852	0.2819
	qy94	183	3.00	7.00	4.7869	1.0236	0.2138
	gy94	187	1.00	6.00	4.0535	1.0407	0.2568
	xy95	189	1.00	7.00	5.0000	1.3644	0.2729
	ny95	236	1.00	7.00	5.0678	1.4803	0.2921
	qy95	183	3.00	7.00	5.2186	1.1843	0.2269
	gy95	187	1.00	6.00	4.0321	0.9611	0.2384
	xy96	189	1.00	7.00	4.7831	1.3008	0.2720
	ny96	236	1.00	7.00	4.7542	1.4108	0.2968
	qy96	183	3.00	7.00	4.9727	1.0966	0.2205
	gy96	187	1.00	6.00	4.0000	0.9728	0.2432
网络连接强度	xy101	189	1.00	5.00	3.5291	1.0942	0.3101
	ny101	236	1.00	7.00	3.9534	1.5581	0.3941
	qy101	183	1.00	5.00	3.3825	1.1025	0.3259
	gy101	187	1.00	6.00	3.4652	1.1372	0.3282
	xy102	189	1.00	4.00	2.9577	1.0907	0.3688
	ny102	236	1.00	7.00	3.4915	1.6771	0.4803
	qy102	183	1.00	5.00	3.0109	1.3093	0.4348
	gy102	187	1.00	6.00	3.1925	1.2807	0.4012
	xy103	189	1.00	7.00	4.0212	1.3004	0.3234
	ny103	236	1.00	7.00	3.9492	1.2905	0.3268
	qy103	183	1.00	5.00	3.5137	1.0786	0.3070
	gy103	187	1.00	6.00	3.7273	1.0653	0.2858
	xy104	189	1.00	5.00	4.0265	0.9017	0.2240

续表

要件	测量指标	N	极小值	极大值	均值	标准差	变异系数
网络连接强度	ny104	236	1.00	7.00	4.1992	1.2843	0.3059
	qy104	183	1.00	5.00	3.7104	1.0368	0.2794
	gy104	187	1.00	5.00	3.8396	0.9705	0.2528
	xy105	189	1.00	7.00	3.8148	1.2852	0.3369
	ny105	236	1.00	7.00	3.7797	1.3217	0.3497
	qy105	183	1.00	5.00	3.4317	1.0816	0.3152
	gy105	187	1.00	5.00	3.5294	1.0890	0.3086
	xy106	189	1.00	5.00	3.1640	1.2289	0.3884
	ny106	236	1.00	7.00	3.5212	1.5449	0.4387
	qy106	183	1.00	5.00	3.1530	1.2529	0.3974
	gy106	187	1.00	5.00	3.3155	1.2234	0.3690
网络连接稳定性	xy111	189	2.00	5.00	3.9894	0.8567	0.2147
	ny111	236	1.00	7.00	4.7076	1.2357	0.2625
	qy111	183	1.00	6.00	3.8907	1.2085	0.3106
	gy111	187	1.00	5.00	4.0749	0.8643	0.2121
	xy112	189	2.00	5.00	3.9418	0.9120	0.2314
	ny112	236	1.00	7.00	4.9280	1.2645	0.2566
	qy112	183	1.00	6.00	3.9344	1.1795	0.2998
	gy112	187	1.00	5.00	4.0428	0.8727	0.2159
	xy113	189	2.00	7.00	5.1005	0.8601	0.1686
	ny113	236	1.00	7.00	4.9025	1.2459	0.2541
	qy113	183	1.00	5.00	4.2022	0.7757	0.1846
	gy113	187	1.00	5.00	4.0428	0.8727	0.2159
	xy114	189	1.00	7.00	4.6984	1.1573	0.2463
	ny114	236	1.00	7.00	5.2331	1.4115	0.2697
	qy114	183	4.00	7.00	5.5082	1.0735	0.1949
	gy114	187	1.00	7.00	5.1872	1.3921	0.2684

续表

要件	测量指标	N	极小值	极大值	均值	标准差	变异系数
网络创新性	xy121	189	1.00	5.00	3.6931	0.7996	0.2165
	ny121	236	1.00	7.00	4.3347	1.2692	0.2928
	qy121	183	1.00	5.00	3.7760	0.9545	0.2528
	gy121	187	1.00	5.00	3.7647	0.9029	0.2398
	xy122	189	1.00	5.00	3.5185	0.8908	0.2532
	ny122	236	1.00	7.00	3.9068	1.2980	0.3322
	qy122	183	1.00	5.00	3.5027	0.9543	0.2724
	gy122	187	1.00	5.00	3.5455	0.9169	0.2586
	xy123	189	1.00	5.00	3.6508	0.9310	0.2550
	ny123	236	1.00	7.00	3.9703	1.2730	0.3206
	qy123	183	1.00	5.00	3.6284	1.0075	0.2777
	gy123	187	1.00	5.00	3.6524	1.0065	0.2756
	xy124	189	1.00	5.00	3.7302	0.9087	0.2436
	ny124	236	1.00	7.00	4.1314	1.2732	0.3082
	qy124	183	3.00	7.00	4.2568	1.1553	0.2714
	gy124	187	1.00	5.00	3.7059	0.9414	0.2540

注：xy91—gy91 分别代表四地"集群内竞争企业之间的联系程度"；
　　xy92—gy92 分别代表四地"集群内供产销企业之间的联系程度"；
　　xy93—gy93 分别代表四地"集群企业与高校、科研院所等的联系程度"；
　　xy94—gy94 分别代表四地"集群企业与行业协会联系的程度"；
　　xy95—gy95 分别代表四地"集群企业与政府职能部门的联系程度"；
　　xy96—gy96 分别代表四地"集群企业与民族宗教事务部门的联系程度"；
　　xy101—gy101 分别代表四地"集群企业信息交流合作程度"；
　　xy102—gy102 分别代表四地"集群企业技术共享合作程度"；
　　xy103—gy103 分别代表四地"集群企业教育培训合作程度"；
　　xy104—gy104 分别代表四地"集群企业要素分工合作程度"；
　　xy105—gy105 分别代表四地"集群企业人才资源交流程度"；
　　xy106—gy106 分别代表四地"集群企业知识共享程度"；
　　xy111—gy111 分别代表四地"信任在集群企业间的作用程度"；
　　xy112—gy112 分别代表四地"声誉机制在集群企业间的作用程度"；
　　xy113—gy113 分别代表四地"集群文化、规章、习俗等的遵守程度"；
　　xy114—gy114 分别代表四地"集群企业合同等正式契约的执行程度"；
　　xy121—gy121 分别代表四地"集群网络内部产品创新程度"；
　　xy122—gy122 分别代表四地"集群网络内部技术创新程度"；
　　xy123—gy123 分别代表四地"集群网络内部知识创新程度"；
　　xy124—gy124 分别代表四地"集群网络内部管理创新程度"。
资料来源：笔者根据调研数据整理得到。

四、"资产专用性"环境发展现状差异性分析

资产专用性,主要从地域根植性(y_3)、劳动力资源(y_4)和企业科层文化(y_1)三方面进行分析。地域根植性越强,劳动力资源越丰富,企业科层文化越完善,其资产专用性程度越高。"地域根植性"主要从"区域文化""饮食习惯""地方社会政治"的影响三方面测量;"劳动力资源"主要从"劳动力充沛程度"和"平均受教育程度"等两方面测量;"企业科层文化"主要从"企业家精神""学习能力"和"创新能力"三方面测量。

总体来看:资产专用性方面新疆和宁夏无显著差异,处于同一水平;甘肃资产专用性相对最弱;新疆资产专用性高于青海4.34,高于甘肃6.79;宁夏资产专用性高于青海4.47,高于甘肃6.91;青海高于甘肃2.45。从均值数据来看,新疆和宁夏两地整体资产专用性水平都达到了强以上的水平,数值分别为5.05和5.07;青海和甘肃资产专用性处于一般偏强水平,数值为4.57和4.30。从分项要件来看:(1)地域根植性。青海和甘肃无显著差异,新疆地域根植性相对最强,宁夏次之,甘肃相对最弱。(2)回族劳动力资源。四地之间在回族劳动力资源方面都有显著差异,其中新疆回族劳动力资源总体相对最高,宁夏次之,青海第三,甘肃相对最弱,这与实际情况也是相符的。(3)企业科层文化建设。宁夏和青海无显著差异,二地相对具有优势;新疆和甘肃无显著差异,二地相对最弱。

从分项要件测量指标均值数据来看:(1)地域根植性。区域文化和饮食习惯的影响方面,新疆和宁夏相对最强,处于比较强水平,青海和甘肃处于一般偏强水平且数据相对稳定;地方社会政治影响方面,新疆相对最强,处于强的水平,其他三地处于一般偏强

水平。(2)劳动力资源。从劳动力充沛程度看,新疆相对最强,达到了比较强水平;宁夏和青海次之,达到了强的水平;甘肃相对最弱,处于一般水平,数据相对稳定;从平均受教育程度来看,四地都处于不强水平,数据相对稳定。(3)企业科层文化建设。从企业家精神来看,宁夏和青海相对最高,处于强的水平,新疆和甘肃处于一般水平,数据相对稳定;从企业学习能力来看宁夏和青海相对最高,处于强的水平,甘肃处于一般偏强水平,新疆相对最弱,处于不强水平,数据相对稳定;从企业创新能力来看,宁夏处于一般偏强水平,甘肃处于一般水平,新疆和青海处于不强水平,除了青海之外其他三地数据具有发散性。详细数据见表4-14和表4-15。

表4-14 四地资产专用性及各层面情况多重比较分析

要件	(I) province	(J) province	均值差 (I-J)	标准误	显著性	95% 置信区间 下限	95% 置信区间 上限
地域根植性	1.00	2.00	2.0000*	0.2987	0.000	1.2104	2.7897
		3.00	5.4058*	0.2380	0.000	4.7762	6.0353
		4.00	5.9256*	0.2507	0.000	5.2624	6.5888
	2.00	1.00	−2.0000*	0.2987	0.000	−2.7897	−1.2104
		3.00	3.4057*	0.2905	0.000	2.6374	4.1740
		4.00	3.9255*	0.3010	0.000	3.1296	4.7214
	3.00	1.00	−5.4058*	0.2380	0.000	−6.0353	−4.7762
		2.00	−3.4057*	0.2905	0.000	−4.1740	−2.6374
		4.00	0.5198	0.2410	0.175	−0.1176	1.1572
	4.00	1.00	−5.9256*	0.2507	0.000	−6.5888	−5.2624
		2.00	−3.9255*	0.3010	0.000	−4.7214	−3.1296
		3.00	−0.5198	0.2410	0.175	−1.1572	0.1176

续表

要件	（I）province	（J）province	均值差（I-J）	标准误	显著性	95% 置信区间 下限	95% 置信区间 上限
劳动力资源	1.00	2.00	0.6098*	0.1459	0.000	0.2235	0.9961
		3.00	1.1678*	0.1096	0.000	0.8776	1.4581
		4.00	1.7713*	0.1180	0.000	1.4586	2.0840
	2.00	1.00	-0.6098*	0.1459	0.000	-0.9961	-0.2235
		3.00	0.5581*	0.1639	0.004	0.1248	0.9913
		4.00	1.1616*	0.1696	0.000	0.7131	1.6100
	3.00	1.00	-1.1678*	0.1096	0.000	-1.4581	-0.8776
		2.00	-0.5581*	0.1639	0.004	-0.9913	-0.1248
		4.00	0.6035*	0.1396	0.000	0.2341	0.9729
	4.00	1.00	-1.7713*	0.1180	0.000	-2.0840	-1.4586
		2.00	-1.1616*	0.1696	0.000	-1.6100	-0.7131
		3.00	-0.6035*	0.1396	0.000	-0.9729	-0.2341
企业科层文化	1.00	2.00	-2.7300*	0.2761	0.000	-3.4602	-1.9999
		3.00	-2.2287*	0.2000	0.000	-2.7579	-1.6996
		4.00	-0.9053*	0.2571	0.003	-1.5857	-0.2248
	2.00	1.00	2.7300*	0.2761	0.000	1.9999	3.4602
		3.00	0.5013	0.2684	0.322	-0.2088	1.2114
		4.00	1.8248*	0.3133	0.000	0.9966	2.6529
	3.00	1.00	2.2287*	0.2000	0.000	1.6996	2.7579
		2.00	-0.5013	0.2684	0.322	-1.2114	0.2088
		4.00	1.3235*	0.2488	0.000	0.6646	1.9823
	4.00	1.00	0.9053*	0.2571	0.003	0.2248	1.5857
		2.00	-1.8248*	0.3133	0.000	-2.6529	-0.9966
		3.00	-1.3235*	0.2488	0.000	-1.9823	-0.6646

续表

要件	(I) province	(J) province	均值差 (I-J)	标准误	显著性	95% 置信区间 下限	95% 置信区间 上限
资产专用性总体	1.00	2.00	-0.1202	0.5180	1.000	-1.4903	1.2499
		3.00	4.3449*	0.3519	0.000	3.4140	5.2758
		4.00	6.7916*	0.4510	0.000	5.5982	7.9851
	2.00	1.00	0.1202	0.5180	1.000	-1.2499	1.4903
		3.00	4.4651*	0.4996	0.000	3.1432	5.7870
		4.00	6.9119*	0.5737	0.000	5.3953	8.4284
	3.00	1.00	-4.3449*	0.3519	0.000	-5.2758	-3.4140
		2.00	-4.4651*	0.4996	0.000	-5.7870	-3.1432
		4.00	2.4468*	0.4297	0.000	1.3091	3.5844
	4.00	1.00	-6.7916*	0.4510	0.000	-7.9851	-5.5982
		2.00	-6.9119*	0.5737	0.000	-8.4284	-5.3953
		3.00	-2.4468*	0.4297	0.000	-3.5844	-1.3091

资料来源：笔者根据调研数据整理得到。

表4-15 四省份资产专用性各层面分项测量指标均值差异性分析

要件	测量指标	N	极小值	极大值	均值	标准差	变异系数
地域根植性	xy31	189	3.00	7.00	6.4021	0.7346	0.1147
	ny31	236	1.00	7.00	6.1229	1.1326	0.1850
	qy31	183	3.00	6.00	4.6721	0.9149	0.1958
	gy31	187	1.00	7.00	4.5722	0.8544	0.1869
	xy32	189	3.00	7.00	6.2698	0.7338	0.1170
	ny32	236	1.00	7.00	5.9492	1.1325	0.1904
	qy32	183	3.00	6.00	4.7869	0.9099	0.1901
	gy32	187	1.00	7.00	4.6952	0.8909	0.1897
	xy33	189	3.00	7.00	5.4921	1.0848	0.1975

续表

要件	测量指标	N	极小值	极大值	均值	标准差	变异系数
地域根植性	ny33	236	1.00	7.00	4.7500	1.4735	0.3102
	qy33	183	1.00	5.00	4.2951	0.9437	0.2197
	gy33	187	1.00	7.00	4.2086	1.0183	0.2420
劳动力资源	xy41	189	6.00	7.00	6.1852	0.3895	0.0630
	ny41	236	1.00	7.00	5.0932	1.3208	0.2593
	qy41	183	3.00	6.00	4.8415	0.8334	0.1721
	gy41	187	1.00	5.00	4.1444	0.9132	0.2203
	xy42	189	1.00	4.00	3.1958	0.6910	0.2162
	ny42	236	1.00	7.00	3.6780	1.1587	0.3150
	qy42	183	1.00	5.00	3.3716	0.7729	0.2293
	gy42	187	1.00	5.00	3.4652	0.9519	0.2747
企业科层文化	xy11	189	1.00	7.00	4.5608	0.9356	0.2051
	ny11	236	1.00	7.00	5.2881	1.2922	0.2444
	qy11	183	4.00	7.00	5.6011	0.8829	0.1576
	gy11	187	1.00	7.00	4.4813	1.2372	0.2761
	xy12	189	1.00	7.00	3.7513	0.8164	0.2176
	ny12	236	1.00	7.00	5.0127	1.2931	0.2580
	qy12	183	2.00	7.00	5.3169	1.0153	0.1910
	gy12	187	1.00	7.00	4.4706	1.2106	0.2708
	xy13	189	1.00	6.00	3.8307	1.1863	0.3097
	ny13	236	1.00	7.00	4.5720	1.4169	0.3099
	qy13	183	2.00	4.00	3.4536	0.5992	0.1735
	gy13	187	1.00	7.00	4.0963	1.2449	0.3039

注：xy31—gy31分别代表四地"区域文化对集群发展的影响程度"；
　　xy32—gy32分别代表四地"饮食习惯对集群发展的影响程度"；
　　xy33—gy33分别代表四地"地方社会政治对集群发展的影响程度"；
　　xy41—gy41分别代表四地"集群劳动力充沛程度"；
　　xy42—gy42分别代表四地"集群劳动力平均受教育程度"；
　　xy11—gy11分别代表四地"集群企业家精神状况"；
　　xy12—gy12分别代表四地"集群企业家学习能力"；
　　xy13—gy13分别代表四地"集群企业家创新能力"。
资料来源：笔者根据调研数据整理得到。

五、"关系属性"环境发展现状差异性分析

关系属性,主要从民族事务部门(x_1)、政府支撑(x_2)、龙头企业(x_3)、辅助机构(x_4)和行业协会(x_5)五方面进行分析。各主体对集群发展的作用越强,其关系程度越高。总体来看:在关系属性方面,四地之间都存在显著差异,其中宁夏相对最强,分别高于新疆、青海和甘肃 5.77、3.35、4.34;青海次之,分别高于新疆和甘肃 2.41 和 0.99;甘肃高于新疆 1.42;新疆相对最低。从分项要件来看:(1)民族事务部门。宁夏和甘肃无显著差异,甘肃和新疆也无显著差异;宁夏分别高于新疆和青海 0.34 和 0.86;新疆和甘肃分别高于青海 0.51 和 0.70;青海在民族事务部门作用方面相对较弱。(2)政府支撑。四地之间都存在显著差异,其中宁夏回族自治区政府对牛羊特色食品产业集群发展的支撑相对最强,青海次之,甘肃第三,新疆相对较弱。(3)龙头企业作用。青海与甘肃两省份龙头企业作用无显著差异;宁夏相对最强,新疆相对较弱。(4)辅助机构。新疆与青海无显著差异;宁夏相对最强,青海和新疆次之,甘肃最弱。(5)行业协会。宁夏和青海无显著差异且相对最强,甘肃次之,新疆相对较弱。

从分项要件测量指标的均值数据来看:(1)民族事务部门。宁夏和甘肃基本达到了强的水平,新疆处于一般偏强,青海处于一般水平,数据相对稳定。(2)政府支撑。宁夏和青海在政府支撑方面达到了强的水平,新疆和甘肃处于一般水平,甘肃数据相对发散。(3)龙头企业。宁夏达到了强的水平,青海和甘肃处于一般偏强水平,新疆相对较弱,但新疆数据相对发散。(4)辅助机构作用。除宁夏达到一般水平外,其他三地都处于不强水平,甘肃数据相对不稳定。(5)行业协会。四地行业协会的作用都基本处于不强和较不强

水平,四地数据相对都不稳定。详细数据见表4-16和表4-17。

表4-16 四地关系属性及各层面情况多重比较分析

要件	（I）province	（J）province	均值差（I-J）	标准误	显著性	95%置信区间 下限	95%置信区间 上限
民族事务部门作用	1.00	2.00	-0.3418*	0.1054	0.008	-0.6205	-0.0631
	1.00	3.00	0.5137*	0.0923	0.000	0.2695	0.7578
	1.00	4.00	-0.1890	0.1042	0.356	-0.4647	0.0868
	2.00	1.00	0.3418*	0.1054	0.008	0.0631	0.6205
	2.00	3.00	0.8555*	0.1037	0.000	0.5814	1.1295
	2.00	4.00	0.1529	0.1144	0.701	-0.1495	0.4553
	3.00	1.00	-0.5137*	0.0923	0.000	-0.7578	-0.2695
	3.00	2.00	-0.8555*	0.1037	0.000	-1.1295	-0.5814
	3.00	4.00	-0.7026*	0.1024	0.000	-0.9736	-0.4316
	4.00	1.00	0.1890	0.1042	0.356	-0.0868	0.4647
	4.00	2.00	-0.1529	0.1144	0.701	-0.4553	0.1495
	4.00	3.00	0.7026*	0.1024	0.000	0.4316	0.9736
政府支撑	1.00	2.00	-1.7777*	0.1012	0.000	-2.0453	-1.5101
	1.00	3.00	-0.9492*	0.0916	0.000	-1.1916	-0.7068
	1.00	4.00	-0.3328*	0.1084	0.014	-0.6197	-0.0459
	2.00	1.00	1.7777*	0.1012	0.000	1.5101	2.0453
	2.00	3.00	0.8285*	0.1028	0.000	0.5567	1.1003
	2.00	4.00	1.4449*	0.1180	0.000	1.1329	1.7569
	3.00	1.00	0.9492*	0.0916	0.000	0.7068	1.1916
	3.00	2.00	-0.8285*	0.1028	0.000	-1.1003	-0.5567
	3.00	4.00	0.6164*	0.1099	0.000	0.3256	0.9071
	4.00	1.00	0.3328*	0.1084	0.014	0.0459	0.6197
	4.00	2.00	-1.4449*	0.1180	0.000	-1.7569	-1.1329
	4.00	3.00	-0.6164*	0.1099	0.000	-0.9071	-0.3256

续表

要件	(I) province	(J) province	均值差(I-J)	标准误	显著性	95% 置信区间 下限	95% 置信区间 上限
龙头企业作用	1.00	2.00	-1.4976*	0.1069	0.000	-1.7802	-1.2149
		3.00	-0.9189*	0.1040	0.000	-1.1939	-0.6439
		4.00	-0.7721*	0.0978	0.000	-1.0308	-0.5134
	2.00	1.00	1.4976*	0.1069	0.000	1.2149	1.7802
		3.00	0.5787*	0.1079	0.000	0.2934	0.8640
		4.00	0.7254*	0.1020	0.000	0.4557	0.9951
	3.00	1.00	0.9189*	0.1040	0.000	0.6439	1.1939
		2.00	-0.5787*	0.1079	0.000	-0.8640	-0.2934
		4.00	0.1468	0.0989	0.591	-0.1148	0.4084
	4.00	1.00	0.7721*	0.0978	0.000	0.5134	1.0308
		2.00	-0.7254*	0.1020	0.000	-0.9951	-0.4557
		3.00	-0.1468	0.0989	0.591	-0.4084	0.1148
辅助机构作用	1.00	2.00	-1.3630*	0.0936	0.000	-1.6105	-1.1155
		3.00	-0.2077	0.0872	0.102	-0.4385	0.0232
		4.00	0.3244*	0.1035	0.011	0.0502	0.5986
	2.00	1.00	1.3630*	0.0936	0.000	1.1155	1.6105
		3.00	1.1553*	0.1089	0.000	0.8675	1.4432
		4.00	1.6874*	0.1223	0.000	1.3640	2.0108
	3.00	1.00	0.2077	0.0872	0.102	-0.0232	0.4385
		2.00	-1.1553*	0.1089	0.000	-1.4432	-0.8675
		4.00	0.5321*	0.1175	0.000	0.2212	0.8429
	4.00	1.00	-0.3244*	0.1035	0.011	-0.5986	-0.0502
		2.00	-1.6874*	0.1223	0.000	-2.0108	-1.3640
		3.00	-0.5321*	0.1175	0.000	-0.8429	-0.2212

续表

要件	(I) province	(J) province	均值差 (I-J)	标准误	显著性	95% 置信区间 下限	95% 置信区间 上限
行业协会作用	1.00	2.00	-0.7855*	0.1118	0.000	-1.0809	-0.4900
	1.00	3.00	-0.8512*	0.1215	0.000	-1.1727	-0.5296
	1.00	4.00	-0.4541*	0.0977	0.000	-0.7125	-0.1957
	2.00	1.00	0.7855*	0.1118	0.000	0.4900	1.0809
	2.00	3.00	-0.0657	0.1328	0.997	-0.4168	0.2853
	2.00	4.00	0.3313*	0.1114	0.019	0.0368	0.6258
	3.00	1.00	0.8515*	0.1215	0.000	0.5296	1.1727
	3.00	2.00	0.0657	0.1328	0.997	-0.2853	0.4168
	3.00	4.00	0.3970*	0.1212	0.007	0.0763	0.7178
	4.00	1.00	0.4541*	0.0977	0.000	0.1957	0.7125
	4.00	2.00	-0.3313*	0.1114	0.019	-0.6258	-0.0368
	4.00	3.00	-0.3970*	0.1212	0.007	-0.7178	-0.0763
关系属性整体	1.00	2.00	-5.7655*	0.3022	0.000	-6.5650	-4.9659
	1.00	3.00	-2.4132*	0.2456	0.000	-3.0631	-1.7633
	1.00	4.00	-1.4236*	0.2499	0.000	-2.0848	-0.7624
	2.00	1.00	5.7655*	0.3022	0.000	4.9659	6.5650
	2.00	3.00	3.3523*	0.3276	0.000	2.4860	4.2185
	2.00	4.00	4.3419*	0.3309	0.000	3.4672	5.2166
	3.00	1.00	2.4132*	0.2456	0.000	1.7633	3.0631
	3.00	2.00	-3.3523*	0.3276	0.000	-4.2185	-2.4860
	3.00	4.00	0.9897*	0.2801	0.003	0.2488	1.7305
	4.00	1.00	1.4236*	0.2499	0.000	0.7624	2.0848
	4.00	2.00	-4.3419*	0.3309	0.000	-5.2166	-3.4672
	4.00	3.00	-0.9897*	0.2801	0.003	-1.7305	-0.2488

资料来源：笔者根据调研数据整理得到。

表 4-17　四地关系属性各层面分项测量指标均值差异性分析

要件	测量指标	N	极小值	极大值	均值	标准差	变异系数
民族事务部门	xx1	189	1.00	6.00	4.6667	0.9168	0.1964
	nx1	236	1.00	7.00	5.0085	1.2548	0.2505
	qx1	183	1.00	6.00	4.1530	0.8635	0.2079
	gx1	187	2.00	7.00	4.8556	1.0952	0.2256
政府支撑	xx2	189	2.00	6.00	4.1164	0.8735	0.2122
	nx2	236	2.00	7.00	5.8941	1.2105	0.2054
	qx2	183	2.00	7.00	5.0656	0.8932	0.1763
	gx2	187	2.00	7.00	4.4492	1.2010	0.2699
龙头企业作用	xx3	189	1.00	6.00	3.6931	1.0005	0.2709
	nx3	236	1.00	7.00	5.1907	1.2036	0.2319
	qx3	183	1.00	7.00	4.6120	1.0040	0.2177
	gx3	187	1.00	6.00	4.4652	0.8936	0.2001
辅助机构作用	xx4	189	2.00	5.00	3.6667	0.6523	0.1779
	nx4	236	1.00	7.00	4.0297	1.2391	0.2464
	qx4	183	1.00	6.00	3.8743	0.9893	0.2553
	gx4	187	1.00	5.00	3.3422	1.2574	0.3762
行业协会作用	xx5	189	1.00	4.00	2.4603	0.9536	0.3876
	nx5	236	1.00	6.00	3.2458	1.3460	0.4147
	qx5	183	1.00	6.00	3.3115	1.3491	0.4074
	gx5	187	1.00	4.00	2.9144	0.9408	0.3228

注：xx1—gx1 分别代表四地"民族事务部门的作用程度"；
　　xx2—gx2 分别代表四地"政府职能部门的作用程度"；
　　xx3—gx3 分别代表四地"龙头企业的作用"；
　　xx4—gx4 分别代表四地"辅助机构的作用"；
　　xx5—gx5 分别代表四地"行业协会的作用"。
资料来源：笔者根据调研数据整理得到。

六、典型省份集群绩效差异性分析

集群绩效，主要从产品利润（y_{13}）、市场份额（y_{14}）、品牌知名度(y_{15})、节能减排程度(y_{16})和社会反响程度(y_{17})五方面进行分析。总体来看:在集群绩效方面新疆与宁夏无显著差异,宁夏与甘肃无显著差异;新疆与宁夏集群绩效相对最具有优势,甘肃次之,青海相对最弱。从分项要件来看:(1)产品利润。新疆、青海和甘肃三地无显著差异;宁夏相对最具优势。(2)市场份额。青海与甘肃所占市场份额无显著差异,都相对处于劣势;新疆市场份额相对最具优势,宁夏次之。(3)品牌知名度。新疆与宁夏品牌知名度无显著差异;甘肃品牌知名度相对最具有优势,青海相对最处于劣势。(4)节能减排程度。新疆和宁夏无显著差异,两地相对具有优势;青海和甘肃无显著差异,两地相对处于劣势。(5)社会反响程度。新疆、宁夏和甘肃三地间无显著差异,相对具有优势,青海相对处于劣势。

从分项要件测量指标的均值数据来看:(1)产品利润。四地的牛羊特色食品产业集群产品利润整体上都处于一般水平,宁夏略微有优势,数据相对稳定。(2)市场份额。新疆市场份额基本达到了强的水平,宁夏处于一般水平,甘肃和青海则处于不强水平,宁夏数据相对不稳定。(3)品牌知名度。甘肃省牛羊特色食品品牌知名度达到了一般偏强水平,新疆和宁夏基本处于一般水平,青海相对较弱,处于不强水平。要素资源相对匮乏的甘肃,并未因资源限制而阻碍了其发展该产业的步伐,相反通过"拉面经济"、绿色食品等打造品牌,使其品牌知名度相对最高。(4)节能减排程度。四地在节能减排方面基本上达到了一般偏强的水平,青海相对弱一些。(5)社会反响程度。新疆、宁夏和甘肃都达到了强的水平,青海处于一般偏强水平。详细数据见表4-18和表4-19。

表 4-18　四地集群绩效及各层面情况多重比较分析

要件	（I）province	（J）province	均值差（I-J）	标准误	显著性	95% 置信区间 下限	95% 置信区间 上限
产品利润	1.00	2.00	-0.2851*	0.0893	0.009	-0.5212	-0.0490
		3.00	0.1272	0.0859	0.595	-0.1002	0.3545
		4.00	0.2019	0.0874	0.122	-0.0292	0.4330
	2.00	1.00	0.2851*	0.0893	0.009	0.0490	0.5212
		3.00	0.4122*	0.0939	0.000	0.1640	0.6605
		4.00	0.4870*	0.0952	0.000	0.2352	0.7387
	3.00	1.00	-0.1272	0.0859	0.595	-0.3545	0.1002
		2.00	-0.4122*	0.0939	0.000	-0.6605	-0.1640
		4.00	0.0748	0.0921	0.961	-0.1688	0.3183
	4.00	1.00	-0.2019	0.0874	0.122	-0.4330	0.0292
		2.00	-0.4870*	0.0952	0.000	-0.7387	-0.2352
		3.00	-0.0748	0.0921	0.961	-0.3183	0.1688
市场份额	1.00	2.00	0.8318*	0.0931	0.000	0.5856	1.0780
		3.00	1.1973*	0.0879	0.000	0.9647	1.4300
		4.00	1.1571*	0.0869	0.000	0.9272	1.3869
	2.00	1.00	-0.8318*	0.0931	0.000	-1.0780	-.5856
		3.00	0.3656*	0.1036	0.003	0.0916	0.6396
		4.00	0.3253*	0.1028	0.010	0.0537	0.5969
	3.00	1.00	-1.1973*	0.0879	0.000	-1.4300	-0.9647
		2.00	-0.3656*	0.1036	0.003	-0.6396	-0.0916
		4.00	-0.0403	0.0981	0.999	-0.2997	0.2192
	4.00	1.00	-1.1571*	0.0869	0.000	-1.3869	-0.9272
		2.00	-0.3253*	0.1028	0.010	-0.5969	-0.0537
		3.00	0.0403	0.0981	0.999	-0.2192	0.2997

续表

要件	（I）province	（J）province	均值差（I-J）	标准误	显著性	95%置信区间 下限	95%置信区间 上限
品牌知名度	1.00	2.00	0.0422	0.1270	1.000	-0.2936	0.3781
		3.00	0.4815*	0.1129	0.000	0.1826	0.7803
		4.00	-0.4134*	0.1159	0.002	-0.7201	-0.1066
	2.00	1.00	-0.0422	0.1270	1.000	-0.3781	0.2936
		3.00	0.4393*	0.1037	0.000	0.1650	0.7135
		4.00	-0.4556*	0.1070	0.000	-0.7384	-0.1727
	3.00	1.00	-0.4815*	0.1129	0.000	-0.7803	-0.1826
		2.00	-0.4393*	0.1037	0.000	-0.7135	-0.1650
		4.00	-0.8948*	0.0898	0.000	-1.1322	-0.6574
	4.00	1.00	0.4134*	0.1159	0.002	0.1066	0.7201
		2.00	0.4556*	0.1070	0.000	0.1727	0.7384
		3.00	0.8948*	0.0898	0.000	0.6574	1.1322
节能减排程度	1.00	2.00	0.2787	0.1328	0.200	-0.0724	0.6298
		3.00	0.6471*	0.1272	0.000	0.3105	0.9836
		4.00	0.3216	0.1401	0.126	-0.0490	0.6922
	2.00	1.00	-0.2787	0.1328	0.200	-0.6298	0.0724
		3.00	0.3684*	0.1323	0.033	0.0187	0.7181
		4.00	0.0429	0.1447	1.000	-0.3396	0.4255
	3.00	1.00	-0.6471*	0.1272	0.000	-0.9836	-0.3105
		2.00	-0.3684*	0.1323	0.033	-0.7181	-0.0187
		4.00	-0.3255	0.1396	0.116	-0.6947	0.0438
	4.00	1.00	-0.3216	0.1401	0.126	-0.6922	0.0490
		2.00	-0.0429	0.1447	1.000	-0.4255	0.3396
		3.00	0.3255	0.1396	0.116	-0.0438	0.6947

续表

要件	（I）province	（J）province	均值差（I-J）	标准误	显著性	95% 置信区间 下限	95% 置信区间 上限
社会反响程度	1.00	2.00	0.1522	0.1194	0.744	-0.1634	0.4678
		3.00	0.5968*	0.1168	0.000	0.2879	0.9058
		4.00	-0.0406	0.1064	0.999	-0.3222	0.2410
	2.00	1.00	-0.1522	0.1194	0.744	-0.4678	0.1634
		3.00	0.4446*	0.1177	0.001	0.1335	0.7558
		4.00	-0.1928	0.1074	0.367	-0.4768	0.0911
	3.00	1.00	-0.5968*	0.1168	0.000	-0.9058	-0.2879
		2.00	-0.4446*	0.1177	0.001	-0.7558	-0.1335
		4.00	-0.6374*	0.1045	0.000	-0.9140	-0.3609
	4.00	1.00	0.0406	0.1064	0.999	-0.2410	0.3222
		2.00	0.1928	0.1074	0.367	-0.0911	0.4768
		3.00	0.6374*	0.1045	0.000	0.3609	0.9140
集群绩效总体	1.00	2.00	1.0198	0.3932	0.058	-0.0195	2.0591
		3.00	3.0499*	0.3336	0.000	2.1674	3.9324
		4.00	1.2266*	0.3295	0.001	0.3550	2.0982
	2.00	1.00	-1.0198	0.3932	0.058	-2.0591	0.0195
		3.00	2.0301*	0.3750	0.000	1.0385	3.0217
		4.00	0.2068	0.3714	0.994	-0.7752	1.1888
	3.00	1.00	-3.0499*	0.3336	0.000	-3.9324	-2.1674
		2.00	-2.0301*	0.3750	0.000	-3.0217	-1.0385
		4.00	-1.8233*	0.3076	0.000	-2.6371	-1.0095
	4.00	1.00	-1.2266*	0.3295	0.001	-2.0982	-0.3550
		2.00	-0.2068	0.3714	0.994	-1.1888	0.7752
		3.00	1.8233*	0.3076	0.000	1.0095	2.6371

资料来源：笔者根据调研数据整理得到。

表 4-19 四地集群绩效各层面分项测量指标均值差异性分析

要件	测量指标	N	极小值	极大值	均值	标准差	变异系数
产品利润	xy18	189	2.00	5.00	4.1217	0.7862	0.1907
	ny18	236	2.00	7.00	4.4068	1.0538	0.2391
	qy18	183	2.00	5.00	3.9945	0.8676	0.2172
	gy18	187	2.00	5.00	3.9198	0.9034	0.2305
市场份额	xy14	189	4.00	7.00	4.8148	0.7312	0.1519
	ny14	236	1.00	7.00	3.9831	1.1741	0.2948
	qy14	183	1.00	5.00	3.6175	0.9470	0.2618
	gy14	187	1.00	5.00	3.6578	0.9393	0.2568
品牌知名度	xy15	189	1.00	7.00	4.1481	1.3084	0.3154
	ny15	236	1.00	7.00	4.1059	1.2921	0.3147
	qy15	183	1.00	5.00	3.6667	0.8210	0.2239
	gy15	187	4.00	7.00	4.5615	0.9041	0.1982
节能减排程度	xy16	189	3.00	7.00	4.9312	1.2422	0.2519
	ny16	236	1.00	7.00	4.6525	1.4954	0.3214
	qy16	183	1.00	6.00	4.2842	1.2117	0.2828
	gy16	187	1.00	7.00	4.6096	1.4637	0.3175
社会反响程度	xy17	189	3.00	7.00	5.2963	1.1518	0.2175
	ny17	236	1.00	7.00	5.1441	1.3065	0.2540
	qy17	183	1.00	6.00	4.6995	1.1006	0.2342
	gy17	187	4.00	7.00	5.3369	0.8974	0.1681

注：xy18—gy18 分别代表四地"集群企业产品利润情况"；
　　xy14—gy14 分别代表四地"集群企业市场份额占有情况"；
　　xy15—gy15 分别代表四地"集群企业品牌知名度情况"；
　　xy16—gy16 分别代表四地"集群企业节能减排情况"；
　　xy17—gy17 分别代表四地"集群企业社会反响情况"。
资料来源：笔者根据调研数据整理得到。

第四节 产业集群异质性与共性问题分析

通过与我国西部地区典型省份牛羊特色食品企业座谈及上述问卷数据结果,本书总结出了目前阶段四个典型省份牛羊特色食品产业集群发展过程中存在的异质性和共性问题。

一、异质性问题

新疆牛羊特色食品产业集群发展过程中突出的异质性问题主要表现在:(1)不确定性程度相对最高,来自产业制度的支持程度较低,这与新疆的特殊地理位置、历史因素以及国际滋扰是极其相关的。新疆维吾尔自治区政府当务之急是在国家支持下,大力推进民族团结,通过科学合理的手段有效设计畜牧业产业政策,积极引导其朝着民俗定位方向发展,为地区乡村振兴、特色经济发展等提供助力。(2)新疆整体关系属性相对较低。尤其是与政府、龙头企业和行业协会的关系都相对最低。由于新疆自然资源丰富,尤其是化工石油、有色矿藏等,地方政府的战略着力点在于通过发展解决问题,将重心放到了见效快的重工业方面。随着乡村振兴战略的提出,新疆开始注意发展特色农业,突出其瓜果(哈密瓜、枣、梨)等比较优势,并且已经意识到大力发展畜牧业的重要性,在畜牧业、餐饮业等方面都开始对其加大了支持力度,下一步需政府进一步加大扶持力度,尤其是积极引导其走精深加工之路,积极培育龙头企业和扶持行业协会发展。(3)新疆集群企业整体学习能力相对处于劣势。这与语言、文化、受教育程度、思想意识等都

第四章　西部地区牛羊特色食品产业集群发展状态分析

密切相关,需要其走出来,多与沿海发达城市食品加工业的企业家进行密切接触,提高其整体学习能力。

宁夏牛羊特色食品产业集群发展相对速度较快,刚刚步入成熟期,各方面都处于四地前列,但也存在一些短板,如技术资源、信息资源、融资能力、网络关系建设、企业创新能力、品牌知名度、产品利润、劳动力受教育程度等方面,而这些也是其他三地共同存在的问题,将在共性问题中集中阐述。

青海牛羊特色食品产业集群发展过程中突出的异质性问题主要表现在:(1)网络关系中网络连接强度较弱。说明其在信息交流、技术共享、教育培训、要素分工、人才资源交流、知识资源共享方面处于相对劣势。(2)民族事务部门的作用方面青海处于相对劣势,应积极加强民族事务部门在牛羊特色食品监管过程中的作用,充分发挥其监督和协调作用,积极探索其执法权问题等。(3)青海牛羊特色食品市场份额相对较低。这与集群整体企业在产品推广、品牌创建、产品质量提升、技术改造等方面较弱密切相关。

甘肃牛羊特色食品产业集群发展过程中突出的异质性问题主要表现在:(1)任务复杂性方面处于要素资源相对短缺状态。这对甘肃整体发展牛羊特色食品产业集群是不利的。当地政府也意识到这样的劣势,近两年开始将发展战略部署到"以点带面,集中突破"上面来,重点在甘南州利用其高原草场,打造牛羊养殖业集群,以临夏为中心重点打造绿色食品加工产业集群,以"拉面经济"为牵引,全面开花,推动市场消费。但技术资源、信息资源、自然资源等一直还在制约着其集约化发展。(2)网络关系中网络连接密度较弱,说明其集群主要治理主体间缺乏紧密联系。(3)辅助机构的作用较弱,说明大学等科研院所、培训机构、金融机构等辅助机构嵌入的主动性还较差。

二、共性问题

（一）辅助部门对集群发展的影响不显著

根据国内外学者研究成果，辅助部门对集群发展至关重要，比如，大学等科研院所通过提供技术合作支持、产品研发支持、服务培训支持等方式作用于集群企业，从而推动集群结构的升级换代；金融机构可以通过正常的资金借贷、资金扶持项目、资金投资收益项目等形式对集群企业提供便捷的货币支持，以增强集群企业的活力；咨询培训公司可以帮助集群企业统一进行人力资源培训、财务培训等活动，从而提升集群企业的基础技能等。

然而，从调研数据来看，辅助部门对西部地区典型省份牛羊特色食品产业集群的影响均值基本属于不强范畴。在与西部地区牛羊特色食品企业座谈时，当被问及"大学、科研院所、金融机构等对集群有没有影响？怎么影响的？影响程度有多大？"时，企业都回答有影响。一些靠技术发展起来的食品公司愿意和高校、科研院所的专家合作进行联合开发，但是联系密度和强度都不够；与金融机构的关系主要是贷款问题，由于金融机构天然的风险控制行为，即使地方政府提供了很好的融资环境，但是小微型牛羊食品企业也很难获取贷款，大部分是靠自有资金或民间融资。总体而言，辅助部门对集群治理而言，其作用是有限的。

（二）行业协会（商会）实质性功能尚未发挥

行业协会（商会）属于中间组织，介于集群企业与政府之间，

第四章 西部地区牛羊特色食品产业集群发展状态分析

既代表集群企业利益,又帮助政府制定产业政策、收集信息等,是集群治理的主要主体之一。行业协会(商会)的诞生一方面是市场经济发展的必然产物;另一方面是经济学意义上的委托代理关系。国内外学术界一致认为行业协会功能的发挥是产业集群转型的重要标志。

从数据分析来看,四地的行业协会作用都处于"不强"和"比较不强"状态。通过对西部地区典型省份牛羊特色食品产业集群内部企业座谈发现:目前形式上已经存在了一些行业协会(商会),如同心牛羊肉协会、银川金积工业园区食品产业协会、优农协会、盐池滩羊产业协会、青海牛羊食品产业协会、甘肃牛羊食品产业协会等。当被问及"协会是否自发产生时",集群企业认为大部分行业协会成立并不是自发产生,更多的是在政府协调下产生,有些园区的行业协会(商会)会长初期由园区主任或副主任兼任,更多地体现了行政化色彩,并未充分发挥自组织职能。经了解,在成立了行业协会的园区或集聚区内,行业协会的主要职能是组织展会、参会和部分培训活动等;至于协调、仲裁行为,甚至是行业规范、通则、条例等非正式制度的落实还处于"初级探索"阶段。集群内企业大部分是按照习俗、习惯或约定等进行日常的市场活动,不可避免地会存在违约等机会主义行为。可见,西部地区典型省份牛羊特色食品产业集群行业协会(商会)的实质性作用并未发挥,仅仅是形式上的成立和部分辅助功能的实现。

(三)技术型人才匮乏、技术落后导致产品结构粗放

通过问卷数据可知,目前我国西部地区典型省份牛羊特色食

品产业集群内劳动力质量处于"不强"水平,关键技术人员极其匮乏。在对相关企业进行访谈时,88.6%以上的企业都认为目前懂技术的人力资源匮乏已经成为制约集群产品结构调整和技术创新的重要因素。我国西部地区大多属于欠发达地区,普遍受教育水平偏低,掌握食品加工技术的高素质人力资源比较稀缺,而懂技术、受过高等教育的人力资源更是奇缺。

访谈中,集群企业也承认正是因为缺少吸引力,留不住人才,造成整个产业对技术先进性的预判和意识始终还处于初级阶段,甚至一些牛羊特色食品加工企业依然采取最原始的加工技术,无法规模化,产业效率较低,产品结构粗放,依然以原材料或初级加工产品为主,缺少高附加值产品,从而固化了其产业创新,形成了"创新惰性"。

(四)集群网络关系偏弱

通过对调查数据的整理分析不难发现:我国西部地区典型省份牛羊特色食品产业集群网络关系基本处于一般偏弱状态。集群内竞争企业之间、与辅助部门之间的联系密度都不强;集群内企业间缺乏信息、技术、要素、人才以及知识的交流与共享,导致集群网络连接强度不强,"思维锁定"效应阻碍了"产业空气"在集群内部的蔓延;由于缺少人才、资金、技术等资源以及地域根植性影响,造成了集群网络无论是产品创新、技术创新、知识创新还是管理创新都相对比较落后。由此来看,我国西部地区典型省份牛羊特色食品产业集群网络的发展基本上是靠着较稳定的正式契约关系发挥作用,信任等非正式机制的功能尚未发挥。

(五)融资困难

虽然自2002年以来,我国西部地区典型省份地方政府采取了多项措施拓宽畜牧业融资渠道(如宁夏回族自治区政府联合宁夏银行业批发贷款担保有限公司与产业协会,为小微企业量身定制"行保通"产品,为一部分无担保物的小微企业提供了一种可行的融资通道),但从调研数据可知,典型省份集群内企业银行借贷能力和风险融资能力依然处在"不强"水平。在与相关企业座谈时,他们认为主要原因在于以下几点:(1)牛羊特色食品企业大部分生产规模小、技术落后、缺乏有影响力的品牌等原因造成吸引金融机构融资的能力不足。(2)牛羊特色食品企业融资数量一般不多,但次数较多,银行从风险管控的角度出发,放款手续又极其烦琐,从贷款申请、审批需要经过多环节、长时间才能落地,缺乏货币的时效性和便捷性,从而影响了牛羊特色食品企业融资的积极性。(3)对想规模化发展的畜牧企业而言,数额较大的融资需要抵押担保,但其又很难找到大企业为其担保,从而造成抵押困难。(4)部分牛羊特色食品企业负责人,由于缺乏信用和法治观念,贷款到期不还、欠息等违约行为,给整个畜牧产业的社会信用造成不良影响。

(六)获取信息与品牌推广能力弱

任何集群发展,都需要快速、及时地获取外部信息(市场供求信息、产业政策制度信息、竞争对手信息、消费意愿信息等)以利于保持企业竞争力,同时推广共同的集群品牌能够创造更多的价值剩余。

但通过上述数据分析,我国西部地区典型省份牛羊特色食品产业集群内部企业无论在信息获取或品牌推广等方面都表现得较弱。一方面是因为"思想相对保守",总抱有"酒香不怕巷子深"的想法,缺乏现代营销意识;另一方面是集群内企业由于资金限制,企业信息系统还相对落后,更多地依靠政府、行业协会、网络等提供的公共信息平台进行决策,缺乏自主信息系统,从而导致反应速度僵化、不灵敏等问题。

第五章　我国西部地区牛羊特色食品产业集群内部作用机理分析

本书第三章对影响我国西部地区牛羊特色食品产业集群的因素进行了分析，第四章在第三章基础上对典型省份牛羊特色食品的产业总体发展情况、集群发展阶段、集群现状和存在的问题等方面进行了较为系统的比较研究，但总体来看，第三章和第四章基本上是对"现象"的总结与归纳，缺乏内部作用关系研究；本章将进一步深入探讨其"本质"，研究因素间是如何相互影响并最终作用于集群综合绩效的，从而为我国西部地区牛羊特色食品产业集群的有效治理寻找理论依据。

内部作用机理研究要求样本数据具有独立性和一致性，方能排除其他因素的干扰，使研究更加科学化。我国西部地区牛羊特色食品产业集群虽然作为一个整体而存在，有一定的同质性，但也存在文化的差异、社会网络的不同等异质性问题。因此，为了使研究更加科学具体，应该选取典型省份进行深入剖析。本章将延续第四章思路，选取新疆、宁夏、青海和甘肃四地进行内部作用机理的比较分析。

由于产业集群网络组织分析范式中的"五维度"因素间是典型的相关关系,相辅相成、相互影响,且其考量要件之间更有复杂的关联性,目前学术界尚未以"三维度""四维度"或"五维度"进行内部机理研究,缺乏理论依据。但波特(1997)所提出的"钻石模型"能够较好地涵盖"五维度"各层面的考量要件,且被后续学者沿用。因此,本章将以波特提出的"钻石模型"为理论基础。第一章已经对"钻石模型"进行了图例说明,其主要包含以下六种因素:政府,生产要素,企业战略、结构、同业竞争,机会,需求要素和相关支持产业。根据魏江教授等(2009)[①]的观点在研究集群的内部治理问题时,需求等市场因素影响较小,可视为不变,因此本章将"需求因素"设定为控制变量,假定其不变。

结合我国西部地区牛羊特色食品特殊性,本书将治理组织由"钻石模型"中的"政府"拓展为官方组织,即政府相关职能部门和民族事务部门;根据波特观点,"相关(机构)和支持产业"既包括与产业集群发展有关的各类支持性产业,又包括为其提供相关服务的各类辅助部门(机构)。根据第三章专家意见,我国西部地区牛羊特色食品产业集群在其发展过程中,其相关产业如物流、包装产业等影响较小,因此,本书将"相关(机构)和支持产业"拆分为相关的非官方组织机构,即龙头企业、行业协会和相关辅助机构三部分;将"生产要素"细分为"硬环境要素"和"软环境要素"两部分;波特钻石模型是以"企业"为出发点的,因此本书将"企业战略、结构、同业竞争"根据产业集群这一组织特点改为"集群横纵向网络关系";"机会"涵盖的内容很多,由于我国西部地区牛羊特

[①] 魏江、周泯非:《产业集群治理:理论来源、概念与机制》,《管理学家(学术版)》2009年第6期。

第五章　我国西部地区牛羊特色食品产业集群内部作用机理分析

色食品深深地根植于该区域的民族、文化、饮食习俗等,使"地域根植性因素"贯穿于西部地区牛羊特色食品产业集群发展全过程,并为其注入"异质性"发展动力,在追求品牌差异化的时代,将"地域根植性因素"列为"机会因素"是有现实意义的。具体假设、理论模型构建、因素间的作用关系与发展路径等将在以下各节详细叙述。

第一节　研究假设的提出

地域根植性指个体或组织行为对区域社会关系的深深依赖,主要包括历史文化、价值观念、风俗习惯等方面[1];地域根植性本身属于软环境范畴,但由于其对我国西部牛羊特色食品产业的特殊贡献和重要性,故将其作为异质性因素单独考虑,以期获取理论上的突破。

我国西部地区的区域文化、风俗习惯等民俗文化因素已深深地嵌入当地企业的商业行为中,比如,牛羊特色食品的生产在遵循市场经济原则条件下,还要按照《中国的民族政策与各民族共同繁荣发展》白皮书政策要求,对少数民族文化、风俗习惯等活动进行保护和尊重。本书认为地域根植性对官方治理行为有积极影响;同时作为西部地区地方政府一个特殊的职能部门——民族事务部门,本身有民族属性,在处理民族关系过程中有较好的调节作用和监督作用,因此,提出以下假设:

---

[1] 耿建泽:《地域根植性对企业集群发展的影响》,《安徽农业大学学报(社会科学版)》2007年第1期。

假设1：地域根植性对牛羊特色食品产业集群官方治理主体的治理行为有积极影响；

假设1a：地域根植性对牛羊特色食品产业集群地方政府的治理行为有积极影响；

假设1b：地域根植性对牛羊特色食品产业集群民族事务部门的治理行为有积极影响。

李政新和李二玲（2004）[①]以河南与浙江两省为例，探讨了区域文化等根植性因素对集群发展主体的影响，他们认为该因素直接或间接地影响着集群发展主体（企业、协会等）的经济行为；苑婧婷和唐书林（2014）[②]认为文化是影响集群龙头企业间知识溢出行为的重要因素，而该因素正是集群龙头企业自我治理的表现，可见地域根植性对集群龙头企业的治理行为有积极影响；陈文华（2007）[③]在研究产业集群治理时，认为高校等科研院所治理的主要行为在于为集群提供高级生产要素和进一步促进产学研结合，地方大学等辅助部门在人才培养方面必然嵌入地域根植性因素。因此，本书认为地域根植性对我国西部地区牛羊特色食品产业集群辅助部门的治理行为有积极影响。龙头企业、行业协会、辅助部门等都属于非官方治理主体。因此，提出以下假设：

假设2：地域根植性对牛羊特色食品产业集群非官方治理主体的治理行为有积极影响；

假设2a：地域根植性对牛羊特色食品产业集群龙头企业的治

[①] 李政新、李二玲：《区域文化差异对企业集群的影响——以河南省和浙江省为例》，《河南师范大学学报（哲学社会科学版）》2004年第6期。

[②] 苑婧婷、唐书林：《文化嵌入对集群核心企业知识溢出的影响机制研究》，《科技进步与对策》2014年第17期。

[③] 陈文华：《产业集群治理研究》，经济管理出版社2007年版，第88页。

第五章 我国西部地区牛羊特色食品产业集群内部作用机理分析

理行为有积极影响;

假设 2b:地域根植性对牛羊特色食品产业集群行业协会的治理行为有积极影响;

假设 2c:地域根植性对牛羊特色食品产业集群辅助部门的治理行为有积极影响。

根据第一章、第三章研究成果及各考量要件特点,本章将"科层文化"和"产业制度"定义为"软环境建设要素";将"劳动力资源""货币资源""技术资源""信息资源"以及"自然资源"定义为"硬环境建设要素"。

刘晓斌和杨佳利(2008)[①]认为根植性的"岭南文化"对区域企业家精神有积极影响,而企业家精神是科层文化(软环境)的重要因素之一[②];我国西部地区牛羊特色食品产业制度的制定必然离不开对"文化""饮食习俗习惯"等因素的考虑。因此,本书认为有地域特色的根植性因素对我国西部地区牛羊特色食品产业集群软环境要素有积极影响。邱健熙和王宣喻(2005)[③]认为潮汕地区的传统观念等根植性因素对潮汕地区人力资源有较为深刻的影响;有学者在其著作《人力资源开发的文化语境》中认为文化、信仰等对企业人力资源开发有积极作用(Sheila,2009)[④]。张凤超(2007)[⑤]认为地理因素是货币金融学研究的一个热点方向,区域

[①] 刘晓斌、杨佳利:《岭南文化对企业家精神影响分析》,《改革与战略》2008 年第 4 期。
[②] 贺明瑶:《企业家精神与企业文化关系初探》,南京师范大学 2012 年硕士学位论文。
[③] 邱健熙、王宣喻:《区域性传统文化对人力资源流向影响研究——以潮汕地区为例》,《汕头大学学报》2005 年第 3 期。
[④] Sheila, L. Margolis, "The Cultural Context of Human Resource Development", *Palgrave Macmillan UK*, 2009, pp.141-160.
[⑤] 张凤超:《基于根植性的区域金融系统空间结构研究》,《当代经济(下半月)》2007 年第 9 期。

货币金融一直受到地域根植性的约束与影响。科学技术是人类智慧的结晶,放到一个区域来讲,技术、信息资源必然受到区域人才的影响,而区域人才又受区域文化等根植性因素影响,因此,根植性因素直接或间接地对技术、信息资源起到影响作用。"自然资源"是直接根植于区域的土地、产品原材料、道路交通网络等,必然受地域根植性的影响。因此,提出以下假设:

假设3:地域根植性对牛羊特色食品产业集群环境建设方面有积极影响;

假设3a:地域根植性对牛羊特色食品产业集群软环境建设方面有积极影响;

假设3b:地域根植性对牛羊特色食品产业集群硬环境建设方面有积极影响。

产业集群网络主要由集群竞争企业间形成的横向网络、上下游企业间形成的纵向网络以及贯穿于集群运行过程中的社会辅助网络形成的一体化组织。严北战(2013)[1]认为,区域文化等根植性因素影响集群网络成员的思维方式、制度安排、政策服务等方面;何金廖(Jinliao He,2014)[2]在其著作《创意产业区》中得出结论:上海创意产业区的网络关系深深地受地域根植性影响。因此,提出以下假设:

假设4:地域根植性对牛羊特色食品产业集群网络关系的形成与发展有积极推动作用。

地域根植性作为产业集群的一个重要特征,其强弱直接影响

---

[1] 严北战:《产业集群治理模式演化机理及其路径研究》,《商业研究》2013年第11期。
[2] Jinliao He,"Creative Industry Districts",Springer International Publishing,2014,pp.117-144.

第五章　我国西部地区牛羊特色食品产业集群内部作用机理分析

集群企业的竞争力水平[1];地域根植性在企业集群创新绩效过程中主要通过联盟网络密度对创新绩效起到积极影响[2];根植性因素对产业集群绩效有正向影响关系[3];有些学者在其著作《海外组织学》中论述了社会文化对国际航空业绩效有积极影响(Durhane,Fritz,1989)[4]。因此,提出以下假设:

假设5:地域根植性对牛羊特色食品产业集群综合绩效发挥了积极促进作用。

民族事务部门主要是指民族事务委员会,也是地方政府的组成部门。民族事务部门的协调、监督等工作是在地方一级政府的指导下积极贯彻国家与地方民族政策的。因此,提出以下假设:

假设6:在牛羊特色食品产业集群治理过程中,地方政府对民族事务部门有积极指导作用。

姚海琳(2003)[5]认为不同条件下政府发挥的作用不同,在市场不成熟前提下,集群民间组织(行业协会等)职能可由政府替代,随着市场和集群的逐渐成熟,政府应该逐步放权,逐渐发挥民间组织的自主权;涂在友(2008)[6]认为政府可以通过优惠政策吸引企业集中,并可以通过影响金融机构体制改革促成金融投资项目、确保公共机构之间的广泛联系以完善产学研体系,最终目的在

---

[1] 赵炎、郑向杰:《网络嵌入性与地域根植性对联盟企业创新绩效的影响——对中国高科技上市公司的实证分析》,《科研管理》2013年第11期。
[2] 金晓燕:《集群根植性作用机制研究》,《经济论坛》2008年第23期。
[3] 杨一帆:《产业集群根植性与集群发展关系研究》,东北大学2010年硕士学位论文。
[4] Durhane Wong-Rieger, Fritz Rieger, *Organizational Science abroad*, Springer U.S., 1989, pp.229-265.
[5] 姚海琳:《企业集群成长中的地方政府作用》,《当代财经》2003年第4期。
[6] 涂在友:《地方政府促进企业集群发展的途径探索》,《现代经济(现代物业下半月刊)》2008年第3期。

于积极推动产业集群发展;有学者利用直接数据证实了政府对促进集群企业间的创新有积极影响(Oliver,Stephan,Stefan,2010)[①]。龙头企业、行业协会以及高校、金融机构等辅助部门都属于非政府或非官方组织,因此,提出以下假设:

假设7:在牛羊特色食品产业集群治理过程中,地方政府对非官方组织有积极促进作用;

假设7a:在牛羊特色食品产业集群治理过程中,地方政府对龙头企业有积极促进作用;

假设7b:在牛羊特色食品产业集群治理过程中,地方政府对行业协会有积极促进作用;

假设7c:在牛羊特色食品产业集群治理过程中,地方政府对辅助部门有积极促进作用。

陈艳艳(2007)[②]认为政府是集群治理的主要主体,且制定与实施产业政策等集群政策(软环境)是其参与集群发展的主要载体;张明莉(2011)[③]认为地方政府通过积极创造良好的工作环境,大力吸引人才,并积极建设道路交通网络等基础设施,同时,通过专项资金或项目平台的搭建以提升集群企业技术问题,并最终促进产业集群升级发展。因此,本书认为在牛羊特色食品产业集群发展过程中,地方政府对环境建设在一定程度上有积极影响,故提出以下假设:

假设8:在牛羊特色食品产业集群发展过程中,地方政府对环境建设过程有积极影响;

[①] Oliver Falck,Stephan Heblich,Stefan Kipar,"Industrial Innovation:Direct Evidence from a Cluster-oriented Policy",*Regional Science and Urban Economics*,Vol.40,No.6,2010,pp.574-582.

[②] 陈艳艳:《中国地方政府企业集群政策研究》,西南政法大学2007年硕士学位论文。

[③] 张明莉:《促进产业集群发展的地方政府行为研究》,《河北学刊》2011年第1期。

第五章 我国西部地区牛羊特色食品产业集群内部作用机理分析

假设 8a:在牛羊特色食品产业集群发展过程中,地方政府对软环境建设过程有积极影响;

假设 8b:在牛羊特色食品产业集群发展过程中,地方政府对硬环境建设过程有积极影响。

张明莉(2011)研究结果表明:政府对集群横向网络、纵向网络关系的建立与发展有积极影响;何燕子(2013)[1]利用 AHP 方法研究了政府在集群形成过程中的作用,并认为政府对集群企业间的合作能力、防止恶意竞争(网络关系)等方面有显著影响;周国红和陆立军(2009)[2]通过对 1184 家集群企业的调查,得出结论:地方政府在集群企业结网过程中起到了重要推动作用;波特(Porter,1990)[3]在"钻石模型"中,充分地解释了政府对集群网络关系的重要性。因此,提出以下假设:

假设 9:地方政府对牛羊特色食品产业集群网络关系的形成与发展有积极影响。

周国红和陆立军(2009)研究结果还表明:地方政府的协作效应对集群绩效有重要影响;有学者认为政府援助激励了集群企业的创新意识并最终与集群绩效呈正相关(Rudy,Maria,2012)[4]。因此,提出以下假设:

假设 10:地方政府对牛羊特色食品产业集群综合绩效发挥了

---

[1] 何燕子:《基于 AHP 的地方政府在产业集群中的作用研究——以湖南产业集群为例》,《湖南社会科学》2013 年第 6 期。

[2] 周国红、陆立军:《地方政府协作与集群企业创新绩效——基于 1184 家集群企业问卷调查与分析》,《科技管理研究》2009 年第 6 期。

[3] Porter,M.E.,*The Competitive Advantage of Nations*,New York:Free Press,1990,pp.11-34.

[4] Rudy Aryanto, Maria Fransiska, "The Role of Government Assistance to Generate Competitive Leadership, Commitment, Motivation, Innovation, Environment and its Impact on the Performance of Tenuncual Union Industry Cluster in Bangka Belitung Province", *Procedia-Social and Behavioral Sciences*, Vol.65, No.3, 2012, pp.167-172.

积极的促进作用。

在对国内外论文公开检索平台进行检索时发现:关于民族事务部门对产业集群、集群企业、行业协会、辅助部门、环境建设、网络关系以及集群绩效等方面影响的分析尚未形成系统研究,公开见刊的成果微乎其微,但是对我国西部地区牛羊特色食品产业集群治理而言,民族事务部门的作用是不能忽视的。因此,在提出相关假设之前,以访谈形式征询民族事务部门工作人员、企业、协会、政府职能部门以及专家的综合意见。访谈结果显示:民族事务部门要对少数民族饮食安全负责,对集群内企业的生产流程行为时时进行指导和监督;在牛羊特色食品准营证办理等方面,凡涉及特殊饮食习惯牛羊食品的民族事务部门与行业协会之间会发生业务往来;在一些特殊饮食习惯牛羊食品制作、推广等培训活动中,民族事务部门可能会部分与高校、科研院所等辅助部门发生直接或间接关系;地方政府在产业政策制定等软环境建设过程中会征询民族事务部门意见;在为地方培养回族高级劳动力方面,民族事务部门的作用不可小觑;民族事务部门对集群网络中存在的"极端化行为"等问题有监督作用,因此其监督行为一直嵌入在整个集群网络关系发展过程中;民族事务部门作为政府管理部门和民族调节部门,对规范牛羊特色食品产业良性发展有积极意义。综合上述访谈结论及一般逻辑原理,本书提出以下假设:

假设11:在牛羊特色食品产业集群治理过程中,民族事务部门对非官方组织有积极影响;

假设11a:在牛羊特色食品产业集群治理过程中,民族事务部门对龙头企业有积极影响;

假设11b:在牛羊特色食品产业集群治理过程中,民族事务部

第五章 我国西部地区牛羊特色食品产业集群内部作用机理分析

门对行业协会有积极影响;

假设11c:在牛羊特色食品产业集群治理过程中,民族事务部门对辅助部门有积极影响;

假设12:在牛羊特色食品产业集群发展过程中,民族事务部门对环境建设过程有积极影响;

假设12a:在牛羊特色食品产业集群发展过程中,民族事务部门对软环境要素有积极影响;

假设12b:在牛羊特色食品产业集群发展过程中,民族事务部门对硬环境要素有积极影响;

假设13:民族事务部门对牛羊特色食品产业集群网络关系的形成与发展有积极影响;

假设14:民族事务部门对牛羊特色食品产业集群综合绩效产生发挥了积极促进影响。

陈文华(2007)[①]在研究产业集群的企业家治理时认为他们是企业家精神的传播者和科层创业文化的培育者,对集群的软环境建设有积极影响;王力辉(2007)[②]着重分析了龙头企业对产业集群的作用,认为龙头企业对集群内技术研发与创新(硬环境)有巨大推动作用;吴志峰和徐虹钗(2008)[③]以晋江和东南汽车城模式为例,通过研究他们认为龙头企业在集群内有集聚作用,如对人才(硬环境)集聚有一定的优势。因此,提出以下假设:

假设15:在牛羊特色食品产业集群发展过程中,龙头企业对环境建设过程有积极影响;

---

① 陈文华:《产业集群治理研究》,经济管理出版社2007年版,第48页。
② 王力辉:《龙头企业对产业集群经济的作用分析》,《科技经济市场》2007年第4期。
③ 吴志峰、徐虹钗:《论龙头企业在产业集群发展中的作用——以福建省产业集群为例》,《内蒙古电大学刊》2008年第12期。

假设15a:在牛羊特色食品产业集群发展过程中,龙头企业对软环境建设过程有积极影响;

假设15b:在牛羊特色食品产业集群发展过程中,龙头企业对硬环境建设过程有积极影响。

有学者在研究领导型企业(龙头企业)在荷兰海洋产业集群中的作用时发现:龙头企业对其集群网络的形成有推动作用(Michiel,Peter,2003)[①];吴志峰和徐虹钗(2008)认为龙头企业有较好的辐射作用,通过对新技术、新知识向中小企业的不断扩散来促成集群企业间网络关系的形成;王凯(2010)[②]从内生性和外部化两个角度分析,认为龙头企业对集群网络的演化有一定影响。因此,提出以下假设:

假设16:龙头企业对牛羊特色食品产业集群网络关系的形成与发展有积极影响。

王力辉(2007)认为龙头企业对集群发展与绩效有巨大的推动作用;何小海(2010)[③]研究了漳州市龙头花卉企业对花卉产业集群绩效的影响,结果证明二者之间有强相关性;贾生华和杨菊萍(2007)[④]对国内外龙头企业在集群中的作用进行了系统的文献综述,全书随处透露着龙头企业对集群绩效或发展的影响。因此,提出以下假设:

假设17:龙头企业对牛羊特色食品产业集群综合绩效发挥了

---

① Michiel,H.Nijdam,Peter,W.De Langen,"Leader Firms in the Dutch Maritime Cluster",*ERSA Conference Papers*,2003,p.45.

② 王凯:《基于龙头企业网络构建的产业集群发展研究》,《生产力研究》2010年第6期。

③ 何小海:《基于龙头企业的漳州市花卉产业集群绩效评价研究》,福建农林大学2010年硕士学位论文。

④ 贾生华、杨菊萍:《产业集群演进中龙头企业的带动作用研究综述》,《产业经济评论》2007年第1期。

第五章 我国西部地区牛羊特色食品产业集群内部作用机理分析

积极的促进作用。

李国武(2007)[①]认为行业协会之所以存在是因为它代表了集群集体企业的共同利益诉求,在人才、知识、技术、研发等硬环境方面的流动起到了协调作用,又可以帮助政府在产业标准、产业制度等软环境方面起到协助作用,同时在集群网络关系中对一些恶意竞争行为、侵权行为等起到仲裁和抑制作用;牛树海(2008)[②]认为行业协会有四大功能:服务、协调、管理和整合功能,其通过四大功能促进集群内部网络的连接,并最终提升集群竞争力(绩效);郭金喜(2010)[③]认为集群中由行业协会实施集体行动对于脱离"集群锁定",进行集群升级(绩效提升)有重要意义;有学者认为行业协会会员可以利用协会资源进行创新活动,并最终提升集群绩效(Peng-hua Qiao,Xiao-feng Ju,Hung-Gay Fung,2014)[④]。因此,提出以下假设:

假设18:在牛羊特色食品产业集群发展过程中,行业协会对环境建设过程有积极影响;

假设18a:在牛羊特色食品产业集群发展过程中,行业协会对软环境建设过程有积极影响;

假设18b:在牛羊特色食品产业集群发展过程中,行业协会对硬环境建设过程有积极影响;

---

① 李国武:《产业集群中的行业协会:何以存在和如何形成?》,《社会科学战线》2007年第2期。
② 牛树海:《行业协会对产业集群发展的作用——以河南许昌发制品产业为例》,《三门峡职业技术学院学报》2008年第1期。
③ 郭金喜:《行业协会的产业集群创新治理功能分析》,《发展研究》2010年第1期。
④ Peng-hua Qiao, Xiao-feng Ju, Hung-Gay Fung, "Industry Association Networks, Innovations, and Firm Performance in Chinese Small and Medium-sized Enterprises", *China Economic Review*, Vol.29, No.6, 2014, pp.213-228.

假设19：行业协会对牛羊特色食品产业集群网络关系的形成与发展有积极影响；

假设20：行业协会对牛羊特色食品产业集群综合绩效产生发挥了积极的促进影响；

假设21：行业协会对牛羊特色食品产业集群龙头企业有积极指导作用。

高校、科研院所、金融机构等辅助部门对集群企业的积极作用已经被大多数学者认可。陈文华（2007）[1]在地方网络治理论述中阐述了高校等科研院所能够为集群发展培育高级生产要素（高级技工、高级人才等），同时，高校等科研院所有先进的科研平台，能够为集群企业提供技术支撑，从而影响集群的硬环境建设水平；对一部分有高等学历的企业家而言，企业家精神、学习能力等软环境要素的培养除了靠自身素质之外，高校思想的渗透不可忽视，可以说高校创业教育的本质与核心就是企业家精神的培养[2]；郭达和许艳丽（2015）[3]认为高校等科研院所通过非正式交流嵌入集群网络是最节约成本的，同时会积极推动集群组织的发展水平（绩效）；程雪梅（2012）[4]认为产业集群的发展离不开金融机构的资金支持和特色服务。因此，提出以下假设：

假设22：在牛羊特色食品产业集群发展过程中，辅助部门对

---

[1]　陈文华：《产业集群治理研究》，经济管理出版社2007年版，第98页。

[2]　张莉鑫：《日本高校创业教育及企业家精神培养的分析与借鉴》，《北京教育（高教）》2015年第11期。

[3]　郭达、许艳丽：《高等职业院校嵌入产业集群发展研究——产业集群知识溢出的视角》，《教育发展研究》2015年第23期。

[4]　程雪梅：《广西北部湾经济区产业集群发展金融支撑研究》，广西大学2012年硕士学位论文。

第五章 我国西部地区牛羊特色食品产业集群内部作用机理分析

龙头企业有积极影响;

假设23:在牛羊特色食品产业集群发展过程中,辅助部门对环境建设过程有积极影响;

假设23a:在牛羊特色食品产业集群发展过程中,辅助部门对软环境建设过程有积极影响;

假设23b:在牛羊特色食品产业集群发展过程中,辅助部门对硬环境建设过程有积极影响;

假设24:辅助部门对牛羊特色食品产业集群网络关系的形成与发展有积极影响;

假设25:辅助部门对牛羊特色食品产业集群综合绩效产生有积极影响。

新疆、宁夏、青海、甘肃等省份都相继出台了各项针对畜牧业产业发展的政策,这是为了满足其产业发展的制度与政策等软环境要素方面的建设需求,制度政策明确了对集聚区企业"人才引进""货币金融支持""技术改造"等硬环境建设要素方面的支持力度,可见,软环境建设对硬环境建设起到了推动作用;硬环境的升级必然增强产业集群的承接力,从而进一步推动集群软环境升级。软硬环境之间属于矛盾的统一体,再好的硬环境要素一旦缺乏高质量的软环境要素,产业集群很难发挥竞争优势;再好的软环境要素一旦缺乏硬环境支撑,也很难起到集聚的效果。因此,从辩证法和逻辑关系来看,提出以下假设:

假设26:在牛羊特色食品产业集群发展过程中软环境建设可以积极促进硬环境建设步伐;

假设27:在牛羊特色食品产业集群发展过程中硬环境建设又反过来积极推动软环境升级。

赵蓓(2004)[①]认为税收政策和制度改革(软环境)有效影响了产业集群的集聚,并提升了产业集群的发展(绩效)水平,反过来产业集群网络的形成与发展又推进了地方财税制度改革;吴传清和张庆(2008)[②]从集群生命周期视角认为企业家精神(软环境)作为非正式制度的一种,对集群形成(网络建立)与成长(绩效)有积极影响;有学者证明了企业家精神与管理能力对集群的形成(网络建立)与可持续发展(绩效)之间的正向影响关系(Christiane, Markus,2013)[③]。因此,提出以下假设:

假设28:在牛羊特色食品产业集群发展过程中软环境建设对集群网络关系的形成与发展有积极影响。

假设29:在牛羊特色食品产业集群发展过程中软环境建设对集群绩效有积极影响。

吕富彪(2014)[④]认为技术资源、技术创新(硬环境)是产业集群的内生动力,也就是说技术资源对集群网络形成与发展有内生推动作用;前面已提到集群的形成与发展更离不开金融货币资源的支撑;崔玉艳(2015)在分析产业集群竞争力的影响因素时,认为劳动力资源作为重要的因素对集群网络关系与竞争力有积极影响;李志刚、汤书昆和梁晓艳等(2007)[⑤]证明了集群所嵌入的网络

[①] 赵蓓:《税收政策运用与产业集群发展》,《税务研究》2004年第8期。

[②] 吴传清、张庆:《企业家精神与产业集群成长》,《学习与实践》2008年第10期。

[③] Christiane Gebhardt, Markus, C., "Pohlmann. Managing the Organisation 2.0: Entrepreneurial Spirit and General Management Competences as Early Indicators for Cluster Success and Sustainable Regional Development: Findings from the German Entrepreneurial Regions Programme", *Journal of High Technology Management Research*, Vol.24, No.2, 2013, pp.153-160.

[④] 吕富彪:《区域产业集群与技术创新互动模式的协同演进机制研究》,《科学管理研究》2014年第1期。

[⑤] 李志刚、汤书昆、梁晓艳、赵林捷:《产业集群网络结构与企业创新绩效关系研究》,《科学学研究》2007年第4期。

的密度、强度、稳定性等对集群企业创新绩效有正向影响关系;波特(1998)在钻石模型中将生产要素(劳动力、技术与货币)作为影响集群集聚与发展的重要因素。因此,提出以下假设:

假设30:在牛羊特色食品产业集群发展过程中,硬环境建设对集群网络关系的形成与发展有积极影响;

假设31:在牛羊特色食品产业集群发展过程中,硬环境建设对集群综合绩效有积极影响;

假设32:在牛羊特色食品产业集群发展过程中,集群网络关系对集群综合绩效有积极影响。

综合上述假设并参考第三章初步获取的因素间的逻辑关系,本书构建了以下理论模型图,见图5-1。

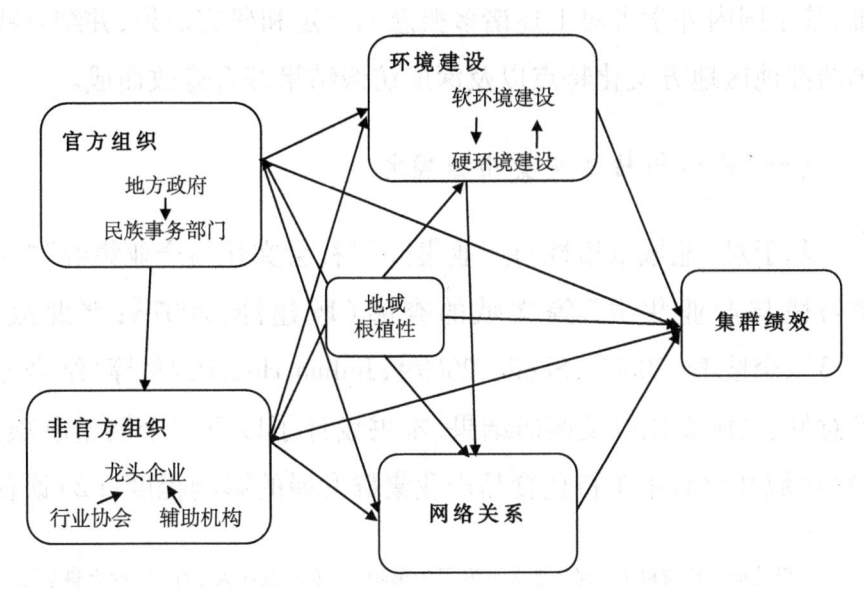

图5-1 我国西部地区牛羊特色食品产业集群内部作用机理理论模型

资料来源:笔者团队制作。

第二节 变量设计与问卷调查

一、变量测量

我国西部地区牛羊特色食品产业集群内部作用机理涉及的主要一级变量包括：地域根植性、治理主体影响、软环境建设要素、硬环境建设要素、网络关系以及集群综合绩效。上述涉及的变量大多无法找到直接定量统计数据。因此，采取"里克特7级量表"进行打分处理，分值含义已在第四章叙述。为了使测量量表有较高的信度和效度，本章所涉及的量表主要以前人成熟量表内容为基础，基于国内外学者对上述诸多概念的界定和研究成果，并结合我国西部地区地方文化特点以及深度访谈结果综合修改而成。

（一）地域根植性测量指标确定

基于对"地域根植性与产业集群""社会文化与产业集群""风俗习惯与产业集群"等文献的查阅（耿建泽，2007[①]；严北战，2013[②]；金晓燕，2008[③]；Sheila，2009[④]；Jinliao He，2014[⑤] 等）结合专家意见、区域文化以及调研结果，本书设计了以下三个测量题项：(1) 区域文化对牛羊特色食品产业集群发展的影响程度；(2) 饮食

[①] 耿建泽：《地域根植性对企业集群发展的影响》，《安徽农业大学学报（社会科学版）》2007年第1期。

[②] 严北战：《产业集群治理模式演化机理及其路径研究》，《商业研究》2013年第11期。

[③] 金晓燕：《集群根植性作用机制研究》，《经济论坛》2008年第23期。

[④] Sheila, L. Margolis, "The Cultural Context of Human Resource Development", Palgrave Macmillanuk, 2009, pp.141-160.

[⑤] Jinliao He, "Creative Industry Districts", Springer International Publishing, 2014, pp.117-144.

习惯对牛羊特色食品产业集群发展的影响程度;(3)地方社会政治对牛羊特色食品产业集群发展影响程度。

(二) 治理主体测量指标确定

根据对"集群治理主体"等相关文献的查阅(姚海琳,2003[1];Michiel,Peter,2003[2];王力辉,2007[3];郭金喜,2010[4] 等),本书认为产业集群的治理主体主要包括:官方治理主体(政府、民族事务部门)与非官方治理主体(龙头企业、行业协会、高校等科研院所以及金融机构等组成的辅助部门)。各个治理主体对集群发展的影响,采取单因素测量指标进行表述,因此本书结合实际调研结果与地方文化特点设计了以下五个题项:(1)政府相关管理部门对牛羊特色食品产业集群发展的影响程度;(2)龙头企业对牛羊特色食品产业集群发展的影响程度;(3)行业协会对牛羊特色食品产业集群发展的影响程度;(4)民族事务部门对牛羊特色食品产业集群发展的影响程度;(5)高校、科研院所、金融机构等辅助部门对牛羊特色食品产业集群发展的影响程度。

(三) 软环境要素测量指标确定

软环境指物质条件以外的诸如政策、文化、制度、法律、思想观念等外部因素和条件的总和[5],而区域文化形成的最基础的单元

---

[1] 姚海琳:《企业集群成长中的地方政府作用》,《当代财经》2003年第4期。
[2] Michiel,H. Nijclam,Peter,W. Delangen,"Leader Firms in the Dutch Maritime Cluster",ERSA Conference Paper,2003,p.45.
[3] 王力辉:《龙头企业对产业集群经济的作用分析》,《科技经济市场》2007年第4期。
[4] 郭金喜:《行业协会的产业集群创新治理功能分析》,《发展研究》2010年第1期。
[5] 冯云廷:《"软环境"资源与城市发展》,《城市问题》2001年第5期。

是人地交互的社会经济结构①。我国西部地区特殊饮食文化实际上是其集群内部企业在经济社会交往中科层文化的积累。因此结合上述定义与第一章、第三章研究结论,本书将"产业制度"和"科层文化"归为软环境要素。

1. 科层文化

根据对"科层文化"相关文献的阅读(吴传清,2008;Christiane,2013;李进兵,2016等)及参照瓦拉赫(Wallach,1983)的"组织气候量表问卷"中关于"科层型文化"的表述②以及施佳华和孙晓明(2010)③"医院组织文化与医院变革态度量表"的设计内容,并结合地域特点,设计了以下三个问题:(1)牛羊特色食品产业集群企业家精神;(2)牛羊特色食品产业集群企业学习能力;(3)牛羊特色食品产业集群企业创新能力。

2. 产业制度

根据对"产业制度""产业政策"等相关文献的阅读(朱康对,1999④;陈艳艳,2007⑤;郭立伟和沈满洪,2014⑥等)结合调研结果和地域特点,设计了以下三个问题:(1)牛羊特色食品产业认证制度执行程度;(2)牛羊特色食品产业管理制度落实程度;(3)牛羊特色食品产业监督制度执行程度。

---

① 孔翔、陆韬:《传统地域文化形成中的人地关系作用机制初探——以徽州文化为例》,《人文地理》2010年第3期。

② Wallach, E. J., "Individuals and Organizationals-The Cultural Match", *Training and Development Journal*, Vol.37, No.2, 1983, pp.29-36.

③ 施佳华、孙晓明:《医院组织文化与医院变革态度量表效度与信度测评》,《中国卫生资源》2010年第4期。

④ 朱康对:《经济转型期的产业群落演进——温州区域经济发展初探》,《中国农村观察》1999年第3期。

⑤ 陈艳艳:《中国地方政府企业集群政策研究》,西南政法大学2007年硕士学位论文。

⑥ 郭立伟、沈满洪:《论新能源产业集群的形成条件》,《生态·经济》2014年第4期。

第五章 我国西部地区牛羊特色食品产业集群内部作用机理分析

(四)硬环境要素测量指标确定

《现代汉语词典》中认为:"硬环境"是相对于软环境而言的一个概念,是指由传播活动所需要的那些物质条件、有形条件之和构筑而成的环境。硬环境主要是指"物质环境",包括地理条件、各类资源状况、基础设施等。结合"生产要素""硬环境"概念及第二章、第四章研究结论,本书将"劳动力资源""货币资源""技术资源""信息资源"和"自然资源"归为硬环境要素。

1. 劳动力资源

在对"劳动力资源对产业集群影响"的相关文献分析中(Porter,1990[1];赵虹,2011[2];李晓飞,2018[3] 等),前人认为劳动力资源应该着重从数量与质量两方面进行研究。因此,结合前人研究成果、调研结果及地域特点,设计了以下两个题项:(1)劳动力充沛程度;(2)劳动力平均受教育程度。

2. 货币资源

通过对"货币资源对产业集群影响"的相关文献分析(Porter,1990;赵虹,2011 等)可知:货币资源主要来源于三方面,即自有资金、信贷资金与风险投资。因此,在前人研究基础上设计了以下三个题项:(1)自有资金实力程度;(2)银行借贷能力程度;(3)风险融资能力程度。

---

[1] Porter, M.E., *The Competitive Advantage of Nations*, New York: Free Press, 1990, pp.11-34.
[2] 赵虹:《辽宁资源型产业集群发展影响因素研究》,《辽宁科技学院学报》2011 年第 4 期。
[3] 李晓飞:《产业集群企业间知识溢出与企业产出增长——以长垣县医疗器械产业集群为例》,河南大学 2018 年硕士学位论文。

3. 技术资源

通过对"技术资源对产业集群影响"的相关文献阅读(郭亮,2012[①];郭静,2014[②]等),在前人研究基础上设计了以下三个题项:(1)发明专利数量;(2)发明专利质量;(3)生产工艺先进程度。

4. 信息资源

通过对"信息资源对产业集群影响"的相关文献阅读(刘文佳,2009[③];刘振章,2015[④]等),在前人研究基础上,结合调研结果设计了以下两个题项:(1)外部信息情报获取程度;(2)广告等方式的品牌推广程度。

5. 自然资源

通过对"自然资源对产业集群影响"的相关文献阅读(Porter,1990[⑤];陈雪梅和张毅,2005[⑥];李天歌,2017[⑦]等),在前人研究基础上,结合调研结果设计了以下三个题项:(1)道路交通等基础设施建设程度;(2)原材料集中程度;(3)原材料的供给速度。

(五)网络关系测量指标确定

根据学者曹群(2009)、闫华飞(2015)等观点,网络关系主

[①] 郭亮:《云溪工业园区产业集群发展研究》,湘潭大学2012年硕士学位论文。

[②] 郭静:《中国高耗能行业产业集群的识别及影响因素分析》,湖南大学2014年硕士学位论文。

[③] 刘文佳:《信息化对创意产业集群的影响》,北京交通大学2009年硕士学位论文。

[④] 刘振章:《基于云计算的产业集群信息服务平台建设探讨》,《中国管理信息化》2015年第5期。

[⑤] Porter, M.E., *The Competitive Advantage of Nations*, New York: Free Press, 1990, pp.11-34.

[⑥] 陈雪梅、张毅:《产业集群形成的产业条件及其地方产业集群的政策选择》,《南方经济》2005年第2期。

[⑦] 李天歌:《陕西省产业集群发展评价及对策研究》,西安理工大学2017年硕士学位论文。

第五章 我国西部地区牛羊特色食品产业集群内部作用机理分析

要是集群企业在其横纵向网络交互过程中所形成的社会经济关系总和,主要体现在其网络连接密度、强度、稳定性和创新性等方面。

1. 网络连接密度

本书参照曹群(2012)[①]"产业集群创新机理量表"中关于"网络连接规模"的测量表述,共七个问题,再结合调研结果与研究所需,将其中"与供应商经常联系""与客户经常联系"两项归并为"集群内供应商、生产商、分销商之间经常联系";"与中介组织经常联系"改为"与行业协会经常联系";"与金融机构经常联系""与研究机构经常联系"归并为"与高校、科研院所、金融机构等辅助部门经常联系";同时增加了"与民族事务部门经常联系"1项。因此,为"网络连接密度"设计了以下六个问题:(1)集群内竞争企业之间经常联系;(2)集群内供应商、生产商、分销商之间经常联系;(3)与高校、科研院所、金融机构等经常联系;(4)与行业协会经常联系;(5)与政府职能部门经常联系;(6)与民族事务部门经常联系。

2. 网络连接强度

本书参照闫华飞(2015)[②]"产业集群内涵式发展量表"中关于"产业关联"的测量表述(共4道题目)和曹群(2009)"产业集群创新机理量表"中关于"网络连接强度"的测量表述(共5道题目),将其共性问题"信息、教育、技术、知识四方面的交流合作程度"问题保留,增加了闫华飞量表中关于"人力资源共享与合作"

[①] 曹群:《产业集群创新绩效影响要素的作用机理分析》,《经济研究导刊》2012年第23期。

[②] 闫华飞:《创业行为、创业知识溢出与产业集群发展绩效》,《科学学研究》2015年第1期。

的问题和曹群量表中关于"产业链合作关系"(根据本书需要调整为"要素分工合作程度")的问题。为此共设计以下六个问题:(1)信息交流合作程度;(2)技术共享合作程度;(3)教育培训合作程度;(4)要素分工合作程度;(5)人才资源交流程度;(6)知识资源共享程度。

3. 网络连接稳定性

本书参照曹群(2009)"产业集群创新机理量表"中关于"网络连接稳定程度"的测量表述(共5道题目),并根据调研对象和地域特点,将"产业集群内相互交往的企业或机构之间可以信赖"修改为"信任在集群企业间的作用程度";将"产业集群内企业和机构推崇合作的文化和精神"和"产业集群内企业和机构拥有尊重知识、鼓励创新的社会文化制度"修改为"集群文化、规章、习俗等遵守程度";将"企业不讲诚信会对产业集群名声产生负面影响"修改为"声誉机制在集群企业间的作用程度",上述问题更多的是从"非正式制度"视角分析集群网络的稳定性,因此,引入了"正式制度"的测量问题,即"合同、协议等正式契约执行程度"。为此设计以下四个问题:(1)信任在集群企业间的作用程度;(2)声誉机制在集群企业间的作用程度;(3)集群文化、规章、习俗等遵守程度;(4)合同、协议等正式契约执行程度。

4. 集群网络创新性

本书按照闫华飞(2015)"产业集群内涵式发展量表"中关于"集群创新"的测量表述(共4道题目)的要求进行问题设计:(1)集群网络内部产品创新度;(2)集群网络内部技术创新度;(3)集群网络内部知识创新度;(4)集群网络内部管理创新度。

(六)集群综合绩效测量指标确定

本书参照曹群(2009)"产业集群创新机理量表"中关于"创新绩效"的测量表述(共8道题目),并结合实际调研结果,参照了其中五个问题,并对问题进行了适当的调整,如将"客户满意度"调整为"牛羊特色食品品牌知名度";"减少环境污染程度"调整为"节能减排程度";"提供的就业数量"调整为"社会反响程度"。为此设计以下五个问题:(1)产品利润;(2)市场份额;(3)品牌知名度;(4)节能减排程度;(5)社会反响程度。

二、研究样本

调研对象确定。本书以我国西部地区典型省份新疆、宁夏、青海和甘肃四地为例展开数据调查研究。主要研究对象为:各典型省份牛羊特色食品产业集群内的企业、政府管理部门(产业发展局、民族事务委员、工商局、经济信息委员会等)、产业协会、产业集群辅助部门(高校专家教授、银行等金融机构等);调查的方式主要采取现场问卷调查、访谈、小型座谈会以及专业的微信群、QQ群深度采访等形式;对牛羊特色食品企业、行业协会的调研对象主要以中高层管理者为主,对政府管理部门和辅助部门的调研对象相对灵活,从普通职工到高层管理者都有涉及(这也和现实相符,有些重要信息不一定集中于高层,往往具体管理的基层人员或学者最了解)。

样本量确定与调研时间。根据吴明隆(2014)[1]观点,在进行

---

[1] 吴明隆:《问卷统计分析实务——SPSS操作与应用》,重庆大学出版社2014年版,第107页。

结构方程模型计算时，其样本量不得低于 150 份，结合第四章样本量需求，本书进行了二次调查，且对两次调查数据进行了同质性检验，可以合并使用。具体调研时间和样本量为：(1) 2018 年 2—3 月调查样本数量。新疆 110 份、宁夏 236 份、青海 119 份、甘肃 132 份。(2) 由于疫情带来的调研的非便利性，2020 年 6—7 月在新疆、青海和甘肃三地地方政府的帮助下以及通过各地方牛羊特色食品产业专业微信群在线调查，收集问卷情况为：新疆 79 份、青海 64 份、甘肃 55 份，从而使样本量都达到了研究所需样本量要求。各典型省份样本的描述性统计特征见表 5-1 至表 5-4。

表 5-1 新疆数据描述性统计特征一览表

样本特征	人数（比例%）	样本特征	人数（比例%）	样本特征	人数（比例%）
企业	121(64.02)	高层管理者	77(40.74)	原材料供应商	16(13.22)
政府职能部门	12(6.35)	中层管理者	49(25.93)	生产商	61(50.41)
行业协会	12(6.35)	基层管理者	28(14.81)	分销商	44(36.37)
民族事务部门	2(1.06)	普通员工	35(18.52)		
大学科研院所	22(11.64)				
辅助机构	10(5.29)	1 亿元以上	4(3.30)	501 人以上	11(9.09)
办事处	10(5.29)	5001 万—1 亿元	6(4.96)	201—500 人	30(24.79)
		3001 万—5000 万元	16(13.22)	51—200 人	39(32.23)
硕士以上	21(11.11)	1001 万—3000 万元	15(12.40)	50 人以下	41(33.89)
本科	75(39.68)	501 万—1000 万元	49(40.50)		
大专	37(19.58)	500 万元以下	31(25.62)		
高中	29(15.34)				
初中及以下	27(14.29)			其他	22(11.64)

资料来源：笔者根据调研数据制作。

第五章 我国西部地区牛羊特色食品产业集群内部作用机理分析

表5-2 宁夏数据描述性统计特征一览表

样本特征	人数（比例%）	样本特征	人数（比例%）	样本特征	人数（比例%）
企业	144(61.02)	高层管理者	82(34.74)	原材料供应商	22(15.28)
政府职能部门	42(17.80)	中层管理者	72(30.51)	生产商	94(65.28)
行业协会	18(7.63)	基层管理者	43(18.22)	分销商	28(19.44)
民族事务部门	2(0.85)	普通员工	39(16.53)		
大学科研院所	17(7.20)				
辅助机构	5(2.12)	1亿元以上	18(12.50)	501人以上	17(11.80)
办事处	8(3.38)	5001万—1亿元	8(5.55)	201—500人	8(5.56)
		3001万—5000万元	6(4.17)	51—200人	36(25.00)
硕士以上	44(18.64)	1001万—3000万元	22(15.28)	50人以下	83(57.64)
本科	108(45.76)	501万—1000万元	13(9.03)		
大专	71(30.09)	500万元以下	77(53.47)		
高中	11(4.66)				
初中及以下	2(0.85)			其他	33(13.98)

资料来源：笔者根据调研数据制作。

表5-3 青海数据描述性统计特征一览表

样本特征	人数（比例%）	样本特征	人数（比例%）	样本特征	人数（比例%）
企业	127(69.40)	高层管理者	72(39.35)	原材料供应商	23(18.11)
政府职能部门	13(7.10)	中层管理者	51(27.87)	生产商	49(38.58)
行业协会	14(7.65)	基层管理者	27(14.75)	分销商	55(43.31)
民族事务部门	3(1.64)	普通员工	33(18.03)		
大学科研院所	20(10.93)				
辅助机构	6(3.28)	1亿元以上	2(1.58)	501人以上	9(7.09)
办事处	0(0.00)	5001万—1亿元	5(3.94)	201—500人	18(14.17)
		3001万—5000万元	14(11.02)	51—200人	69(54.33)
硕士以上	19(10.38)	1001万—3000万元	19(14.96)	50人以下	31(24.41)
本科	69(37.71)	501万—1000万元	35(27.56)		
大专	41(22.40)	500万元以下	52(40.94)		
高中	26(14.21)				
初中及以下	28(15.30)			其他	62(33.88)

资料来源：笔者根据调研数据制作。

表 5-4　甘肃数据描述性统计特征一览表

样本特征	人数（比例%）	样本特征	人数（比例%）	样本特征	人数（比例%）
企业	121(64.71)	高层管理者	72(38.50)	原材料供应商	23(19.01)
政府职能部门	13(6.95)	中层管理者	55(29.41)	生产商	43(35.54)
行业协会	16(8.56)	基层管理者	27(14.44)	分销商	55(45.45)
民族事务部门	8(4.28)	普通员工	33(17.65)		
大学科研院所	12(6.42)				
辅助机构	9(4.81)	1亿元以上	2(1.65)	501人以上	9(7.44)
办事处	8(4.27)	5001万—1亿元	5(4.13)	201—500人	18(14.88)
		3001万—5000万元	14(11.57)	51—200人	63(52.06)
硕士以上	19(10.16)	1001万—3000万元	19(15.70)	50人以下	31(25.62)
本科	69(36.90)	501万—1000万元	29(23.97)		
大专	45(24.06)	500万元以下	52(42.98)		
高中	26(13.91)				
初中及以下	28(14.97)			其他	66(35.29)

资料来源：笔者根据调研数据制作。

信度与效度说明。四地研究数据信度与效度检验已在第四章进行分析，在此不再赘述。

第三节　典型省份内部作用机理模型优化与假设检验

根据史蒂芬（Stevens,1996）、邱皓政（2005）、余民宁（2006）、吴明隆（2014）等学者的研究，结构方程模型是否有适配性，主要进行三方面的检验：(1)绝对适配度指数检验。主要判断标准为：p值>0.05（结构模型卡方值检验与其他相反，一般认为p值>0.05

时,说明模型适配度较好);调整后适配度指数(Adjusted Coodness of Fit Index,AGFI)>0.90,达到最佳要求,0.80—0.90可接受;渐进残差均方和平方根(Root Mean Square Error of Approximation,RMSEA)<0.05,说明适配极好。(2)增值适配度指数检验。主要判断标准为:比较适配指数(Comparative Fit Index,CFI)>0.90为最佳,0.80—0.90可接受;规准适配指数(Normed Fit Index,NFI)>0.90为最佳,0.80—0.90可接受;相对适配指数(Relative Fit Index,RFI)>0.90为最佳,0.80—0.90可接受;增值适配指数(Incremental Fit Index,IFI)>0.90为最佳,0.80—0.90可接受;非标准适配指数(Tucker-Lewis Index,TLI)>0.90为最佳,0.80—0.90可接受。(3)简约适配度指数检验。主要判断标准为:简约调整后的规准适配指数(Parsmonious Normed Fit Index,PNFI)>0.50;简约适配度指数(Parsimonious Goodness of Fit Index,PGFI)>0.50。只有三方面都通过,才可以说模型对该调研数据有适配性。

一、新疆模型优化与假设检验

(一)新疆模型优化

根据吴明隆(2014)在《结构方程模型——AMOS的操作与应用》一书中提出的方法对模型进行探索性因素分析。经过六次尝试与优化,删除了对应路径影响都不显著的x4(辅助机构)和x3(龙头企业),删除了网络关系中的y10(网络连接强度)、y11(网络连接稳定性)和硬环境中的y6(技术资源)以及集群绩效中的y16(节能减排程度)和y17(社会反响程度),从而得到如图5-2所示的最终优化模型。从该模型的检验来看:绝对适配度指数、增值适配度指数和简约适配度指数都通过检验,该模型对该调研数据有较好的适配性。各变量标准化回归系数(路径系数)及其显著性检验见图5-2、表5-5。

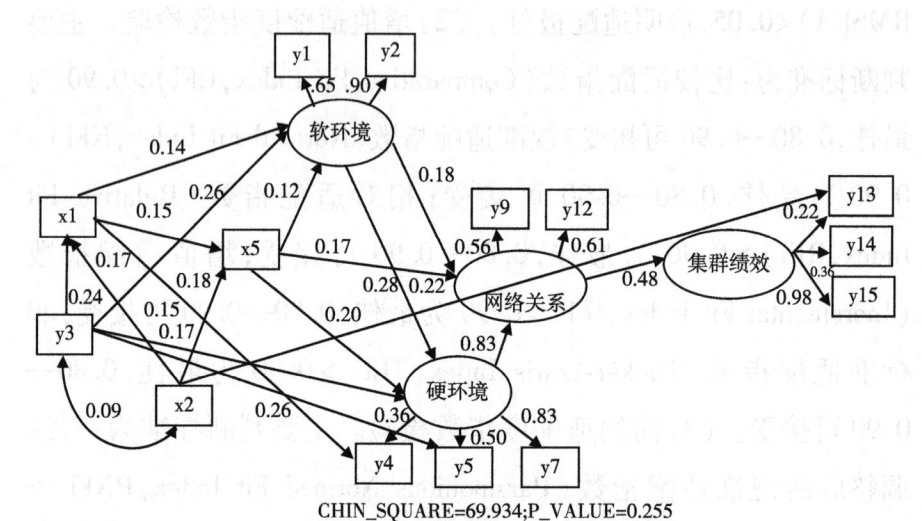

图5-2 新疆牛羊特色食品产业集群内部作用机理模型

资料来源:AMOS软件模拟结果。

表5-5 新疆模型路径系数及显著性检验一览表

路径关系			路径系数	标准误	t值	P值
x1	←	y3	0.241	0.027	3.446	—
x1	←	x2	0.171	0.073	2.441	0.015
x5	←	x1	0.150	0.075	2.069	0.039
x5	←	x2	0.181	0.079	2.517	0.012
软环境	←	y3	0.257	0.049	2.876	0.004
软环境	←	x1	0.136	0.117	1.666	0.096
软环境	←	x5	0.117	0.110	1.480	0.039
硬环境	←	y3	0.170	0.062	2.039	0.041
硬环境	←	x5	0.198	0.151	2.444	0.015
硬环境	←	软环境	0.279	0.129	2.906	0.004
网络关系	←	硬环境	0.827	0.242	5.030	—

续表

路径关系			路径系数	标准误	t 值	P 值
网络关系	←	x5	0.166	0.225	2.019	0.043
网络关系	←	软环境	0.177	0.195	1.789	0.074
集群绩效	←	网络关系	0.479	0.015	2.067	0.039
y2	←	软环境	0.901	0.311	4.977	—
y1	←	软环境	0.648			
y9	←	网络关系	0.556			
y12	←	网络关系	0.608	0.103	6.026	
y7	←	硬环境	0.829			
y5	←	硬环境	0.497	0.109	5.772	—
y4	←	硬环境	0.355	0.037	4.251	—
y4	←	x1	0.153	0.058	2.219	0.027
y5	←	y3	0.263	0.060	4.087	—
y13	←	集群绩效	0.218			
y14	←	集群绩效	0.362	0.547	2.822	0.005
y15	←	集群绩效	0.978	3.508	2.269	0.023
y13	←	x2	0.218	0.062	3.147	0.002

注：*** 表示 p<0.001，路径系数均为标准化系数；y1、y7、y9、y13 属于固定参数不需要检验。
资料来源：笔者根据调研数据利用 AMOS 软件整理得到。

（二）新疆假设检验

通过上述模型分析，对新疆牛羊特色食品产业集群内部作用关系的检验结果进行了梳理，具体见表 5-6。

表 5-6　新疆牛羊特色食品产业集群内部作用关系假设检验结果一览表

假设	内容	P 值	检验结果	备注
假设 1	地域根植性对官方治理主体的治理行为有积极影响	—	半支持	
假设 1a	地域根植性对地方政府的治理行为有积极影响	0.236	不支持	
假设 1b	地域根植性对民族事务部门的治理行为有积极影响	—	支持	

续表

假设	内容	P值	检验结果	备注
假设2	地域根植性对非官方治理主体的治理行为有积极影响	—	不支持	有间接影响
假设2a	地域根植性对龙头企业的治理行为有积极影响	删除	不支持	
假设2b	地域根植性对行业协会的治理行为有积极影响	0.198	不支持	有间接影响
假设2c	地域根植性对辅助部门的治理行为有积极影响	删除	不支持	
假设3	地域根植性对环境建设方面有积极影响	—	支持	
假设3a	地域根植性对软环境建设方面有积极影响	0.004	支持	
假设3b	地域根植性对硬环境建设方面有积极影响	0.041	支持	
假设4	地域根植性对网络关系的形成与发展有积极推动作用	0.511	不支持	有间接影响
假设5	地域根植性对集群绩效发挥了积极促进作用	0.312	不支持	有间接影响
假设6	地方政府对民族事务部门有积极指导作用	0.015	支持	
假设7	地方政府对非官方组织有积极指导作用	—	半支持	
假设7a	地方政府对龙头企业有积极指导作用	删除	不支持	
假设7b	地方政府对行业协会有积极指导作用	0.012	支持	
假设7c	地方政府对辅助部门有积极指导作用	删除	不支持	
假设8	地方政府对环境建设过程有积极影响	—	不支持	
假设8a	地方政府对软环境建设过程有积极影响	0.433	不支持	有间接影响
假设8b	地方政府对硬环境建设过程有积极影响	0.175	不支持	有间接影响
假设9	地方政府对网络关系的形成与发展有积极影响	0.228	不支持	有间接影响
假设10	地方政府对集群绩效产生发挥了积极促进影响	0.002	半支持	影响利润
假设11	民族事务部门对非官方组织有积极影响	—	半支持	
假设11a	民族事务部门对龙头企业有积极影响	删除	不支持	
假设11b	民族事务部门对行业协会有积极影响	0.039	支持	
假设11c	民族事务部门对辅助部门有积极影响	删除	不支持	
假设12	民族事务部门对环境建设过程有积极影响	—	支持	
假设12a	民族事务部门对软环境要素有积极影响	0.096	支持	0.10水平下
假设12b	民族事务部门对硬环境要素有积极影响	0.027	半支持	影响劳动力
假设13	民族事务部门对网络关系的形成与发展有积极影响	0.179	不支持	有间接影响

续表

假设	内容	P值	检验结果	备注
假设14	民族事务部门对集群绩效产生发挥了积极促进影响	0462	不支持	有间接影响
假设15	龙头企业对环境建设过程有积极影响	删除	不支持	
假设15a	龙头企业对软环境建设过程有积极影响	删除	不支持	
假设15b	龙头企业对硬环境建设过程有积极影响	删除	不支持	
假设16	龙头企业对网络关系的形成与发展有积极影响	删除	不支持	
假设17	龙头企业对集群绩效产生发挥了积极促进影响	删除	不支持	
假设18	行业协会对环境建设过程有积极影响	—	支持	
假设18a	行业协会对软环境建设过程有积极影响	0.039	支持	
假设18b	行业协会对硬环境建设过程有积极影响	0.015	支持	
假设19	行业协会对网络关系的形成与发展有积极影响	0.043	支持	
假设20	行业协会对集群绩效产生发挥了积极促进影响	0.329	不支持	有间接影响
假设21	行业协会对龙头企业产生发挥了积极促进影响	删除	不支持	
假设22	辅助部门对龙头企业有积极影响	删除	不支持	
假设23	辅助部门对环境建设过程有积极影响	删除	不支持	
假设23a	辅助部门对软环境建设过程有积极影响	删除	不支持	
假设23b	辅助部门对硬环境建设过程有积极影响	删除	不支持	
假设24	辅助部门对网络关系的形成与发展有积极影响	删除	不支持	
假设25	辅助部门对集群绩效产生有积极影响	删除	不支持	
假设26	软环境建设可以积极促进硬环境建设步伐	0.004	支持	
假设27	硬环境建设又反过来积极推动软环境升级	0.334	不支持	
假设28	软环境建设对集群网络关系的形成与发展有积极影响	0.074	支持	0.10水平下
假设29	软环境建设对集群绩效有积极影响	0.618	不支持	有间接影响
假设30	硬环境建设对集群网络关系的形成与发展有积极影响	***	支持	
假设31	硬环境建设对集群绩效有积极影响	0.276	不支持	有间接影响
假设32	集群网络关系对集群绩效有积极影响	0.039	支持	

资料来源:笔者根据数据检验结果整理得到。

二、宁夏模型优化与假设检验

(一)宁夏模型优化

利用 AMOS20.0 对宁夏模型进行第一次运算,发现模型不能正定,经查找原因,删除了 x_4 和"硬环境"对"软环境"的影响路径;第二次模型模拟发现:虽然模型可以正定,但绝对适配度等其他指标都不太理想。因此,查看了软件自带的修正功能,发现 y10(网络连接强度)与其层面间贡献率过小,因此,删除 y10;在进行第三次模拟时,发现了同样的问题,删除 y14;在进行第四次模拟时,发现模型绝对适配度指标和调整良适性适配指标都通过检验,但是简约适配度指标未通过检验,说明模型还需要进行优化。通过对路径系数的显著性检验,发现以下路径系数不显著:地域根植性(y3)对行业协会(x5)($p=0.17>0.05$)、网络关系($p=0.912>0.05$)和集群绩效($p=0.691>0.05$)之间的路径系数检验不通过,因此,模型中删除以上三条路径;政府支撑(x2)对行业协会(x5)($p=0.744>0.05$)、硬环境要素($p=0.103>0.05$)、网络关系($p=0.121>0.05$)和集群绩效($p=0.098>0.05$)间的路径系数检验不通过,因此模型删除以上四条路径;民族事务部门(x1)对软环境要素($p=0.191>0.05$)、硬环境要素($p=0.780>0.05$)、网络关系($p=0.087>0.05$)和集群绩效($p=0.948>0.05$)间的路径系数检验不通过,因此模型删除以上五条路径;行业协会(x5)对软环境要素($p=0.487>0.05$)和集群绩效($p=0.926>0.05$)间的路径系数检验不通过,因此模型删除以上两条路径;龙头企业(x3)对软环境要素($p=0.898>0.05$)和网络关系间($p=0.387>0.05$)的路径系数检验不通过,因此模型删除以上两条路径;硬环境要素对软环境要素(模型不正定)和集群绩效(p=0.162>0.05)间的路径系数检验不通过,因此模型删除以上两条路径;软环境对集群绩效(p=0.985>0.05)间的路径系数检验不通过,因此模型删除此路径。

按照AMOS20.0提示以及对"强不显著性"向"弱不显著性"不断剔除尝试,经多次优化后,模型有极佳的简约适配度指数,优化后的模型拟合极好。各变量路径系数及其显著性检验见表5-7,优化后的宁夏模型见图5-3。

表5-7 宁夏模型路径系数及显著性检验一览表

路径关系			路径系数	标准误	t值	P值
x2	←	y3	0.411	0.019	7.167	—
x1	←	x2	0.232	0.068	3.554	—
x1	←	y3	0.255	0.022	3.908	—
x5	←	x1	0.183	0.069	2.846	0.004
软环境	←	y3	0.186	0.058	2.643	0.008
x3	←	x5	0.212	0.051	3.697	—
软环境	←	x2	0.453	0.183	6.255	—
x3	←	x2	0.264	0.062	4.199	—
x3	←	y3	0.226	0.020	3.600	—
硬环境	←	软环境	0.247	0.072	3.026	0.002
硬环境	←	x3	0.146	0.157	2.092	0.036
硬环境	←	y3	0.257	0.053	3.528	—
硬环境	←	x5	0.186	0.133	2.797	0.005
网络关系	←	x5	0.157	0.195	2.611	0.009
网络关系	←	软环境	0.162	0.111	2.076	0.038
网络关系	←	硬环境	0.715	0.185	6.241	—
集群绩效	←	网络关系	0.701	0.017	6.215	—
集群绩效	←	x3	0.162	0.046	1.941	0.052

续表

路径关系			路径系数	标准误	t 值	P 值
y13	←	集群绩效	0.624			
y9	←	网络关系	0.739			
y2	←	软环境	0.839			
y5	←	硬环境	0.881			
y4	←	硬环境	0.511			
y12	←	网络关系	0.796			
y1	←	软环境	0.753			

资料来源：笔者根据调研数据利用 AMOS 软件整理得到。

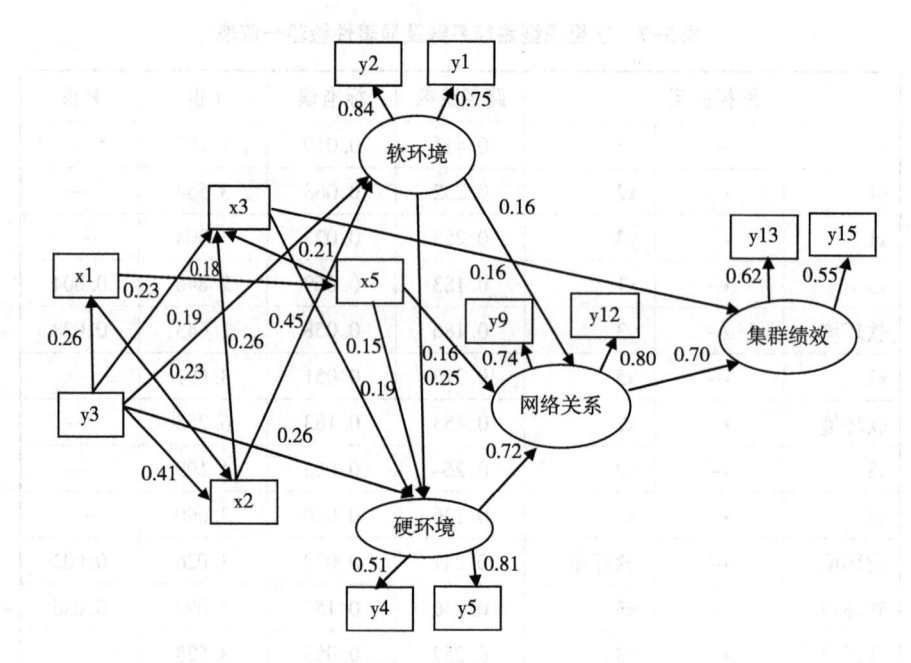

CHIN_SQUARE=54.660;P_VALUE=0.302
AGFI=0.939;RMSEA=0.020
DF=50;CFI=0.995;NFI=0.942;RFI=0.909;IFI=0.995;TLI=0.992;PNFI=0.604;PGFI=0.531

图 5-3　优化后的宁夏特色牛羊食品产业集群内部作用机理模型

资料来源：AMOS 软件模拟结果。

(二)宁夏假设检验

通过实证检验,宁夏模型中 19 条假设检验获得支持,具体见表 5-8。

表 5-8 宁夏牛羊特色食品产业集群内部作用关系假设检验结果一览表

假设	内容	P 值	检验结果	备注
假设 1	地域根植性对官方治理主体的治理行为有积极影响	—	支持	
假设 1a	地域根植性对地方政府的治理行为有积极影响	—	支持	
假设 1b	地域根植性对民族事务部门的治理行为有积极影响	—	支持	
假设 2	地域根植性对非官方治理主体的治理行为有积极影响	—	半支持	
假设 2a	地域根植性对龙头企业的治理行为有积极影响	—	支持	
假设 2b	地域根植性对行业协会的治理行为有积极影响	0.17	不支持	有间接影响
假设 2c	地域根植性对辅助部门的治理行为有积极影响	删除	不支持	
假设 3	地域根植性对环境建设方面有积极影响	—	支持	
假设 3a	地域根植性对软环境建设方面有积极影响	0.008	支持	
假设 3b	地域根植性对硬环境建设方面有积极影响	—	支持	
假设 4	地域根植性对网络关系的形成与发展有积极推动作用	0.912	不支持	有间接影响
假设 5	地域根植性对集群绩效发挥了积极促进作用	0.691	不支持	有间接影响
假设 6	地方政府对民族事务部门有积极指导作用	—	支持	
假设 7	地方政府对非官方组织有积极指导作用	—	半支持	
假设 7a	地方政府对龙头企业有积极指导作用	—	支持	
假设 7b	地方政府对行业协会有积极指导作用	0.744	不支持	有间接影响

续表

假设	内容	P值	检验结果	备注
假设7c	地方政府对辅助部门有积极指导作用	删除	不支持	
假设8	地方政府对环境建设过程有积极影响	—	半支持	
假设8a	地方政府对软环境建设过程有积极影响	—	支持	
假设8b	地方政府对硬环境建设过程有积极影响	0.103	不支持	有间接影响
假设9	地方政府对网络关系的形成与发展有积极影响	0.121	不支持	有间接影响
假设10	地方政府对集群绩效产生发挥了积极促进影响	0.098	不支持	有间接影响
假设11	民族事务部门对非官方组织有积极影响	—	半支持	
假设11a	民族事务部门对龙头企业有积极影响	0.247	不支持	有间接影响
假设11b	民族事务部门对行业协会有积极影响	0.004	支持	
假设11c	民族事务部门对辅助部门有积极影响	删除	不支持	
假设12	民族事务部门对环境建设过程有积极影响	—	不支持	
假设12a	民族事务部门对软环境要素有积极影响	0.191	不支持	
假设12b	民族事务部门对硬环境要素有积极影响	0.780	不支持	有间接影响
假设13	民族事务部门对网络关系的形成与发展有积极影响	0.087	不支持	有间接影响
假设14	民族事务部门对集群绩效产生发挥了积极促进影响	0.948	不支持	有间接影响
假设15	龙头企业对环境建设过程有积极影响	—	半支持	
假设15a	龙头企业对软环境建设过程有积极影响	0.898	不支持	
假设15b	龙头企业对硬环境建设过程有积极影响	0.036	支持	
假设16	龙头企业对网络关系的形成与发展有积极影响	0.387	不支持	有间接影响
假设17	龙头企业对集群绩效产生发挥了积极促进影响	0.052	不支持	
假设18	行业协会对环境建设过程有积极影响	—	半支持	
假设18a	行业协会对软环境建设过程有积极影响	0.487	不支持	
假设18b	行业协会对硬环境建设过程有积极影响	0.005	支持	

续表

假设	内容	P值	检验结果	备注
假设 19	行业协会对网络关系的形成与发展有积极影响	0.009	支持	
假设 20	行业协会对集群绩效产生发挥了积极促进影响	0.926	不支持	有间接影响
假设 21	行业协会对龙头企业产生发挥了积极促进影响	—	支持	
假设 22	辅助部门对龙头企业有积极影响	删除	不支持	
假设 23	辅助部门对环境建设过程有积极影响	删除	不支持	
假设 23a	辅助部门对软环境建设过程有积极影响	删除	不支持	
假设 23b	辅助部门对硬环境建设过程有积极影响	删除	不支持	
假设 24	辅助部门对网络关系的形成与发展有积极影响	删除	不支持	
假设 25	辅助部门对集群绩效产生有积极影响	删除	不支持	
假设 26	软环境建设可以积极促进硬环境建设步伐	0.002	支持	
假设 27	硬环境建设又反过来积极推动软环境升级	非正定	不支持	
假设 28	软环境建设对集群网络关系的形成与发展有积极影响	0.038	支持	
假设 29	软环境建设对集群绩效有积极影响	0.985	不支持	有间接影响
假设 30	硬环境建设对集群网络关系的形成与发展有积极影响	—	支持	
假设 31	硬环境建设对集群绩效有积极影响	0.162	不支持	有间接影响
假设 32	集群网络关系对集群绩效有积极影响	—	支持	

资料来源:笔者根据数据检验结果整理得到。

三、青海模型优化与假设检验

(一)青海模型优化

根据 AMOS20.0 的信息提示功能,经三次优化,剔除了与其他因素影响都不显著的 x1(民族事务部门)和 x4(辅助机构),删除了 y6、y8、y9、y11、y14 和 y17，以及硬环境对软环境的影响，最终获得图 5-4 所示的优化后的模型。从检验来各项指标基本符合要求。各变量标准化回归系数（路径系数）及其显著性检验见表 5-9。

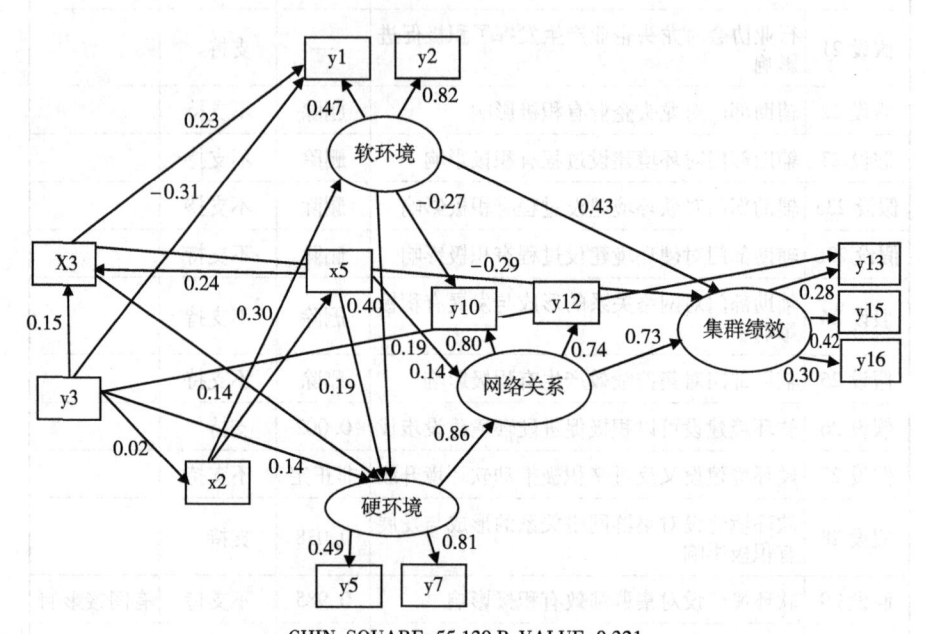

CHIN_SQUARE=55.139;P_VALUE=0.321
AGFI=0.928;RMSEA=0.021
DF=51;CFI=0.989;NFI=0.875;RFI=0.809;IFI=0.989;TLI=0.983;PNFI=0.570;PGFI=0.538

图 5-4　优化后的青海牛羊特色食品产业集群内部作用机理模型

资料来源：AMOS 软件模拟结果。

表 5-9　青海模型路径系数及显著性检验一览表

路径关系			路径系数	标准误	t 值	P 值
x5	←	x2	0.138	0.105	1.908	0.050
x3	←	y3	0.150	0.029	2.149	0.032
x3	←	x5	0.239	0.052	3.413	—
软环境	←	x2	0.295	0.093	2.941	0.003
硬环境	←	y3	0.135	0.041	1.763	0.078

续表

路径关系			路径系数	标准误	t 值	P 值
硬环境	←	x5	0.194	0.082	2.327	0.020
硬环境	←	软环境	0.399	0.170	3.607	—
硬环境	←	x3	0.131	0.104	1.672	0.064
网络关系	←	硬环境	0.858	0.495	5.559	
网络关系	←	x5	0.143	0.234	1.927	0.044
集群绩效	←	网络关系	0.734	0.014	2.972	0.003
集群绩效	←	软环境	0.429	0.057	2.147	0.032
集群绩效	←	x3	-0.292	0.035	-2.034	0.042
y2	←	软环境	0.821	0.605	4.206	—
y1	←	软环境	0.468			
y10	←	网络关系	0.800			
y12	←	网络关系	0.738	0.066	7.696	—
y7	←	硬环境	0.811			
y5	←	硬环境	0.494	0.110	5.766	
y1	←	x3	0.229	0.115	3.650	
y10	←	软环境	-0.271	0.574	-2.916	0.004
y13	←	集群绩效	0.283			
y15	←	集群绩效	0.419	0.459	3.028	0.002
y16	←	集群绩效	0.301	0.565	2.624	0.009
y13	←	y3	0.190	0.025	2.735	0.006
y1	←	y3	-0.309	0.047	-4.939	—

资料来源：笔者根据调研数据利用 AMOS 软件整理得到。

（二）青海假设检验

通过检验青海模型中共计 15 条假设获得支持，具体见表 5-10。

表 5-10 青海牛羊特色食品产业集群内部作用关系假设检验结果一览表

假设	内容	P值	检验结果	备注
假设 1	地域根植性对官方治理主体的治理行为有积极影响	—	不支持	
假设 1a	地域根植性对地方政府的治理行为有积极影响	—	相关关系	相关系数0.02
假设 1b	地域根植性对民族事务部门的治理行为有积极影响	删除	不支持	
假设 2	地域根植性对非官方治理主体的治理行为有积极影响	—	半支持	
假设 2a	地域根植性对龙头企业的治理行为有积极影响	0.032	支持	
假设 2b	地域根植性对行业协会的治理行为有积极影响	0.357	不支持	
假设 2c	地域根植性对辅助部门的治理行为有积极影响	删除	不支持	
假设 3	地域根植性对环境建设方面有积极影响	—	支持	
假设 3a	地域根植性对软环境建设方面有积极影响	0.021	半支持	影响产业制度
假设 3b	地域根植性对硬环境建设方面有积极影响	0.078	支持	0.10条件下
假设 4	地域根植性对网络关系的形成与发展有积极推动作用	0.179	不支持	有间接影响
假设 5	地域根植性对集群绩效发挥了积极促进作用	0.006	半支持	影响产品利润
假设 6	地方政府对民族事务部门有积极指导作用	删除	不支持	
假设 7	地方政府对非官方组织有积极指导作用	—	半支持	
假设 7a	地方政府对龙头企业有积极指导作用	0.465	不支持	有间接影响
假设 7b	地方政府对行业协会有积极指导作用	0.050	支持	
假设 7c	地方政府对辅助部门有积极指导作用	删除	不支持	
假设 8	地方政府对环境建设过程有积极影响	—	半支持	
假设 8a	地方政府对软环境建设过程有积极影响	0.003	支持	
假设 8b	地方政府对硬环境建设过程有积极影响	0.334	不支持	有间接影响

续表

假设	内容	P值	检验结果	备注
假设9	地方政府对网络关系的形成与发展有积极影响	0.414	不支持	有间接影响
假设10	地方政府对集群绩效产生发挥了积极促进影响	0.168	不支持	有间接影响
假设11	民族事务部门对非官方组织有积极影响	删除	不支持	
假设11a	民族事务部门对龙头企业有积极影响	删除	不支持	
假设11b	民族事务部门对行业协会有积极影响	删除	不支持	
假设11c	民族事务部门对辅助部门有积极影响	删除	不支持	
假设12	民族事务部门对环境建设过程有积极影响	删除	不支持	
假设12a	民族事务部门对软环境要素有积极影响	删除	不支持	
假设12b	民族事务部门对硬环境要素有积极影响	删除	不支持	
假设13	民族事务部门对网络关系的形成与发展有积极影响	删除	不支持	
假设14	民族事务部门对集群绩效产生发挥了积极促进影响	删除	不支持	
假设15	龙头企业对环境建设过程有积极影响	—	支持	
假设15a	龙头企业对软环境建设过程有积极影响	0.008	半支持	影响科层文化
假设15b	龙头企业对硬环境建设过程有积极影响	0.064	支持	0.10水平下
假设16	龙头企业对网络关系的形成与发展有积极影响	0.199	不支持	有间接影响
假设17	龙头企业对集群绩效产生发挥了积极促进影响	0.042	不支持	负向作用
假设18	行业协会对环境建设过程有积极影响	—	半支持	
假设18a	行业协会对软环境建设过程有积极影响	0.255	不支持	
假设18b	行业协会对硬环境建设过程有积极影响	0.020	支持	
假设19	行业协会对网络关系的形成与发展有积极影响	0.044	支持	
假设20	行业协会对集群绩效产生发挥了积极促进影响	0.513	不支持	有间接影响

续表

假设	内容	P值	检验结果	备注
假设21	行业协会对龙头企业产生发挥了积极促进影响	***	支持	
假设22	辅助部门对龙头企业有积极影响	删除	不支持	
假设23	辅助部门对环境建设过程有积极影响	删除	不支持	
假设23a	辅助部门对软环境建设过程有积极影响	删除	不支持	
假设23b	辅助部门对硬环境建设过程有积极影响	删除	不支持	
假设24	辅助部门对网络关系的形成与发展有积极影响	删除	不支持	
假设25	辅助部门对集群绩效产生有积极影响	删除	不支持	
假设26	软环境建设可以积极促进硬环境建设步伐	***	支持	
假设27	硬环境建设又反过来积极推动软环境升级	非正定	不支持	
假设28	软环境建设对集群网络关系的形成与发展有积极影响	0.049	半支持	影响网络强度
假设29	软环境建设对集群绩效有积极影响	0.032	支持	
假设30	硬环境建设对集群网络关系的形成与发展有积极影响	***	支持	
假设31	硬环境建设对集群绩效有积极影响	0.197	不支持	有间接影响
假设32	集群网络关系对集群绩效有积极影响	0.003	支持	

资料来源:笔者根据数据检验结果整理得到。

四、甘肃模型优化与假设检验

(一)甘肃模型优化

经三次优化,剔除了与其他因素影响都不显著的x4(辅助机构),删除了y6、y8、y10、y11、y15、y16、y17以及硬环境对软环境的作用,最终获得图5-5所示的优化后的模型。从检验结果来看基本符合要求,模型有较好的适配性。各变量标准化回归系数(路径系数)及其显著性检验见表5-11。

第五章 我国西部地区牛羊特色食品产业集群内部作用机理分析

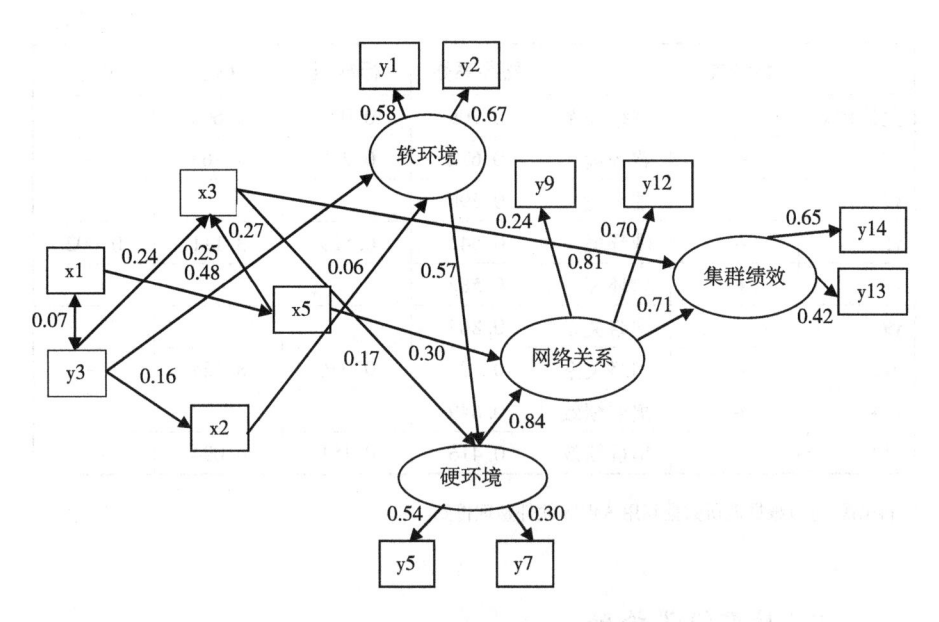

CHIN_SQUARE=59.748;P_VALUE=0.341
AGFI=0.928;RMSEA=0.019
DF=56;CFI=0.989;NFI=0.858;RFI=0.802;IFI=0.990;TLI=0.985;PNFI=0.616;PGFI=0.588

图 5-5　优化后的甘肃牛羊特色食品产业集群内部作用机理模型

资料来源：笔者根据 AMOS 软件模拟结果得出。

表 5-11　甘肃模型路径系数及显著性检验一览表

路径关系			路径系数	标准误	t 值	P 值
x2	←	y3	0.156	0.035	2.151	0.031
x5	←	x1	0.249	0.061	3.504	—
软环境	←	y3	0.480	0.073	4.479	—
x3	←	y3	0.236	0.025	3.454	—
x3	←	x5	0.267	0.065	3.907	—
软环境	←	x2	0.062	0.120	0.717	0.047
硬环境	←	x3	0.167	0.060	1.692	0.041
硬环境	←	软环境	0.573	0.070	2.649	0.008
网络关系	←	硬环境	0.844	1.693	3.022	0.003
网络关系	←	x5	0.303	0.250	4.233	—
集群绩效	←	x3	0.244	0.066	2.534	0.011

续表

路径关系			路径系数	标准误	t值	P值
集群绩效	←	网络关系	0.709	0.023	5.603	—
y2	←	软环境	0.672	0.225	4.763	
y7	←	硬环境	0.296			
y5	←	硬环境	0.541	0.529	3.111	0.002
y1	←	软环境	0.582			
y9	←	网络关系	0.807			
y12	←	网络关系	0.701	0.076	8.124	—
y14	←	集群绩效	0.649			
y13	←	集群绩效	0.416	0.151	4.094	—

资料来源：笔者根据调研数据利用 AMOS 软件整理得到。

（二）甘肃假设检验

通过检验甘肃模型中共计 13 条建设获得支持，具体见表 5-12。

表 5-12　甘肃牛羊特色食品产业集群内部作用关系假设检验结果一览表

假设	内容	P值	检验结果	备注
假设 1	地域根植性对官方治理主体的治理行为有积极影响	—	半支持	
假设 1a	地域根植性对地方政府的治理行为有积极影响	0.031	支持	
假设 1b	地域根植性对民族事务部门的治理行为有积极影响	—	相关关系	相关系数 0.07
假设 2	地域根植性对非官方治理主体的治理行为有积极影响	—	半支持	
假设 2a	地域根植性对龙头企业的治理行为有积极影响	—	支持	
假设 2b	地域根植性对行业协会的治理行为有积极影响	0.177	不支持	
假设 2c	地域根植性对辅助部门的治理行为有积极影响	删除	不支持	

续表

假设	内容	P值	检验结果	备注
假设3	地域根植性对环境建设方面有积极影响	—	半支持	
假设3a	地域根植性对软环境建设方面有积极影响	—	支持	
假设3b	地域根植性对硬环境建设方面有积极影响	0.397	不支持	
假设4	地域根植性对网络关系的形成与发展有积极推动作用	0.223	不支持	有间接影响
假设5	地域根植性对集群绩效发挥了积极促进作用	0.199	不支持	通过x_3对集群绩效有间接影响
假设6	地方政府对民族事务部门有积极指导作用	0.297	不支持	
假设7	地方政府对非官方组织有积极指导作用	—	不支持	
假设7a	地方政府对龙头企业有积极指导作用	0.374	不支持	
假设7b	地方政府对行业协会有积极指导作用	0.651	不支持	
假设7c	地方政府对辅助部门有积极指导作用	删除	不支持	
假设8	地方政府对环境建设过程有积极影响	—	半支持	
假设8a	地方政府对软环境建设过程有积极影响	0.047	支持	
假设8b	地方政府对硬环境建设过程有积极影响	0.455	不支持	有间接影响
假设9	地方政府对网络关系的形成与发展有积极影响	0.289	不支持	有间接影响
假设10	地方政府对集群绩效产生发挥了积极促进影响	0.27	不支持	有间接影响
假设11	民族事务部门对非官方组织有积极影响	—	半支持	
假设11a	民族事务部门对龙头企业有积极影响	0.411	不支持	
假设11b	民族事务部门对行业协会有积极影响	—	支持	
假设11c	民族事务部门对辅助部门有积极影响	删除	不支持	
假设12	民族事务部门对环境建设过程有积极影响	—	不支持	
假设12a	民族事务部门对软环境要素有积极影响	0.861	不支持	
假设12b	民族事务部门对硬环境要素有积极影响	0.732	不支持	
假设13	民族事务部门对网络关系的形成与发展有积极影响	0.177	不支持	有间接影响
假设14	民族事务部门对集群绩效产生发挥了积极促进影响	0.216	不支持	有间接影响
假设15	龙头企业对环境建设过程有积极影响	—	半支持	
假设15a	龙头企业对软环境建设过程有积极影响	0.338	不支持	

续表

假设	内容	P值	检验结果	备注
假设15b	龙头企业对硬环境建设过程有积极影响	0.041	支持	
假设16	龙头企业对网络关系的形成与发展有积极影响	0.201	不支持	有间接影响
假设17	龙头企业对集群绩效产生发挥了积极促进影响	0.011	支持	
假设18	行业协会对环境建设过程有积极影响	—	不支持	
假设18a	行业协会对软环境建设过程有积极影响	0.295	不支持	
假设18b	行业协会对硬环境建设过程有积极影响	0.320	不支持	有间接影响
假设19	行业协会对网络关系的形成与发展有积极影响	—	支持	
假设20	行业协会对集群绩效产生发挥了积极促进影响	0.236	不支持	有间接影响
假设21	行业协会对龙头企业产生发挥了积极促进影响	***	支持	
假设22	辅助部门对龙头企业有积极影响	删除	不支持	
假设23	辅助部门对环境建设过程有积极影响	删除	不支持	
假设23a	辅助部门对软环境建设过程有积极影响	删除	不支持	
假设23b	辅助部门对硬环境建设过程有积极影响	删除	不支持	
假设24	辅助部门对网络关系的形成与发展有积极影响	删除	不支持	
假设25	辅助部门对集群绩效产生有积极影响	删除	不支持	
假设26	软环境建设可以积极促进硬环境建设步伐	0.008	支持	
假设27	硬环境建设又反过来积极推动软环境升级	非正定	不支持	
假设28	软环境建设对集群网络关系的形成与发展有积极影响	0.138	不支持	有间接影响
假设29	软环境建设对集群绩效有积极影响	0.192	不支持	有间接影响
假设30	硬环境建设对集群网络关系的形成与发展有积极影响	0.003	支持	
假设31	硬环境建设对集群绩效有积极影响	0.171	不支持	有间接影响
假设32	集群网络关系对集群绩效有积极影响	—	支持	

资料来源:笔者根据数据检验结果整理得到。

第五章 我国西部地区牛羊特色食品产业集群内部作用机理分析

第四节 典型省份内部作用机理形成路径分析

内部作用机理,即系统中影响因素间的作用关系,反映在各变量之间的影响效果。影响效果实际上就是变量间的路径系数,反映了自变量对因变量的作用程度。影响效果包括三方面:直接影响效果、间接影响效果和总体影响效果。间接影响效果指变量间通过其他变量影响的作用效果,从数值上看等于变量间路径系数的乘积。总体影响效果等于直接影响效果与间接影响效果之和。通过对我国西部地区典型省份牛羊特色食品产业集群内部作用机理模型的优化与模拟,得到了四地各变量之间的标准化直接影响效果、间接影响效果和总体影响效果,具体数据见表5-13至表5-24。通过对四个典型省份牛羊特色食品产业集群内部作用关系的横向比较分析,试图找到其发展的共性路径和异质性路径,从而从微观视角揭示其发展本质,并为有的放矢地提出对其进行一般性和异质性治理的思路做好铺垫。

表 5-13 新疆标准化直接影响效果

因素	x2	y3	x1	x5	软环境	硬环境	网络关系
x1	0.171	0.241	0.000	0.000	0.000	0.000	0.000
x5	0.181	0.000	0.150	0.000	0.000	0.000	0.000
软环境	0.000	0.257	0.136	0.117	0.000	0.000	0.000
硬环境	0.000	0.170	0.000	0.198	0.279	0.000	0.000
网络关系	0.000	0.000	0.000	0.166	0.177	0.827	0.000
集群绩效	0.000	0.000	0.000	0.000	0.000	0.000	0.479

注:E_{ij}代表j对i的影响效果值,即"列向"变量对"横向"变量的影响效果值,下同。
资料来源:笔者根据AMOS软件运行结果整理得到。

表 5-14　新疆标准化间接影响效果

因素	x2	y3	x1	x5	软环境	硬环境	网络关系
x1	0.000	0.000	0.000	0.000	0.000	0.000	0.000
x5	0.026	0.036	0.000	0.000	0.000	0.000	0.000
软环境	0.049	0.037	0.017	0.000	0.000	0.000	0.000
硬环境	0.054	0.089	0.072	0.033	0.000	0.000	0.000
网络关系	0.058	0.272	0.111	0.211	0.231	0.000	0.000
集群绩效	0.028	0.131	0.053	0.181	0.195	0.396	0.000

资料来源:笔者根据 AMOS 软件运行结果整理得到。

表 5-15　新疆标准化总体影响效果

因素	x2	y3	x1	x5	软环境	硬环境	网络关系
x1	0.171	0.241	0.000	0.000	0.000	0.000	0.000
x5	0.207	0.036	0.150	0.000	0.000	0.000	0.000
软环境	0.049	0.294	0.153	0.117	0.000	0.000	0.000
硬环境	0.054	0.259	0.072	0.231	0.279	0.000	0.000
网络关系	0.058	0.272	0.111	0.377	0.408	0.826	0.000
集群绩效	0.028	0.131	0.053	0.181	0.195	0.396	0.479

资料来源:笔者根据 AMOS 软件运行结果整理得到。

表 5-16　宁夏标准化直接影响效果

因素	y3	x2	x1	x5	x3	软环境	硬环境	网络关系
x2	0.411	0.000	0.000	0.000	0.000	0.000	0.000	0.000
x1	0.255	0.232	0.000	0.000	0.000	0.000	0.000	0.000
x5	0.000	0.000	0.183	0.000	0.000	0.000	0.000	0.000
x3	0.226	0.264	0.000	0.212	0.000	0.000	0.000	0.000
软环境	0.186	0.453	0.000	0.000	0.000	0.000	0.000	0.000
硬环境	0.257	0.000	0.000	0.186	0.146	0.247	0.000	0.000
网络关系	0.000	0.000	0.000	0.157	0.000	0.162	0.715	0.000
集群绩效	0.000	0.000	0.000	0.000	0.162	0.000	0.000	0.701

资料来源:笔者根据 AMOS 软件运行结果整理得到。

表 5-17 宁夏标准化间接影响效果

因素	y3	x2	x1	x5	x3	软环境	硬环境	网络关系
x2	0.000	0.000	0.000	0.000	0.000	0.000	0.000	0.000
x1	0.095	0.000	0.000	0.000	0.000	0.000	0.000	0.000
x5	0.064	0.042	0.000	0.000	0.000	0.000	0.000	0.000
x3	0.122	0.009	0.039	0.000	0.000	0.000	0.000	0.000
软环境	0.186	0.000	0.000	0.000	0.000	0.000	0.000	0.000
硬环境	0.155	0.160	0.040	0.031	0.000	0.000	0.000	0.000
网络关系	0.365	0.195	0.057	0.155	0.105	0.177	0.000	0.000
集群绩效	0.312	0.181	0.046	0.254	0.073	0.238	0.502	0.000

资料来源:笔者根据 AMOS 软件运行结果整理得到。

表 5-18 宁夏标准化总体影响效果

因素	y3	x2	x1	x5	x3	软环境	硬环境	网络关系
x2	0.411	0.000	0.000	0.000	0.000	0.000	0.000	0.000
x1	0.350	0.232	0.000	0.000	0.000	0.000	0.000	0.000
x5	0.064	0.042	0.183	0.000	0.000	0.000	0.000	0.000
x3	0.348	0.273	0.039	0.212	0.000	0.000	0.000	0.000
软环境	0.372	0.453	0.000	0.000	0.000	0.000	0.000	0.000
硬环境	0.412	0.160	0.040	0.217	0.146	0.247	0.000	0.000
网络关系	0.365	0.195	0.057	0.313	0.105	0.339	0.715	0.000
集群绩效	0.312	0.181	0.046	0.254	0.235	0.238	0.502	0.701

资料来源:笔者根据 AMOS 软件运行结果整理得到。

表 5-19 青海标准化直接影响效果

因素	x2	y3	x5	软环境	x3	硬环境	网络关系
x5	0.138	0.000	0.000	0.000	0.000	0.000	0.000
软环境	0.295	0.000	0.000	0.000	0.000	0.000	0.000
x3	0.000	0.150	0.239	0.000	0.000	0.000	0.000
硬环境	0.000	0.135	0.194	0.399	0.131	0.000	0.000
网络关系	0.000	0.000	0.143	0.000	0.000	0.858	0.000
集群绩效	0.000	0.000	0.000	0.429	−0.292	0.000	0.734

资料来源:笔者根据 AMOS 软件运行结果整理得到。

表 5-20 青海标准化间接影响效果

因素	x2	y3	x5	软环境	x3	硬环境	网络关系
x5	0.000	0.000	0.000	0.000	0.000	0.000	0.000
软环境	0.000	0.000	0.000	0.000	0.000	0.000	0.000
x3	0.033	0.000	0.000	0.000	0.000	0.000	0.000
硬环境	0.149	0.020	0.031	0.000	0.000	0.000	0.000
网络关系	0.148	0.132	0.193	0.343	0.113	0.000	0.000
集群绩效	0.225	0.053	0.177	0.251	0.083	0.629	0.000

资料来源:笔者根据 AMOS 软件运行结果整理得到。

表 5-21 青海标准化总体影响效果

因素	x2	y3	x5	软环境	x3	硬环境	网络关系
x5	0.138	0.000	0.000	0.000	0.000	0.000	0.000
软环境	0.295	0.000	0.000	0.000	0.000	0.000	0.000
x3	0.033	0.150	0.239	0.000	0.000	0.000	0.000
硬环境	0.149	0.155	0.225	0.399	0.131	0.000	0.000
网络关系	0.148	0.132	0.336	0.343	0.113	0.858	0.000
集群绩效	0.225	0.053	0.177	0.680	-0.209	0.629	0.734

资料来源:笔者根据 AMOS 软件运行结果整理得到。

表 5-22 甘肃标准化直接影响效果

因素	x1	y3	x5	x2	x3	软环境	硬环境	网络关系
x5	0.249	0.000	0.000	0.000	0.000	0.000	0.000	0.000
x2	0.000	0.156	0.000	0.000	0.000	0.000	0.000	0.000
x3	0.000	0.236	0.267	0.000	0.000	0.000	0.000	0.000
软环境	0.000	0.480	0.000	0.062	0.000	0.000	0.000	0.000
硬环境	0.000	0.000	0.000	0.000	0.167	0.573	0.000	0.000
网络关系	0.000	0.000	0.303	0.000	0.000	0.000	0.844	0.000
集群绩效	0.000	0.000	0.000	0.000	0.244	0.000	0.000	0.709

资料来源:笔者根据 AMOS 软件运行结果整理得到。

表 5-23　甘肃标准化间接影响效果

因素	x1	y3	x5	x2	x3	软环境	硬环境	网络关系
x5	0.000	0.000	0.000	0.000	0.000	0.000	0.000	0.000
x2	0.000	0.000	0.000	0.000	0.000	0.000	0.000	0.000
x3	0.067	0.000	0.000	0.000	0.000	0.000	0.000	0.000
软环境	0.000	0.010	0.000	0.000	0.000	0.000	0.000	0.000
硬环境	0.011	0.320	0.045	0.035	0.000	0.000	0.000	0.000
网络关系	0.085	0.270	0.038	0.030	0.141	0.483	0.000	0.000
集群绩效	0.076	0.249	0.307	0.021	0.100	0.343	0.598	0.000

资料来源:笔者根据 AMOS 软件运行结果整理得到。

表 5-24　甘肃标准化总体影响效果

因素	x1	y3	x5	x2	x3	软环境	硬环境	网络关系
x5	0.249	0.000	0.000	0.000	0.000	0.000	0.000	0.000
x2	0.000	0.156	0.000	0.000	0.000	0.000	0.000	0.000
x3	0.067	0.236	0.267	0.000	0.000	0.000	0.000	0.000
软环境	0.000	0.490	0.000	0.062	0.000	0.000	0.000	0.000
硬环境	0.011	0.320	0.045	0.035	0.167	0.573	0.000	0.000
网络关系	0.085	0.270	0.341	0.030	0.141	0.483	0.844	0.000
集群绩效	0.076	0.249	0.307	0.021	0.344	0.343	0.598	0.709

资料来源:笔者根据 AMOS 软件运行结果整理得到。

一、地域根植性因素与其他变量之间的影响关系比较分析

(一)地域根植性对政府相关管理部门影响的比较分析

新疆和青海两地的地域根植性(y3)与地方政府相关管理部门(x2)之间不存在因果关系,存在相关关系,相关系数分别为0.09 和 0.07。从数据可知:两个因素之间的相关性并不强,即两地的地域根植性与政府相关管理部门之间几乎处于独立存在状态。说明在新疆和青海,地域根植性的形成更多地体现着古老的

多民族的饮食文化的交互影响,与地方行政体系之间各自独立演进、相互尊重;宁夏和甘肃两地的地域根植性(y3)与地方政府相关管理部门(x2)之间有显著因果关系,前者对后者的直接影响效果分别为0.411和0.156(都显著通过),无间接影响效果。该项数据反映了宁夏、甘肃两地的地方政府在制定牛羊特色食品产业政策以及各项扶持措施时,基于地域根植性因素的综合考虑将会分别占比41.1%和15.6%。通过比较不难发现:宁夏地方相关管理部门在进行牛羊特色食品产业决策时受地域根植性因素的影响最强,甘肃次之;而新疆和青海则更看重牛羊特色食品的一般属性。

(二)地域根植性对民族事务部门影响的比较分析

新疆和宁夏两地的地域根植性(y3)与民族事务部门(x1)之间存在因果关系。对新疆而言,前者对后者的直接影响效果为0.242,通过假设检验,间接影响效果为0,总体影响效果为0.242,说明在治理行为中,新疆民族事务部门将受地域根植性的直接影响为24.2%;对宁夏而言,前者对后者的直接影响效果为0.255,通过假设检验,同时有间接影响效果(y3—x2—x1)0.095,总体影响效果为0.350,说明在治理行为中,宁夏民族事务部门将受地域根植性的直接影响为25%,同时通过政府的传导作用对民族事务部门有9.5%的间接影响;从数据来看,青海省民族事务部门与其他因素间的影响关系都不显著,说明其嵌入集群的功能作用有待提高;甘肃省地域根植性与民族事务部门之间无因果关系,有相关关系,相关系数为0.07,说明二者之间几乎处于相对独立的状态,二者之间的影响相对较小。因此,从数据比较来看:宁夏地域根植性对民族事务部门的决策的影响最大,新疆次之,青海不显著,甘

第五章 我国西部地区牛羊特色食品产业集群内部作用机理分析

肃几乎无影响。

(三)地域根植性对行业协会影响的比较分析

新疆和宁夏通过民族事务部门(x1)的传导,地域根植性(y3)对行业协会(x5)有间接影响效果,效果值分别为0.036和0.064;青海和甘肃两省份既无直接影响效果又无间接影响效果。说明我国西部地区牛羊特色食品产业集群的行业协会治理过程中更多地倾向于市场、产业等商业行为,对地域文化、饮食习俗等都墨守成规,行业协会在集体行为过程中对根植性因素考虑得较少,因此直接影响效果不显著。但新疆和宁夏通过充分发挥民族事务部门的协调作用,其对行业协会决策最终依然有一定间接影响。通过数据比较不难发现:宁夏地域根植性因素对行业协会决策影响最大,新疆次之,而青海和甘肃不显著。

(四)地域根植性对龙头企业影响的比较分析

新疆地区龙头企业与其他各因素间的影响关系都不显著,因此被剔除在模型参数外;宁夏、青海和甘肃三地的地域根植性(y3)对龙头企业(x3)都有直接影响效果,效果值分别为0.226、0.150和0.236;同时宁夏地域根植性(y3)对龙头企业(x3)还有间接影响效果(y3—x2—x3;y3—x1—x5—x3)为0.122,从而使其总体影响效果为0.348。说明在我国西部地区典型省份牛羊特色食品产业集群治理过程中,新疆龙头企业的作用尚未发挥,其发展缺乏根据地域根植性特点所形成的特色定位;而宁夏龙头企业行为受饮食文化等地域根植性影响高达34.8%,其中有12.2%来自政府、民族事务部门和行业协会的传导作用,也充分反映了宁夏政府相关部门、民族事务部门以及行业协会在培植龙头企业方面的贡献。从数据横向比较来看:宁夏地域根植性对龙头企业的影响最大,甘肃次之,青海第三,新疆不显著。

(五)地域根植性对软环境影响的比较分析

新疆、宁夏和甘肃三地的地域根植性($y3$)都对"软环境要素"有直接和间接影响效果,直接影响效果值分别为 0.257、0.186 和 0.480,间接影响效果值分别为 0.037($y3$—$x1$—软环境要素;$y3$—$x1$—$x5$—软环境要素)、0.186($y3$—$x2$—软环境要素)和 0.010,总体影响效果分别为 0.294、0.372 和 0.490。说明上述三地在牛羊特色食品产业集群发展过程中企业家精神、学习能力、创新能力的形成以及牛羊特色食品的认证、监管等产业行为都受地域根植性的直接或间接影响。而青海地域根植性对其软环境建设影响不显著,主要是因为根植性因素对其各种产业制度的形成未发挥积极促进作用,从而在一定程度上限制了该产业集群软环境的优化与提升,需要地方政府结合地域根植性影响,充分分析其牛羊特色食品产业发展环境,积极、合理制定有效的产业制度或政策,优化营商环境。从数据比较来看:甘肃地域根植性对软环境建设的积极影响最大,宁夏次之,新疆第三,青海不显著。

(六)地域根植性对硬环境影响的比较分析

新疆、宁夏和青海三地的地域根植性($y3$)对"硬环境要素"都有直接和间接影响,直接影响效果值分别为 0.170、0.257 和 0.135,间接影响效果分别为 0.089($y3$—$x1$—$x5$—硬环境;$y3$—$x1$—软环境—硬环境;$y3$—软环境—硬环境)、0.155($y3$—$x3$—硬环境;y3—软环境—硬环境;y3—x1—x5—硬环境)和0.020(y3—x3—硬环境),总体影响效果值分别为0.259、0.412和0.155。新疆地域根植性在作用于其硬环境建设过程中,主要表现在对其劳动力、货币和信息资源的影响;宁夏主要表现在对其劳动力和货币资源的影响;青海主要表现在对其货币和信息资源的影响;甘肃地域根植性(y3)对"硬环境要素"的影响只有间接影响,效果值为0.320(y3—x3—硬环境;y3—软环境—硬环境)。从传导路径来看,四地的根植性因素主要通过对龙头企业或软环境的影响作用于其硬环境建设。从数据比较分析来看:宁夏地域根植性对硬环境建设的积极影响最大,甘肃次之,新疆第三,青海较弱。

(七)地域根植性对集群网络关系影响的比较分析

新疆、宁夏、青海、甘肃四地的地域根植性(y3)对"集群网络关系"的直接影响都不显著,假设未通过,但通过龙头企业或民族事务部门或行业协会或软环境或硬环境的传导作用都有间接影响关系,效果值分别为0.272、0.365、0.132和0.270。说明地域根植性因素虽然不直接作用于"集群网络关系",但通过多因素的传导对集群网络关系的形成与发展有推动作用。在地域根植性影响集群网络关系过程中,新疆、宁夏和甘肃主要表现在影响集群网络连接密度和创新性方面,而青海主要表现在影响集群网络连接强度和创新性方面。从数据比较分析来看:宁夏地域根植性对集群网络关系有更强的作用,新疆和甘肃次之,青海相对较弱。

(八)地域根植性对集群综合绩效的影响

新疆、宁夏、青海、甘肃四地的地域根植性(y3)对"集群综合绩效"的直接影响都不显著,假设未通过,但通过多因素的间接传导,都有间接影响效果,效果值分别为 0.131、0.312、0.053 和 0.249,这也充分说明了"地域根植性"因素作为异质性因素对西部地区典型省份牛羊特色食品产业集群发展有重要间接影响作用。新疆主要表现在对其产品利润、市场份额和品牌知名度三方面的影响,宁夏主要表现在对其产品利润和品牌知名度两方面的影响,青海主要表现在对其产品利润、品牌知名度和节能减排三方面的影响,甘肃主要表现在对其产品利润和市场份额两方面的影响。从数据比较分析来看:宁夏地域根植性对集群绩效有更强的作用,甘肃次之,新疆第三,青海相对较弱。

总之,从上述西部地区四个典型省份的作用机理模型图来看:地域根植性因素,作为发起性因素,基本贯穿于我国西部地区牛羊特色食品产业集群发展的整个过程,其嵌入与串联作用非常明显。

二、地方政府相关管理部门与其他变量之间的影响关系比较分析

(一)政府相关管理部门对民族事务部门影响的比较研究

新疆和宁夏的相关管理部门(x2)对民族事务部门(x1)有直接影响效果,效果值分别为 0.171 和 0.232,但无间接影响效果;甘肃和青海的相关管理部门与民族事务部门之间的影响关系不显著。从数据的比较分析来看:新疆和宁夏政府管理部门参与指导民族事务部门决策或监管嵌入行为程度较高,尤以宁夏为代表;而青海和甘肃上述两个因素之间相对缺乏协调机制或沟通机制。

(二)政府相关管理部门对行业协会影响的比较研究

新疆的相关管理部门(x2)对行业协会(x5)既有直接影响(0.181),又通过民族事务部门的传导有一定的间接影响(0.026,x2—x1—x5),总体影响效果为0.207,说明新疆的相关管理部门、民族事务部门和行业协会之间构建了较好的工作机制;宁夏前者对后者只有间接影响关系,民族事务部门的传导作用凸显,有间接影响效果0.042(x2—x1—x5),说明宁夏的政府分工较为明确;青海前者对后者只有直接影响关系(0.138),说明青海行业协会主要还是受政府相关管理部门的影响,民族事务部门的中介效应不显著;甘肃前者与后者之间无直接或间接影响关系。学者们一般认为政府对行业协会有积极的指导作用,但甘肃模型结果却不显著。从数据的比较分析来看:宁夏对行业协会的影响效果最大,且主要是发挥民族事务部门的中介效应,新疆次之,青海第三,甘肃不显著。

(三)政府相关管理部门对龙头企业影响的比较研究

新疆、宁夏、青海、甘肃四地只有宁夏的相关管理部门(x2)对龙头企业(x3)既有直接影响效果(0.264),又有间接影响效果0.009(x2—x1—x5—x3),总体影响效果为0.273,说明宁夏政府管理部门主要是直接参与对集群龙头企业的人才、土地及税收补贴等;青海前者对后者通过行业协会的传导只有间接影响关系(0.033,x2—x5—x3);而新疆和甘肃二者间影响不显著,既没有直接影响,也没有间接影响。从理论上来说,政府管理部门应积极培育集群龙头企业,充分发挥其辐射带动作用,因此政府对集群龙头企业的影响应该是很大的,而数据显示,即使影响较大的宁夏,影响效果也不是很强。

(四)政府相关管理部门对软环境的影响的比较研究

宁夏、青海和甘肃三地政府的相关管理部门(x2)对软环境要素都有直接影响关系,影响效果值分别为 0.453、0.295 和 0.062,但均无间接影响,说明这三个典型省份的地方政府都比较注重产业制度和产业集群内部企业科层文化的建设,都在为牛羊特色食品产业集群良性发展打造良好的营商软环境,但甘肃的直接重视程度相对较弱;而新疆前者对后者无直接影响关系,但通过民族事务部门的传导有一定的间接影响(0.049,x2—x1—软环境),说明新疆的相关管理部门在直接参与制定牛羊特色食品产业制度、政策以及关注集群内部企业科层文化建设方面的力度还不够。从数据比较研究来看:宁夏地方政府相关管理部门对软环境的建设相对最重视,青海次之,甘肃和新疆相对较弱。

(五)政府相关管理部门对硬环境影响的比较分析

新疆、宁夏、青海、甘肃四个典型省份政府相关管理部门(x2)对硬环境建设要素都没有直接影响关系,但通过民族事务部门、行业协会、龙头企业、软环境的传导作用,都有一定的间接影响,效果值分别为 0.054(x2—x1—x5—硬环境;x2—x1—软环境—硬环境;x2—x5—硬环境)、0.160(x2—软环境—硬环境;x2—x1—x5—硬环境;x2—x3—硬环境)、0.149(x2—软环境—硬环境;x2—x5—硬环境)和 0.035(x2—软环境—硬环境)。硬环境要素包括集群人力资源、技术资源、货币资源、信息资源和自然资源等,是集群发展的基础环境。从各地模型来看,政府相关管理部门对牛羊特色食品产业集群的硬环境建设的直接投入力度还不够,间接投入力度也尚显不足。政府应做好服务功能,如鼓励、创新金融扶持牛羊特色食品产业发展的机制和政策,加大公路、铁路、机场等基础交通设施建设,积极引进专业人才等,从这些方面来看,四地都还尚处于初级阶段,急需创新和提高。从数据的比较分析来看:宁夏和青海相对较强;新疆和甘肃相对较弱。

(六)政府相关管理部门对网络关系影响的比较分析

新疆、宁夏、青海、甘肃四个典型省份政府相关管理部门($x2$)对网络关系都无直接影响,但都有间接影响效果,效果值分别为0.058($x2—x1—$软环境—网络关系;$x2—x1—x5—$网络关系;$x2—x1—x5—$软环境—网络关系;$x2—x1—x5—$硬环境—网络关系)、0.195($x2—1—x5—$网络关系;$x2—$软环境—网络关系)、0.148($x2—x5—$网络关系;$x2—x5—$硬环境—网络关系)和0.030($x2—$软环境—网络关系)。说明虽然政府对牛羊特色食品企业的集聚、竞争与合作等网络关系的建立与发展不起直接作用,但通过软环境、行业协会等的传导作用,一直扮演着间接推动集群网络不断创新发展的角色。其中,新疆行业协会的传导作用最突出。从数据的比较分析来看:四地政府相关管理部门对集群网络关系的形成与发展的促进作用都不强,其中宁夏相对较强,青海次之,新疆和甘肃相对较弱。

(七)政府相关管理部门对集群综合绩效影响的比较研究

新疆、宁夏、青海、甘肃四个典型省份政府相关管理部门($x2$)对集群综合绩效也都无直接影响,但通过行业协会、民族事务部门、龙头企业、软环境、硬环境等因素的传导作用,都有间接影响效果分别为 0.028、0.181、0.225 和 0.021。从数据的比较分析来看:青海的相关管理部门对集群绩效影响相对较强,宁夏次之,新疆和甘肃都相对较弱。这也与实际调研相符,青海和宁夏为了推介本土牛羊特色食品,都举办了国际性贸易促进会,积极发挥了行业协会功能,优化了本土软硬环境,通过贸易带动,促进其牛羊特色食品产业集群网络关系良性发展,并最终作用于其集群绩效的提升。但从对绩效的影响程度看,四地还都处于较弱水平,需要政府相关管理部门更加作为。

三、民族事务部门与其他变量之间影响关系的比较分析

(一)民族事务部门对行业协会影响的比较分析

新疆、宁夏和甘肃三地的民族事务部门($x1$)对行业协会($x5$)都有直接影响关系,效果值分别为 0.150、0.183 和 0.249,都无间接影响关系,说明民族事务部门在西部地区牛羊特色食品产业集群治理过程中对其行业协会的决策行为起到了指导和监督的作用;青海民族事务部门对其牛羊特色食品行业协会影响不显著,而作为该产业集群重要的异质性监管部门应积极发挥作用,因此青海应积极发挥其民族事务部门在嵌入集群过程中的作用。从数据比较分析来看:甘肃民族事务部门对行业协会的影响有相对优势,宁夏次之,新疆第三,青海不显著。

(二)民族事务部门对龙头企业影响的比较分析

四地的民族事务部门($x1$)对龙头企业($x3$)的直接影响效果都

不显著,但通过行业协会作用,宁夏和甘肃两地有间接影响关系,效果值分别为 0.039 和 0.067。在对一些牛羊特色食品企业进行二次访谈时发现:他们认为更多的是企业与民族事务部门联系,而民族事务部门可能由于人员限制,并不能履行定期来企业监督指导的职责,更多的是委托行业协会来做,只有在遇到重大联查时才会深入企业,这也说明上一级政府应该构建较为完善的制度来激励和约束民族事务部门,充分发挥其积极性。从数据比较分析来看:甘肃民族事务部门联系企业较紧密,宁夏次之,新疆和青海不显著。

(三)民族事务部门对环境要素影响的比较分析

新疆民族事务部门(x_1)对其软环境要素的直接影响程度为 0.136,间接影响程度为 0.017,总体影响程度为 0.153,通过行业协会的传导对硬环境要素有间接影响,效果值为 0.072,虽然新疆民族事务部门对其硬环境的直接影响不显著,但对硬环境要素中的劳动力要素有 0.153 的正向影响效果;宁夏和甘肃民族事务部门(x_1)对其软环境要素既无直接影响又无间接影响关系,但对硬环境要素在行业协会以及龙头企业的传导下分别有 0.040 和 0.011 的间接影响效果。总体来看,四地的民族事务部门对环境要素的影响都很有限,这说明在其牛羊特色食品产业集群软、硬环境建设过程中,民族事务部门的作用微乎其微,这与其职责定位单一密切相关。

(四)民族事务部门对网络关系和集群综合绩效影响的比较分析

四地的民族事务部门(x_1)对网络关系和集群综合绩效都无

直接影响,但新疆、宁夏和甘肃通过多路径传导对其网络关系和集群综合绩效都有间接影响,对网络关系的效果值分别为0.111、0.057和0.085,对集群综合绩效的效果值分别为0.053、0.046和0.076,从数据上看:四地的民族事务部门嵌入集群网络的效果和对其集群综合绩效的贡献都非常微弱。在与我国西部地区牛羊特色食品企业与民族事务部门人员座谈时发现:企业认为民族事务部门应该加大查处力度;民族事务部门人员也认为自己有相关监管责任,但限于人手短缺、资金不足等问题,不能持续进行该项活动。这也充分说明:民族事务部门应该在牛羊特色食品产业集群治理过程中发挥重要的监督管理作用,但从上述数据来看,作用却很小,这值得去深入研究其背后的原因。

四、行业协会与其他变量之间影响关系的比较分析

(一)行业协会对龙头企业影响的比较分析

宁夏、青海和甘肃三地的行业协会(x5)对龙头企业(x3)都有直接影响,效果值分别为0.212、0.239和0.267,无间接影响效果,说明这三地的行业协会在产业信息、市场交易、行为规范等方面对其龙头企业都有积极的指导作用;而新疆由于龙头企业较少,带动作用不突出,导致行业协会对其指导作用不显著。从数据的比较分析来看:宁夏、青海和甘肃三地的行业协会对龙头企业的影响作用较突出,其中甘肃相对具有优势。

(二)行业协会对环境要素影响的比较分析

新疆行业协会(x5)对软环境要素有直接影响效果(0.117),

无间接影响,对硬环境要素既有直接影响(0.198),又有间接影响(0.033);宁夏行业协会(x5)对软环境要素无任何影响,但对硬环境要素既有直接影响(0.186),又有间接影响(0.031);青海行业协会对软环境要素也无任何影响,对硬环境要素既有直接影响(0.194),又有间接影响(0.031);甘肃和宁夏与青海一样,对其软环境要素无任何影响,但对其硬环境要素有间接影响效果(0.045)。从数据的比较分析来看:只有新疆行业协会对软环境要素起到了积极的作用,其他三地均不显著;新疆、宁夏和青海三地的行业协会对硬环境要素的影响基本持平,而甘肃相对较弱。总体来看,西部地区牛羊特色食品行业协会作为中间组织,在向政府争取人才、资金、技术等硬环境要素时作用更加显著。

(三)行业协会对网络关系和集群综合绩效影响的比较分析

新疆、宁夏、青海、甘肃四地的行业协会($x5$)对其网络关系有直接影响和间接影响,总体影响效果值分别为0.377、0.313、0.336和0.341;四地的行业协会($x5$)对其集群绩效无直接影响,但通过多路径传导都有一定间接影响,效果值分别为0.181、0.254、0.177和0.307。从数据的比较分析来看:在西部地区牛羊特色食品产业集群网络关系的形成与发展以及其集群绩效提升过程中,行业协会的促进作用不可忽视。四地的行业协会对网络关系的影响效果基本是一致的;甘肃行业协会对其集群综合绩效影响相对最高,宁夏次之;新疆和青海相对较弱。

五、龙头企业与其他变量之间影响关系的比较分析

(一)龙头企业对环境要素影响的比较分析

四地的龙头企业(x3)对软环境要素都无任何影响;宁夏、青海和甘肃前者对硬环境要素都有直接影响关系,效果值分别为 0.146、0.131 和 0.167,都无间接影响。从数据的比较分析来看:说明尤其是在企业科层文化建设等软环境要素方面,四地的龙头企业的标杆作用都不明显;除新疆外,其他三地的龙头企业对其硬环境要素的诉求有直接性,且三地的影响效果值基本持平,甘肃略微占据优势。

(二)龙头企业对网络关系和集群综合绩效影响的比较分析

除新疆外,其他三地的龙头企业(x3)对网络关系的直接影响都不显著,假设未通过,但通过多路径传导都有间接影响,效果值分别为 0.105、0.113 和 0.141;除新疆外,其他三地的龙头企业(x3)对集群综合绩效都有直接(效果值分别为 0.162、-0.292 和 0.244)和间接影响关系(效果值分别为 0.073、0.083 和 0.100),三地前者对集群综合绩效的总体影响效果值分别为 0.236、-0.209 和 0.344。龙头企业处于集群网络基本单元中的中心位置,有积极的带动和辐射作用,但从数据来看,四地的龙头企业对集群网络发展的带动效应都还处于较低水平,尤其是青海龙头企业对其集群综合绩效产生了一定的负向作用,究其原因是"马太效应"在起作用①,这就构成了现实的矛盾,从而形成了大中小微

---

① 马太效应,即优势往往产生更多优势,强者越强,弱者越弱。

企业间的博弈,即中小微型企业愿意向龙头企业学习更先进的技术、分享各种资源,而龙头企业分享倾向性不强,过度的保守导致集群僵化。因此,西部地区典型省份更应积极引导牛羊特色食品龙头企业走资源分享的命运共同体之路。

六、环境要素、网络关系与集群绩效之间影响的比较分析

(一)环境要素与网络关系之间影响的比较分析

新疆和宁夏软环境要素对网络关系既有直接影响关系(分别为0.177和0.162),又有间接影响关系(分别为0.231和0.177),两地硬环境要素对其网络关系只有直接影响关系(分别为0.827和0.715);青海和甘肃软环境要素对网络关系都没有直接影响关系,但有一定的间接影响(分别为0.343和0.483),两地硬环境要素对网络关系都无间接影响,但却存在直接影响,直接影响效果值分别为0.858和0.844。从数据的比较分析来看:软环境要素对网络关系的作用甘肃最强,新疆次之,青海和宁夏相对较弱;硬环境要素对网络关系的作用四地都达到了最强,宁夏相对具有劣势。整体上看,环境要素是西部地区牛羊特色食品产业集群网络关系形成与发展的至关重要的因素。

(二)环境要素与集群综合绩效之间影响的比较分析

新疆、宁夏、青海、甘肃四地当中,只有青海软环境建设对其集群综合绩效有直接影响关系(0.429),其他三地都无直接影响,但四地软环境都通过网络关系的传导对集群综合绩效有一定间接影响效果,效果值分别为0.195、0.238、0.251和0.343。四地硬环境

对集群综合绩效直接影响都不显著,但通过网络关系传导都有较强间接影响,效果值分别为 0.396、0.502、0.629 和 0.598。从数据的比较分析来看:青海省软、硬环境要素对集群综合绩效的影响相对最强,甘肃次之,宁夏第三,新疆相对最弱。这也印证了青海和甘肃正处于产业生命周期的发展阶段,软环境要素和硬环境要素的投入对其集群发展有重要支撑,而新疆也处于发展阶段,但其龙头企业发展滞后,软、硬环境要素的中介作用尚未很好发挥;而宁夏已经进入成熟阶段,各因素的传导相对均衡。

(三)网络关系与集群绩效之间影响的比较分析

新疆、宁夏、青海、甘肃四地网络关系对集群绩效只有直接影响,效果值分别为 0.479、0.701、0.734 和 0.709。从数据的比较分析来看:网络关系对其各地集群综合绩效的影响最强,说明西部地区牛羊特色食品产业集群发展的症结点或突破口在于集群网络关系建设,应重点强化集群网络联系密度、强度、稳定性和创新性协调发展。

第五节　异质性与共性治理启示

一、集群内部作用关系的异质性治理启示

通过第四节对西部地区典型省份牛羊特色食品产业集群内部作用机理的微观分析,更容易厘清各地牛羊特色食品产业集群各自发展的现实路径及各因素间的相互作用关系。从上述基于"钻石模型"的四个结构方程模型来看,各地牛羊特色食品产业集群

第五章 我国西部地区牛羊特色食品产业集群内部作用机理分析

发展有一定的异质性,具体分析为:

新疆异质性治理启示:新疆模型中的"龙头企业"因素被剔除在模型之外,其与其他因素间的影响关系都不显著,这是新疆有别于其他三地的最突出的异质性之处。这也充分说明了新疆在发展牛羊特色食品产业过程中,政府对龙头企业的扶植力度不足,导致其发挥作用的空间狭窄。这就需要新疆地方政府与龙头企业共同努力。地方政府应在人才引进、制度政策制定、土地税收优惠、技术奖励等方面给予龙头企业大力支持;而新疆龙头企业应该在引进先进生产技术,创新产品、创新管理模式、创新服务以及争创品牌等方面作出更大努力。

宁夏在发展牛羊特色食品产业集群过程中存在的主要问题,也是其他三地共同存在的问题,将在共性治理启示当中进行深入分析。

青海异质性治理启示:青海模型中"民族事务部门"因素被排除在外,其与其他因素间的影响关系都不显著,从形式上看,这是青海最大的异质性之处;同时,虽然其龙头企业作用显现,政府也投入了一定的扶持力度,但其龙头企业的总体影响却并未起到正向积极作用,充分说明青海龙头牛羊特色食品企业在集群建设过程中思想相对保守,成为集群发展的阻碍因素,从而有别于其他三地,成为另一个异质性之处。因此,青海省在发展牛羊特色食品产业集群过程中,应积极关注两点,即一是进行行政体系改革,充分界定民族事务部门职权,通过任务导向、目标导向以及配合一定的奖惩措施,积极引导其民族事务部门快速嵌入其牛羊特色食品产业集群发展中;二是积极构建或促成牛羊特色食品企业家联合会或行业协会的建立,并支持有担当、有责任、有能力的龙头企业家担任组织主要领导职务,通过思想引导、业务联合等方式,打造集群命运共同体,塑造分享文化,从而发挥龙头企业的积极带动作用。

甘肃异质性治理启示:从甘肃模型中不难看出,虽然地方政府相关部门的作用已经显现,但其对集群综合绩效的总体影响效果无论是在四地当中还是在其内部都是最低的(0.021),且其主要通过软环境要素这一条路径展开,而对其他因素影响不显著,这成为其有别于其他三地的主要异质性之处。这也充分说明甘肃地方政府相关部门缺乏对民族事务部门、龙头企业、行业协会、硬环境要素建设等方面影响。这就要求甘肃地方政府相关部门更要积极发挥民族事务部门协调、监督甚至是执法作用,强化对龙头企业的培植与建设,调动行业协会的积极性,加大对其牛羊特色食品产业集群在基础设施、货币资源、劳动力资源、信息资源以及技术资源等方面的投入力度。

二、集群内部作用关系的共性治理启示

从四地结构方程模型来看:"地域根植性"因素基本贯穿于牛羊特色食品产业集群发展的全过程;四地"辅助部门(机构)"的嵌入作用都不明显;四地对集群综合绩效有重要积极作用的两个因素是"硬环境要素"和"集群网络关系";四地牛羊特色食品产业集群内部都存在资源是否分享这一主要矛盾;四地治理主体间的相互影响作用都较低,说明缺乏很好的治理机制。

(一)积极关注地域根植性因素的嵌入作用

从上述模型中不难看出,区域文化、民族、饮食风俗等地域根

植性因素渗透到了西部地区牛羊特色食品产业集群的各个方面，有积极的嵌入作用。因此，各地地方政府在进行治理行为时，首要考虑的应该是该因素所带来的异质性治理问题，也就是不同于一般产业集群治理的行为，比如发挥民族事务部门作用对牛羊特色食品全过程进行管理、制定区域性食品标准等。

(二) 充分发挥辅助部门的嵌入作用

我国西部地区牛羊特色食品产业集群治理主体主要包括政府、龙头企业、行业协会、民族事务部门以及辅助部门五方面，但调查数据及访谈结果显示辅助部门对整个集群的建设与发展的作用尚未显现，而辅助部门的渗透作用在于提升集群的服务效率，因此西部地区各地方政府应该进一步加强产学研合作，促进大学科研院所、金融机构等对牛羊特色食品产业集群的帮扶力度。

(三) 重视硬环境要素与网络关系建设

在促进西部地区牛羊特色食品产业集群发展（绩效）过程中，"网络关系""硬环境要素"的力量最大。因此，集群各个治理主体应该将战略重点放到：在充分尊重集群异质性因素——地域根植性的重要作用下，通过对人才、资金、技术、信息等硬环境建设的升级，加强集群网络连接密度、强度、稳定性和创新性。

(四) 充分寻找各方博弈均衡

通过对内部作用机理分析以及访谈结果归纳，目前我国西部地区牛羊特色食品产业集群主要存在的突出矛盾是集群龙头企业与中小微型企业间关于资源、信息、知识等交流意愿的博弈。协调矛盾的关键在于找到博弈的均衡点，因此，治理的主要方向是解决主要矛盾。本书将在下一章对此进行深入分析。

（五）建立健全治理机制

治理机制是治理主体间协作运转的基础。政府部门主要与民族事务部门、龙头企业和软环境建设间发生直接联系，因此政府部门应该通过建立激励约束机制来加强与民族事务部门与牛羊特色食品龙头企业间的关系，同时通过倡导新型信用机制以提升软环境的渗透作用；民族事务部门主要与行业协会和龙头企业发生直接联系，因此，民族事务部门根据自身特点，应该强化监督机制的构建；行业协会主要与龙头企业发生直接联系，因此应该由行业协会主导公平、公开、公正的竞争机制，同时，行业协会还应该构建顺畅的沟通机制，以向政府反映集群硬环境建设诉求的同时维护网络关系的发展；龙头企业主要作用于集群绩效，这就需要其倡导公平的分配机制。这也为本书治理机制的有效提出提供了理论依据。

第六章　我国西部地区牛羊特色食品产业集群治理主体博弈行为分析

　　根据上一章结论,目前我国西部地区牛羊特色食品产业集群内部博弈主要集中于"龙头企业与中小微企业之间的资源共享博弈"。本章将以此方面博弈为基础,深入分析它们之间的相互制约关系,并寻求其均衡发展路径,以期为我国西部地区牛羊特色食品产业集群的创新治理提供解决方案。

　　博弈论主要分为两种:完全理性博弈和有限理性博弈。有限理性假设行为主体的行动会受智力、环境等影响,在复杂系统中,一开始并不能选择最佳策略,而是在演化过程中不断成长。这样的理论相对比较贴近现实,也被大多数经济学家认可。因此,本书在研究我国西部地区牛羊特色食品产业集群内部博弈关系时,理论基础主要是有限理性博弈理论。

　　通过查阅资料,本书发现:在有限理性条件下,有缓慢学习速度的非对称演化博弈模型的分析范式主要采取生物学中的"复制动态方程"进行分析;在分析系统稳定均衡时,学者们主要集中于两种方法:图例法和雅克比矩阵法。两种方法有相同的分析结论,差异在于:图例法对一些简单变量关系的分析有较高的清晰度和直观度;而雅克比矩阵法对处理相对复杂变量关系有优势。因此,在分析"龙头企业与小微型食品企业博弈关系"时,由于系统相对复杂,故采取"雅克比矩阵"来分析。

第一节 博弈模型构建

在实际的访谈中发现:我国西部地区牛羊特色食品产业集群基本属于轻工业范畴,没有高新技术产业集群那样的技术含量,集群内牛羊特色食品企业将技术等显性知识资源看作企业发展的核心竞争力。从集群建立到现在已经发展了十余年,但集群内企业间的相互联系,尤其是牛羊特色食品龙头企业的带动和辐射作用没有实质性地发挥,导致整个产业集群内部"产业空气"淡薄,"思维锁定"气氛浓郁,不利于集群网络发展。因此,研究我国西部地区牛羊特色食品产业集群内龙头企业与中小微型企业之间的关系,尤其是双方的博弈关系是很有必要的。

西部地区牛羊特色食品龙头企业在带动中小微型企业发展过程中,不可能毫无保留地共享其核心知识、技术等资源,相比较而言,它们更愿意与中小微型食品企业分享管理、组织战略、文化等隐性知识。为了深入研究西部地区牛羊特色食品产业集群中龙头企业与中小微型企业之间的关系,本节在借鉴陈燕和海泳(2004)[1]、宋宝山和

---

[1] 陈燕和、海泳:《理性不对称博弈——师徒博弈》,《边疆经济与文化》2004年第12期。

周晓东(2007)①以及于娱和施琴芬(2011)②关于"师徒博弈""知识分享博弈"的相关研究成果基础上,结合我国西部地区牛羊特色食品产业集群特点,构建了以下非对称博弈模型。

表6-1 龙头企业与中小微型企业间的"师徒"博弈模型

		小微型企业	
		学习(y)	不学习($1-y$)
龙头企业	带动(x)	($R_2+e+b-C_1, r-e-C_2$)	($R_1+b-C_1, 0$)
	不带动($1-x$)	($R_1, -C_2$)	($R_1, 0$)

资料来源:笔者根据前人研究基础制作。

R_1:集群内牛羊特色食品龙头企业垄断知识、技术等资源时的期望收益($R_1>0$);

R_2:集群内牛羊特色食品龙头企业分享知识、技术等资源时的期望收益($R_2>0$);

e:集群内牛羊特色食品龙头企业带动时获取的来自小微型企业的学习报酬($e\geq0$);

b:政府、行业协会给予知识、技术等资源分享的集群内牛羊特色食品龙头企业的补贴($b\geq0$);

C_1:集群内牛羊特色食品龙头企业因带动周边中小微型企业学习而耗费的成本($C_1>0$);

C_2:集群内中小微型企业由于向龙头企业学习而付出的其他成本($C_2>0$);

---

① 宋宝山、周晓东:《博弈视角下的师徒隐性知识共享分析》,《南华大学学报(社会科学版)》2007年第4期。
② 于娱、施琴芬:《有限理性视角下组织间隐性知识共享博弈研究》,《情报杂志》2011年第11期。

r：集群内中小微型企业由于向龙头企业学习而获取的收益（$r \geqslant 0$）;

同时作出以下假设：(1)集群内龙头牛羊特色食品企业选择"带动"的比例或者是其采取"带动"行为的概率为"x"；则选择"不带动"的比例或者是其采取"不带动"行为的概率为"$1-x$"（$0 \leqslant x \leqslant 1; 0 \leqslant 1-x \leqslant 1$）;(2)集群内中小微型企业"学习"的比例或者是其采取"学习"态度的概率为"y"；则选择"不学习"的比例或者是其采取"不学习"态度的概率为"$1-y$"（$0 \leqslant y \leqslant 1; 0 \leqslant 1-y \leqslant 1$）。

第二节 博弈演化过程分析

集群内牛羊特色食品龙头企业选择"带动""不带动"的期望得益以及其平均期望得益见式(6-1)至式(6-3)。

$$u_{ld} = y(R_2 - R_1 + e) + R_1 + b - C_1 \tag{6-1}$$

$$u_{lb} = R_1 \tag{6-2}$$

$$\bar{u}_l = xy(R_2 - R_1 + e) + xb - xC_1 + R_1 \tag{6-3}$$

牛羊特色食品龙头企业群体的复制动态方程见式(6-4)。

$$F(x) = \frac{dx}{dt} = x(1-x)[y(R_2 - R_1 + e) + b - C_1] \tag{6-4}$$

牛羊特色食品中小微型企业选择"学习""不学习"的期望得益以及其平均期望得益见式(6-5)至式(6-7)。

$$u_{xx} = x(r-e) - C_2 \tag{6-5}$$

$$u_{xb} = 0 \tag{6-6}$$

$$\bar{u}_x = xy(r-e) - yC_2 \tag{6-7}$$

牛羊特色食品中小微型企业群体的复制动态方程见式(6-8)。

$$F(y) = \frac{dy}{dt} = y(1-y)[x(r-e) - C_2] \tag{6-8}$$

上述分析可知在系统内存在以下五种可能的稳定解,具体为:$(0,0),(0,1),(1,0),(1,1),(\frac{C_2}{r-e}, \frac{C_1}{R_2-R_1+e})$

其中(0,0)代表龙头企业不带动,小微企业不学习;(0,1)代表龙头企业不带动,小微企业主动学习;(1,0)代表龙头企业带动,小微企业不学习;(1,1)代表龙头企业带动,小微企业学习;$(\frac{C2}{r-e}, \frac{C1}{R_2-R_1+e})$代表具体情况需要看参数大小决定。

根据式(6-4)与式(6-8)可构建以下雅克比矩阵:

$$\begin{bmatrix} (1-2x)[y(R_2-R_1+e)+(b-C_1)] & x(1-x)(R_2-R_1+e) \\ y(1-y)(r-e) & (1-2y)[x(r-e)-C_2] \end{bmatrix}$$

雅克比矩阵要求:当该矩阵的行列式的值(detR)大于零且矩阵的迹(trR)小于零同时成立时,表示该点为系统的稳定均衡点(ESS)。

一、在 $b - C_1 > 0$ 的情况下

在此条件下,政府与行业协会给予愿意共享知识、技术等资源以带动周边小微型企业发展的牛羊特色食品龙头企业超过其带动成本的补贴或奖励。从表6-2中不难发现:(1)此条件下有两个稳定均衡点,即(1,0)和(1,1);说明只要政府与行业协会给予

足够的补贴,牛羊特色食品龙头企业愿意带动小微型企业发展的意愿会更强烈。(2)在此条件下,只要满足牛羊特色食品龙头企业因带动中小微型企业发展而获取的期望纯收益($R_2 + e + b - C_1$)大于其垄断知识、技术等资源时的期望收益,同时中小微型牛羊特色食品企业也因学习带来的期望纯收益($r - e - C_2$)为正值时,双方经过不断地博弈和演化,最终收敛于"牛羊特色食品龙头企业愿意带动且中小微型企业也愿意学习"的帕累托最优状态,如图6-1所示。(3)在此条件下,无论牛羊特色食品龙头企业带动的期望纯收益是否大于其垄断时的收益,只要中小微型牛羊特色食品企业因学习的期望纯收益为负,最终都会收敛于(1,0)点,只不过两种情况牛羊特色食品龙头企业带动的真实意图有所区别。如果牛羊特色食品龙头企业因带动中小微型企业发展而获取的期望纯收益小于其垄断知识、技术等资源时的期望收益,一旦中小微型牛羊特色食品企业学习成本过大,预期的收益过小,它们都会强烈地倾向于"不学习",而对牛羊特色食品龙头企业来说却经历了"不带动"到"伪装带动"的过程,这也是此情况下产业制度的特殊产物,即牛羊特色食品龙头企业开始因其带动期望纯收益小于垄断收益,它们没有"带动"的动力,群体中会有很多龙头企业选择垄断其各种资源,在经历一段时间后,当其发现中小微型牛羊特色食品企业"不愿意学习"或"学习门槛很高"时(而此时政府与行业协会只要牛羊特色食品龙头企业愿意共享知识、技术等资源,无论共享的程度或学习门槛的高低,都会在政策、资金等方面给予其大力支持),一些理性程度较高的牛羊特色食品龙头企业为了无成本地获取政府与行业协会的补贴与支持,开始限制性地共享部分资源,甚至会有一些牛羊特色食品龙头企业采取所谓的

"伪装带动"行为。因此在集群治理过程中,制度是一把"双刃剑",政府和行业协会应该建立严格的监督和评估体制,以防资源配置的错位和政策效率的失衡。(4)在此条件下,当中小微型牛羊特色食品企业学习的纯收益为正值时,虽然其学习的动力比较足,但只要牛羊特色食品龙头企业带动所获期望纯收益小于其垄断收益,系统将会出现无稳定均衡状态的局面,也就是牛羊特色食品龙头企业在博弈过程中总想争取政府和行业协会更多的补贴与支持,更想向中小微型企业索要更高的学习报酬,而小微型企业一旦付出更多报酬,其学习动力就会不断降低,从而形成了三方往复的讨价还价博弈。

二、在 $b - C_1 < 0$ 的情况下

此时,政府与行业协会给予愿意共享知识、技术等资源以带动周边小微型企业发展的牛羊特色食品龙头企业的补贴或奖励小于其付出的带动成本。从表6-3中不难发现:(1)一旦牛羊特色食品龙头企业带动成本得不到政府与行业协会的充足支持,无论其他初始位置和条件如何变化,系统最终都会大概率收敛于(0,0)点,即"不带动,不学习"状态。这对我国西部地区牛羊特色食品产业集群的发展是极其不利的,治理过程中应该极力避免此种状态的出现。(2)虽然政府与行业协会的补贴小于其带动成本,但只要牛羊特色食品龙头企业带动的期望纯收益大于其垄断收益,中小微型牛羊特色食品企业学习的纯收益为正值,系统就会出现两个稳定均衡状态(0,0)和(1,1);当双方初始概率落在折线右上方时,系统最终会收敛于(1,1),而当双方初始概率落在折线左下方时,系统最终会收敛于(0,0)。因此,从治理的角度看,应

该增加折线右上方的面积,从而使双方达到"愿意带动,愿意学习"的最优状态。

第三节 集群治理启示

通过上述分析不难发现:$(R_2 - R_1 + e) + (b - C_1) > 0$ 且 $(r - e) - C_2 > 0$ 是促使双方向系统帕累托最优演化的根本条件。从治理的角度来讲政府与行业协会给予的补贴或支持越多,对牛羊特色食品产业集群发展并不一定是好事,很可能养成集群龙头牛羊特色食品企业的"等、靠、要"习惯;同时经济学强调的是以最少的投入获取最多的效益。因此,在具体治理过程中,政府与行业协会应该适度增加补贴和支持,并建立门槛和透明的支持条件,以激发集群龙头牛羊特色食品企业的竞争性。从上述经济学理论可知,$b - C_1 > 0$ 的条件往往发生在集群建设导入期,随着集群的不断成熟,更多地表现为 $b - C_1 < 0$。因此,通过前文集群发展类别的确认,西部地区牛羊特色食品产业集群都脱离了导入期,大多处于"成长期",因此治理的方向为:政府要健全监督体制条件下的限制性补贴,逐步扩大知识、技术等资源共享后的集群剩余,使集群内牛羊特色食品龙头企业逐步意识到分享收益大于垄断收益 $(R_2 + e > R_1)$,从而使其走向主动分享的战略上来,对青海而言更加重要。

从具体治理措施看,应该尽量地扩大图6-5折线右上方的面积范围,即应该集中于如何使 $(R_2 - R_1 + e + b)$ 远远大于 C_1,且 $(r - e)$ 远远大于 C_2 上面来。在实际访谈中,牛羊特色食品产业集

第六章 我国西部地区牛羊特色食品产业集群治理主体博弈行为分析

表6-2 $b-C_1>0$ 时四种情况局部稳定点分析一览表

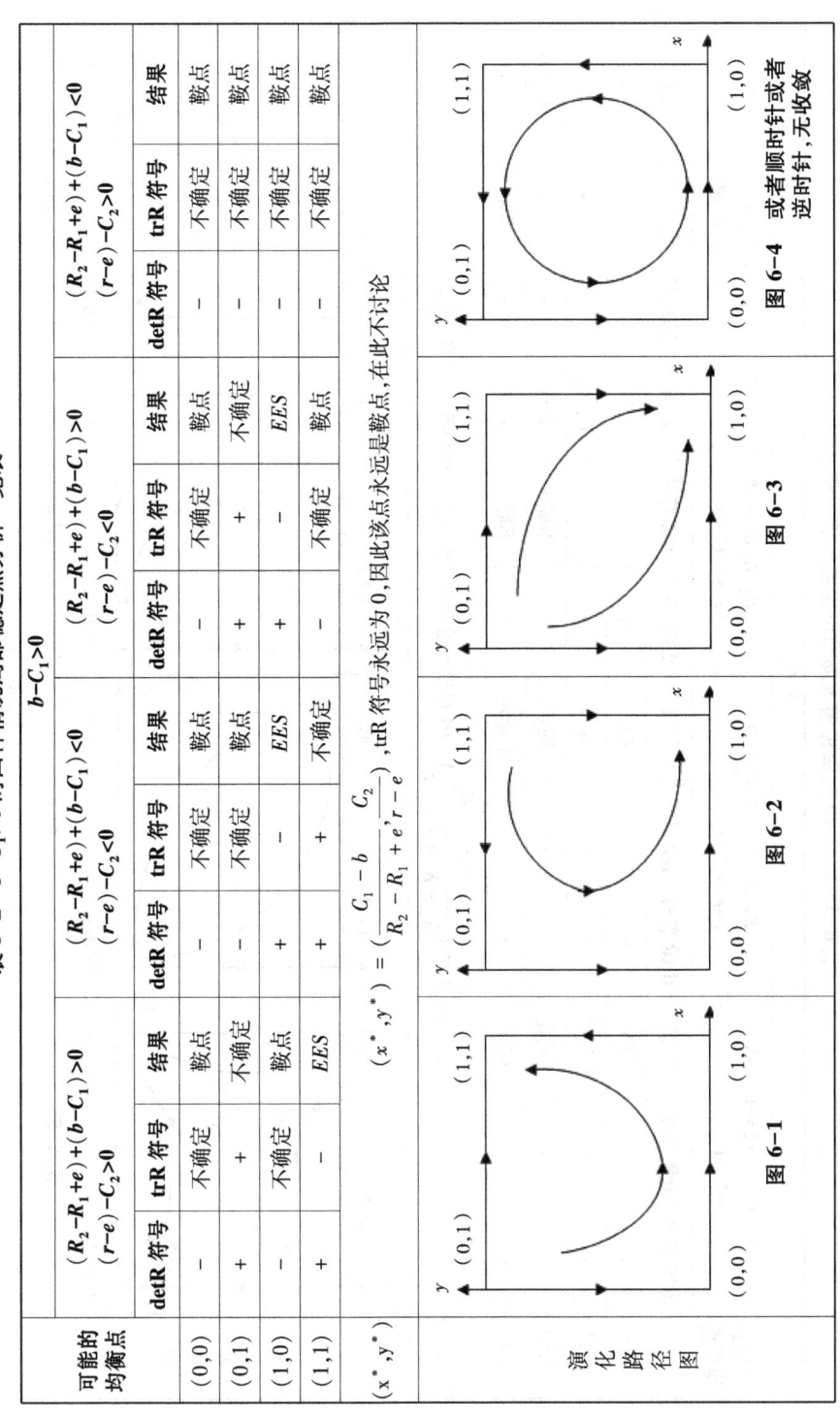

可能的均衡点	$b-C_1>0$											
	$(R_2-R_1+e)-C_2>0$			$(R_2-R_1+e)-C_2<0$			$(R_2-R_1+e)+(b-C_1)>0$ $(r-e)-C_2<0$			$(R_2-R_1+e)+(b-C_1)<0$ $(r-e)-C_2>0$		
	detR 符号	trR 符号	结果	detR 符号	trR 符号	结果	detR 符号	trR 符号	结果	detR 符号	trR 符号	结果
(0,0)	−	不确定	鞍点	−	不确定	鞍点	−	不确定	鞍点	−	不确定	鞍点
(0,1)	+	+	不确定	−	−	鞍点	+	+	不确定	−	−	鞍点
(1,0)	−	不确定	鞍点	+	−	EES	+	−	EES	−	−	鞍点
(1,1)	+	−	EES	+	+	不确定	−	+	鞍点	−	−	鞍点

$(x^*, y^*) = \left(\dfrac{C_1-b}{R_2-R_1+e}, \dfrac{C_2}{r-e}\right)$,trR 符号永远为 0,因此该点永远是鞍点,在此不讨论

演化路径图

图6-1　图6-2　图6-3　图6-4 或者顺时针或者逆时针,无收敛

表 6-3　$b-C_1<0$ 时四种情况局部稳定点分析一览表

可能的均衡点	$b-C_1<0$											
	$(R_2-R_1+e)+(b-C_1)>0$ $(r-e)-C_2>0$			$(R_2-R_1+e)+(b-C_1)<0$ $(r-e)-C_2<0$			$(R_2-R_1+e)+(b-C_1)>0$ $(r-e)-C_2<0$			$(R_2-R_1+e)+(b-C_1)<0$ $(r-e)-C_2>0$		
	detR 符号	trR 符号	结果	detR 符号	trR 符号	结果	detR 符号	trR 符号	结果	detR 符号	trR 符号	结果
(0,0)	+	−	EES	+	−	EES	+	−	EES	+	+	不稳定
(0,1)	+	+	不稳定	−	不确定	鞍点	+	+	不稳定	−	不确定	鞍点
(1,0)	+	+	不稳定	−	不确定	鞍点	−	不确定	鞍点	+	+	不稳定
(1,1)	+	−	EES	+	+	不稳定	−	不确定	鞍点	−	不确定	鞍点
(x^*,y^*)				$(x^*,y^*)=(\dfrac{C_1-b}{R_2-R_1+e},\dfrac{C_2}{r-e})$，trR 符号永远为 0，因此该点永远是鞍点，在此不讨论								
演化路径图	图 6-5			图 6-6			图 6-7			图 6-8		

群内大部分属于小企业,员工低于50人的企业占比57.64%;资产低于500万元的占比53.47%,这种类型的企业还处于创业发展阶段,有向龙头企业学习和交流的强烈愿望,但是由于自有资金不足,不会或不能完全支付高昂的学习报酬,甚至期望集群内龙头企业免费共享各种资源。从治理的角度看,提高 e 的可能性非常小,因此实际操作中 e 的影响可以忽略或假设固定。因此,具体的治理措施包括以下几点:(1)努力提升 R_2 和 r 的值,可以通过横向或纵向的分工合作,将西部地区牛羊特色食品龙头企业的重点放在价值链的前端,而对缝隙中的产品或服务,交给中小微型企业来完成,从而提升其效率;(2)努力降低双方因学习带来的成本 C_1 和 C_2,可以考虑通过构建顺畅的沟通平台、便捷的共享方式、快速的应用实践等方式来降低双方的交流成本,可以考虑组建产业技术创新联盟来实现这一目的。

第七章 西部地区牛羊特色食品国内消费者购买行为分析

前面章节从集群发展的内部推力视角进行分析,本章将从外部的市场需求这一拉力角度探讨我国西部地区牛羊特色食品产业如何突破发展瓶颈。

我国西部地区牛羊特色食品除有一般食品特点外,还因深深根植于区域的文化、饮食风俗等而存在异质性。在其发展过程中,局部地区出现了一些饮食"极端化"等负外部性事件,究其根源一是商业资本炒作的逐利行为;二是西部地区牛羊特色食品战略定位不清。

在具体调研过程中,我国西部地区牛羊特色产业集群企业关切的问题是:消费者在想什么?尤其是广大国内消费者在想什么?如何提高其购买自身产品的频率和效率?这些问题是急需要回答的。从国内消费者群体购买视角,以 Howard-Sheth 理论为基础,结合我国西部地区牛羊特色食品特点,利用独立样本 T 检验、方差分析和 SEM 模型对上述学说进行检验,有助于回答上述两方面的关切问题。

第七章　西部地区牛羊特色食品国内消费者购买行为分析

第一节　模型构建与研究假设

一、模型构建

学术界关于消费者购买行为的研究已经积累了较为丰富的研究成果,最具代表性的如:胡奥(Hull)于1943年建立了S(Stimulus)—R(Response)模式。该理论的优势在于开创了消费者行为研究的范式,但该理论不足之处在于其过于机械地关注结果,而忽视了作为主体的消费者内在的因素,后来被学者们发展成为S—O—R模式,即考虑了消费者的心理活动过程;科特勒(Kotler,2001)[①]明确了刺激物主要来源于营销刺激和外部宏观环境刺激;尼克森(Nicosia,1968)[②]将消费者购买过程流程化,强调了信息对企业和消费者的作用,局限在于缺乏对信息类别的界定;霍华德(Howard)与Sheth(谢思)于1969年创建了霍华德—谢思(Howard-Sheth)模式。该模式认为是大量的投入因素和外在因素的共同作用从而影响了消费者的内在心理过程,通过逐渐地了解,改变了消费态度,形成了消费动机,并最终促成了购买决策。该模型变量考虑全面,是对前几种模型的糅合与拓展,且由于其更容易进行实证研究,而得到了大部分后续学者的积极推广。因此,本章将重点借鉴该模式,以我国西部地区牛羊特色食品的国内消费者购买行为为例进行实证研究。

---

① Kotler,P.G.,*Armstrong Principle of Marketing*,9th Edition,Prentice Hall,New Jersey,2001,p.14.

② Nicosia,*Consumer Decision Process*,*Marketing and Advertising Implication*,Prentice Hall New Jersey,1968,pp.43-51.

霍华德—谢思模型中的外在因素主要是文化、个性和财务状况等,结合牛羊特色食品文化的特殊性,将个性(性别、年龄、学历、职位)和财务状况(收入)作为控制变量,着重研究文化的影响路径;刺激因素主要是产品实质刺激、符号刺激和社会刺激,结合科特勒思想,将产品实质刺激与符号刺激归并为"营销刺激",对于社会刺激,结合牛羊特色食品特点重点考察"饮食习惯"潜变量的影响路径;消费动机(购买打算)在霍华德—谢思模型中属于产出因素,结合尼克森模式,将消费动机作为中介变量来考虑。因此,构建的理论模型见图7-1。

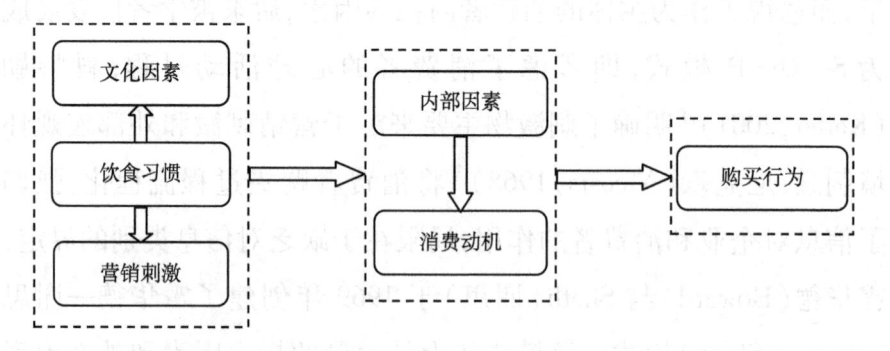

图7-1 我国西部地区牛羊特色食品国内消费者购买行为理论模型

资料来源:笔者团队制作。

二、研究假设

(一)控制变量

国内外公开出版的相关消费者行为研究的书籍中都明确指出个体特征(性别、年龄、学历、职位、收入等)是影响消费者购买行为的重要因素[1];何建华(2013)[2]对冲动购买行为研究的结论是性

---

[1] 梁汝英:《消费者行为学》,重庆大学出版社2004年版,第87页。
[2] 何建华:《消费者在线冲动性购买行为影响因素分析》,《消费经济》2013年第6期。

别、经济条件等个体特性显著影响消费者购买决策;温梦(2018)[①]对时尚服饰消费行为进行研究后发现:不同性别的消费者购买行为存在显著差异,而不同学历、年龄等消费者购买行为无显著差异;根据霍华德和谢思的研究结论,相关群体的存在影响着消费者的购买决策,结合我国西部地区牛羊特色食品特点,如果消费者个体身边存在回族朋友或同事,可能会对其食用牛羊特色食品有一定影响;吴健安(2016)[②]认为人口、地理等环境因素直接影响着消费者的购买行为,即如果出现人口变量的群体性购买倾向,必将影响个体的购买决策。因此,如果消费者身处回族人口较多的地区时,其饮食习惯和消费习惯也很可能深受群体消费倾向影响,出现羊群效应。基于前人研究成果,提出以下假设:

H1a:不同性别、年龄、学历层次、职位和收入的国内消费者其西部地区牛羊特色食品购买行为间存在显著差异;

H1b:身边是否存在回族朋友或同事、居住地是否存在回族聚居现象使国内消费者购买西部地区牛羊特色食品行为间存在显著差异。

(二)潜在变量

有学者认为:饮食习惯因素显著解释了消费者对某些特定品牌的抵制消费行为(AL-Hyrari, Alnsour, AL-Weshah, 2012)[③],正如希夫曼等(Schiffman, Kanuk, 2000)[④]所说:对特定产品的消费,需

[①] 温梦:《基于霍华德—谢思模式80后快时尚服饰消费行为研究》,青岛大学2018年硕士学位论文。
[②] 吴健安:《市场营销学(第五版)》,高等教育出版社2016年版,第112页。
[③] AL-Hyrari, K., Alnsour, M., AL-Weshah, "Religious beliefs and Consumer Behavior: From Loyalty to Boycotts", *Journal of Islamic Marketing*, Vol.3, No.2, 2012, pp.155-174.
[④] Schiffman, L., Kanuk, L., *Consumer Behavior*(7thed.), Upper Saddle River: New York, 2000, p.31.

要依赖于习惯认同,只有深入了解、感知、认知后,才能形成文化上的认同。基于上述分析,提出以下假设:

H2a:国内消费者认为西部地区特殊饮食习惯对其区域文化的形成有积极正向作用;

H2b:国内消费者认为西部地区特殊饮食习惯对其企业的营销过程有正向影响;

H2c:西部地区特殊饮食习惯对国内消费者内在感知、学习结构、购买动机和购买行为有显著促进作用。

我国西部地区独特的区域文化(饮食文化)在我国历史上源远流长,是中华饮食文化的有机组成部分,其所倡导的"绿色、洁净"等理念和富有特色的饮食文化内涵,符合现代人对健康食品的新需求,有助于西部地区牛羊特色食品企业特色营销路径的形成,尤其是在产品定位、包装、宣传等方面;国内外现有成熟的消费者购买行为模型中都指出了"文化因素"作为"外在因素"对消费者了解、感知、态度、动机和购买的影响。有学者认为文化对产品品牌价值和形象提升有积极促进作用[1],也有学者通过定量研究分析文化对产品营销的显著正向作用[2]。基于此,给出以下假设:

H3a:西部地区的区域文化促进了其牛羊特色食品的销售与推广;

H3b:西部地区的区域文化促进了国内消费者内在感知结构和学习结构的改变;

H3c:区域文化的传播促使国内消费者萌生了对西部地区牛

---

[1] 梁根琴、范玲俐:《传统文化融入消费者品牌认知的影响分析——基于符号学视角》,《商业经济研究》2019年第8期。

[2] 张晶、张利库:《"文化适应"对消费者购买行为的影响》,《经济理论与经济管理》2013年第12期。

第七章　西部地区牛羊特色食品国内消费者购买行为分析

羊特色食品的消费动机；

H3d：区域文化的传播促使国内消费者产生了对西部地区牛羊特色食品的购买行为。

科特勒、霍华德、谢思等都将营销因素作为重要的消费者购买行为产生的刺激因素（投入因素）并引入其模型中。学术界大部分学者接受这样的观点，然而李雨欣、张越杰和杨兴龙等（2019）[①]在对日本消费者对牛肉购买行为的实证研究中发现：包装、价格、售后服务以及各类促销手段等营销因素在影响消费者购买行为过程中不显著。由此可知，理论与实证研究之间出现了矛盾，尤其是各国文化差异下，消费者购买行为发生的影响因素存在差异性，有必要进行针对性的实证检验。因此，拟先提出以下假设等待数据验证：

H4a：营销因素促进了国内消费者对西部地区牛羊特色食品内在感知结构和学习结构的正向改变；

H4b：营销因素增强了国内消费者消费西部地区牛羊特色食品的动机；

H4c：营销因素积极促成了国内消费者购买西部地区牛羊特色食品行为。

消费者的内部因素主要是基于感知结构和学习结构而存在的[②]，通过对未知物的不断了解、熟悉、掌握而形成有效学习的回环，从而形成记忆及经验，而这些记忆与经验往往决定着消费者对某种产品的购买动机，直至最终购买[③]。因此，提出以下假设：

[①]　李雨欣、张越杰、杨兴龙、温德龙、王悦：《日本消费者牛肉购买行为及影响因素实证分析》，《黑龙江畜牧兽医》2019年第8期。
[②]　梁汝英：《消费者行为学》，重庆大学出版社2004年版，第77—81页。
[③]　汪竞：《基于消费者行为视角的我国商业银行服务质量评估研究》，华东师范大学2008年硕士学位论文。

H5a：内部因素对国内消费者的西部地区牛羊特色食品消费动机、购买行为有正向影响；

H5b：消费动机对国内消费者购买西部地区牛羊特色食品行为有正向影响。

具体的影响因素间的假设关系见图7-2。

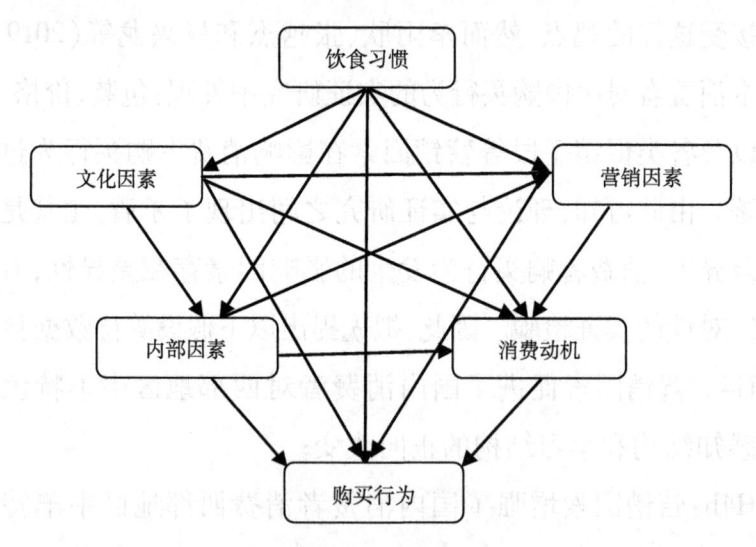

图7-2 我国西部地区牛羊特色食品消费者购买行为影响因素传导关系
资料来源：笔者团队制作。

第二节 变量设计与量表制作

理论模型中共涉及营销因素、文化因素、饮食习惯、内部因素、消费动机和购买行为六个潜变量。潜变量不能通过直接观察得到数据，因此需要设计观测变量（测量变量）对潜变量进行测量。本章采用里克特7级量表对数据进行测量。数值1到7分别代表非常不同意、较不同意、不同意、没意见、同意、较同意、非常同意。

第七章　西部地区牛羊特色食品国内消费者购买行为分析

"营销因素"潜变量主要由"x1—产品实质性刺激"和"x2—产品符号刺激"进行测量。根据霍华德与谢思理论,"产品实质性刺激"主要包含质量、价格、服务和特性等;"产品符号刺激"主要指如何通过广告宣传传递产品特征;在前人理论的基础上,结合我国西部地区牛羊特色食品特点,"文化因素"潜变量主要指"区域文化",主要从其区域文化的多样性(x3)、区域文化的复杂性(x4)和区域文化的包容性(x5)三方面进行测量;饮食习惯因素对我国西部地区牛羊特色食品而言是不可回避的(Schiffman,Kanuk,2000[①];Dindyal,2003[②]),主要从"牛羊特色食品加工的安全性"(x6)、"饮食习惯行为的信仰性"(x7)、"饮食习惯促成了选购的优先性"(x8)、"选购时饮食习惯的考虑"(x9)、"选购时饮食习惯的非限制性"(x10)、"饮食习惯与品质比较而言品质的优先性"(x11)等进行考察;根据霍华德—谢思模型,"内部因素"主要从"感知结构"(x12)和"学习结构"(x13)两方面考虑,结合温梦(2018)观点以及实证结果,将"态度结构"(x14)归为内部因素一并考察。结合前期走访和深度访谈数据,国内消费者在消费西部地区牛羊特色食品过程中,主要基于三方面考虑:干净卫生、绿色健康和探知欲,因此"消费动机因素"主要测量指标考虑为:食材选用干净与制作过程卫生(x15)、绿色食品属性(x16)、受探知欲望驱使(x17)。"购买行为"的测量相对成熟,主要测量指标为:y1. 我愿意购买西部地区牛羊特色食品;y2. 我购买过西部地区牛羊特色食品;y3. 我经常购买西部地区牛羊特色食品;y4. 我还会

[①] Schiffman,L.,Kanuk,L.,*Consumer Behavior*(7thed.)Upper Saddle River:New York,2000,p.22.

[②] Dindyal,S.,"How Personal Factors,Including Culture and Ethnicity,Afect the Choices and Selection of Food we Make",*Internet Journal of World Medicine*,No.21,2003,pp.27-33.

继续购买西部地区牛羊特色食品。

为强化量表的科学性,本章所使用量表在霍华德—谢思模型的基础上,重点参考了消费者行为量表(William,1999)[①]、马赫塔产品形象量表[②]、温梦(2018)[③]消费者行为量表、田雅琦(2018)[④]冲动消费量表等,并结合我国西部地区牛羊特色食品的特殊性和文化的历史性等综合因素考量绘制而成。

第三节 问卷调查与数据分析

一、描述性统计分析

本次问卷调查历时47天,主要采取线上和线下同步进行的方式:线上问卷利用"问卷星"技术结合专业微信群、QQ群、微博等平台进行分享,共计回收问卷598份;线下采取在河北保定市、河南新蔡县李桥回族镇、吉林长春市、北京市和江西南昌市采取街头随机调查方式,各地分别调查问卷20份,共计100份;本次调查共收集问卷698份。本次调查数据筛查原则:网络问卷去掉答题时间小于1分钟的、去掉连续填选单一答案的、去掉不完整问卷的,街头调查去掉连续填选单一答案的、去掉不完整问卷的。经统计,共去掉无效问卷120份,有效问卷578份。在利用结构方程模型

[①] William O.Bearden., *Handbook of Marketing Scales*: *Multi-item Measures for Marketing and Consumer Behavior Research*, SAGE Publication India Pvt.Lid., 1999, p.61.

[②] 符国群:《消费者行为学(第三版)》,高等教育出版社2015年版,第54—59页。

[③] 温梦:《基于霍华德—谢思模式80后快时尚服饰消费行为研究》,青岛大学2018年硕士学位论文。

[④] 田雅琦:《消费者网络冲动购买倾向量表的编制》,长江大学2018年硕士学位论文。

时,样本数与观测变量数的比例至少为10∶1。本书样本数超过模型所需样本数,符合模型与统计要求。

研究样本的描述性统计分析见表7-1。

表7-1 描述性统计特征一览表

样本特征	人数（比例%）	样本特征	人数（比例%）	样本特征	人数（比例%）
3000元及以下	205(35.47)	高层领导	6(1.04)	25岁及以下	243(42.04)
3001—5000元	98(16.96)	中层干部	75(12.98)	26—35岁	147(25.43)
5001—8000元	149(25.77)	普通职工	276(47.75)	36—50岁	163(28.20)
8001—10000元	53(9.17)	学生	221(38.23)	51岁以上	25(4.33)
10001及以上	73(12.63)	男性	234(40.48)	居住地有回族聚居区	228(39.45)
硕士以上	290(50.17)	女性	344(59.52)	居住地无回族聚居区	350(60.55)
本科	249(43.08)	高中	6(1.04)	有回族朋友	190(32.87)
大专	28(4.84)	初中及以下	5(0.87)	无回族朋友	388(67.13)

资料来源:笔者根据调研数据制作。

二、信度与效度检验

营销因素量表等六个量表的克隆巴赫系数(Cronbach's alpha)分别为0.856、0.898、0.824、0.892、0.944、0.885,整体量表系数值高达0.953,因此整体量表信度是可信的。

效度分析一般进行建构效度的定量分析,通常采用因子分析法。在做因子分析之前对各题项进行同质性检验,即共同性与因素负荷量,当共同性数值低于0.20,即因子载荷小于0.45时,便可删掉相关题项。[①] 经验证,各题项的共同性都大于0.61,因此题项

---

① 吴明隆:《问卷统计分析实物——SPSS操作与应用》,重庆大学出版社2014年版,第102页。

设计合理,无须删减。第一次探索性因子分析时,得到 KMO 值为 0.933,Bartlett 的球形度检验近似卡方值为 8175.446,显著性 p 值=0.00<0.05,通过检验,说明此样本数据适合进行因子分析。经三次探索性因子分析后,将 x8、x10、x11 和 x12 四因素删除,解释的总方差高达 81.39%,降维后得到 6 个新因子,与理论模型中的六类因素一一对应,说明数据有很好的建构效度。得到旋转后的成分矩阵见表 7-2。

表 7-2 旋转后的成分矩阵[a]

	1	2	3	4	5	6
x16	0.847	0.196	0.269	0.141	0.222	0.003
x15	0.827	0.194	0.282	0.129	0.248	0.016
x17	0.814	0.205	0.213	0.145	0.163	0.014
x3	0.199	0.846	0.217	0.061	0.166	0.062
x4	0.277	0.828	0.237	0.066	0.148	0.020
x5	0.287	0.793	0.109	0.174	0.124	0.126
y3	0.209	0.047	0.825	0.258	0.034	0.013
y4	0.273	0.264	0.822	0.035	0.105	0.119
y2	0.139	0.204	0.761	-0.023	0.370	0.105
y1	0.370	0.258	0.723	0.100	0.113	0.132
x2	0.183	0.117	0.118	0.918	0.063	0.046
x1	0.473	0.313	0.282	0.495	0.054	0.118
x14	0.261	0.265	0.213	0.060	0.812	0.145
x13	0.452	0.485	0.193	0.167	0.556	0.079
x9	0.092	0.124	0.138	0.068	0.124	0.941
x6	0.112	0.400	0.201	0.122	-0.053	0.712
x7	0.221	0.467	0.207	0.090	0.044	0.621

注:提取方法是主成分分析法。旋转方法是 Kaiser 标准化最大方差法。
　　a.旋转在 6 次迭代后已收敛。
资料来源:笔者根据调研数据 SPSS 软件模拟结果设计。

第四节 模型分析与结论

一、控制变量假设检验

由于"性别"(CG)、"是否有回族朋友或同事"(CF)和"居住地"(CH)属于二分类变量,故此采用独立样本T检验来验证假设的真伪。CG、CF、CH独立样本T检验结果见表7-3。

表7-3 CG、CF、CH独立样本T检验一览表

变量		Levene相等性检验		平均数相等的T检验					
		F	Sig.	t	Sig.	平均差	标准误差	差值95%置信区间	
性别(CG)	已假设方差齐性	0.021	0.884	0.141	0.888	0.06515	0.46262	0.84348	0.97378
	未假设方差齐性			0.141	0.888	0.06515	0.46262	0.84403	0.97432
是否有回族朋友或同事(CF)	已假设方差齐性	0.001	0.971	7.195	0.000	3.33166	0.46306	2.42216	4.24116
	未假设方差齐性			7.283	0.000	3.33166	0.45746	2.43224	4.23108
居住地是否有回族聚居区(CH)	已假设方差齐性	1.103	0.294	2.337	0.020	1.12927	0.48313	0.18037	2.07818
	未假设方差齐性			2.337	0.021	1.12927	0.48529	0.17494	2.08360

资料来源:笔者根据调研数据制作。

对性别差异而言,从表7-3中数据可知:Levene相等性检验未通过,接受虚无假设,表示两组方差视为相等,因此需要采用"已假设方差齐性"所在行数据进行分析。t值显著性0.888>0.05,接受虚无假设,即性别对国内消费者西部地区牛羊特色食

品购买行为的影响没有显著差异;同理,是否有回族朋友或同事与西部地区牛羊特色食品购买行为之间存在显著差异,说明有回族朋友或同事的消费者西部地区牛羊特色食品购买意愿远高于没有的,平均数的差异值为 3.33166;消费者居住地是否存在回族聚居区与西部地区牛羊特色食品购买行为之间存在显著差异,说明居住地存在回族聚居现象的无特殊饮食习惯的消费者西部地区牛羊特色食品购买意愿高于不存在的,平均数的差异值为 1.12927。

年龄(CA)、教育程度(CE)、职位(CP)、收入(CI)属于三分类变量及以上,因此采取单因素方差分析进行检验。具体见表 7-4。

表 7-4　CA、CE、CP、CI 与西部地区牛羊特色食品购买行为间的方差分析

		均方差	F	Sig.	Levene 统计	Sig.
年龄(CA)	组间	98.733	3.387	0.005	0.962	0.428
	组内	29.152				
教育程度(CE)	组间	163.694	5.680	0.000	1.337	0.0255
	组内	28.82				
职位(CP)	组间	32.280	1.085	0.355	0.721	0.540
	组内	29.742				
收入(CI)	组间	44.820	1.512	0.197	0.864	0.485
	组内	29.650				

资料来源:笔者根据调研数据制作。

数据结果说明:方差同质性条件下,不同年龄的国内消费者对西部地区牛羊特色食品的购买行为存在显著差异。通过事后多重比较发现,越年轻越容易接受消费西部地区牛羊特色食品,尤其是 25 岁以下年轻人与 51 岁以上相对老年的人群之间的平均差异高

达 4.711;方差不相等条件下,受教育程度不同对其西部地区牛羊特色食品购买行为间存在差异。通过事后多重比较发现有本科学历的消费者在"购买行为"得分的平均数显著低于硕士及以上学历者,平均差异为-2.053;结合事后多重比较,职位与西部地区牛羊特色食品购买行为间无显著差异;结合事后多重比较,收入与西部地区牛羊特色食品购买行为间无显著差异。

二、潜变量间的假设检验

利用 AMOS20.0 对数据进行第一次模拟,发现绝对适配度指数中,调整后的适配度指数 AGFI = 0.887 < 0.9,渐进残差均方和平方根 RMSEA = 0.083 > 0.8,未达到良好适配的要求。经检查,发现"y3"残差项与其他高度相关,于是剔除该因素,进行二次模拟。结果为:模式适配度良好,但"饮食习惯"对"购买行为"的直接影响关系不显著($p=0.231>0.05$),"文化因素"对"消费动机"的直接影响关系也不显著($p=0.197>0.05$),故对模型进行修正,删除不显著路径关系。第三次模式结果为:(1)绝对适配度指数检验。AGFI = 0.901 > 0.90,达到最佳要求;RMSEA = 0.063 < 0.08,说明适配可接受。CFI = 0.970 > 0.90,NFI = 0.956 > 0.90,RFI = 0.942 > 0.90,模型有极佳的增值适配度指数。(2)简约适配度指数检验。PNFI = 0.725 > 0.50,PGFI = 0.625 > 0.50,模型有极佳的简约适配度指数。综合来看,优化后的模型与调研数据之间有较好的适配性。变量间标准化回归系数(路径系数)显著性检验都通过,模型达到最优,具体见表 7-5 和图 7-3。

表7-5 变量间的路径系数及显著性检验一览表

变量路径			路径系数	标准误	t值	P值
文化因素	←	饮食习惯	0.698	0.042	14.972	—
营销因素	←	饮食习惯	0.534	0.189	6.574	—
营销因素	←	文化因素	0.235	0.164	3.673	—
内部因素	←	饮食习惯	0.299	0.160	4.249	—
内部因素	←	营销因素	0.180	0.062	2.818	0.005
内部因素	←	文化因素	0.466	0.152	7.704	—
消费动机	←	营销因素	0.218	0.026	3.625	—
消费动机	←	内部因素	0.324	0.028	5.075	—
消费动机	←	饮食习惯	0.349	0.063	5.545	—
购买行为	←	消费动机	0.258	0.061	4.017	—
购买行为	←	营销因素	0.175	0.028	2.629	0.009
购买行为	←	内部因素	0.206	0.043	2.024	0.043
购买行为	←	文化因素	0.192	0.079	2.573	0.010
x6		文化习惯	0.895			
x7	←	文化习惯	0.902	0.037	26.815	—
x9	←	文化习惯	0.332	0.054	7.443	—
x2		营销因素	0.531			
x1	←	营销因素	0.892	0.129	10.176	—
x14		内部因素	0.670			
x13	←	内部因素	0.876	0.087	15.290	—
x15		消费动机	0.957			
x16	←	消费动机	0.973	0.018	53.957	—
x17	←	消费动机	0.843	0.029	31.509	—
x5	←	饮食因素	0.820			
x4	←	饮食因素	0.907	0.044	24.619	—
x3	←	饮食因素	0.868	0.046	23.323	—
y4	←	购买行为	0.899			
y2	←	购买行为	0.778	0.039	22.089	—
y1	←	购买行为	0.850	0.038	23.789	—

资料来源:笔者根据AMOS软件模拟结果制作。

第七章 西部地区牛羊特色食品国内消费者购买行为分析

图 7-3 潜变量间的传导关系

资料来源：笔者根据 AMOS 软件模拟结果制作。

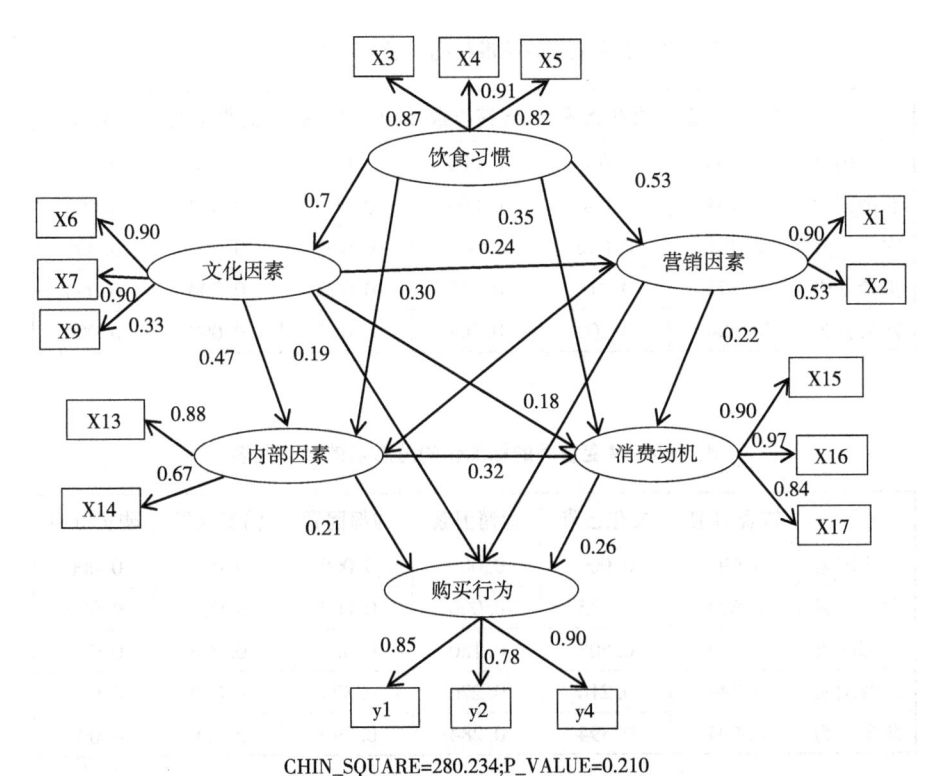

表 7-6 潜变量间的标准化的直接影响效果一览表

	饮食习惯	文化因素	营销因素	内部因素	消费动机	购买行为
文化因素	0.698	0.000	0.000	0.000	0.000	0.000
营销因素	0.534	0.235	0.000	0.000	0.000	0.000
内部因素	0.299	0.466	0.180	0.000	0.000	0.000
消费动机	0.349	0.000	0.218	0.324	0.000	0.000
购买行为	0.000	0.192	0.175	0.206	0.258	0.000

249

表7-7 潜变量间的标准化的间接影响效果一览表

	饮食习惯	文化因素	营销因素	内部因素	消费动机	购买行为
文化因素	0.000	0.000	0.000	0.000	0.000	0.000
营销因素	0.164	0.000	0.000	0.000	0.000	0.000
内部因素	0.451	0.042	0.000	0.000	0.000	0.000
消费动机	0.395	0.216	0.058	0.000	0.000	0.000
购买行为	0.604	0.202	0.108	0.084	0.000	0.000

表7-8 潜变量间的标准化的总影响效果一览表

	饮食习惯	文化因素	营销因素	内部因素	消费动机	购买行为
文化因素	0.698	0.000	0.000	0.000	0.000	0.000
营销因素	0.698	0.235	0.000	0.000	0.000	0.000
内部因素	0.749	0.508	0.180	0.000	0.000	0.000
消费动机	0.744	0.216	0.276	0.324	0.000	0.000
购买行为	0.604	0.394	0.284	0.290	0.258	0.000

从上述图7-3、表7-5至表7-8中可知:

(1)利用结构方程模型进行检验后发现:本章所提的潜变量间的假设共计15条,其中13条通过假设检验,且文化因素(0.394)和营销因素(0.284)的中介效应凸显。

(2)"饮食习惯"因素并未直接促使国内消费者产生购买行为($p=0.231>0.05$),甚至因其直接出现了一定的负影响(-0.04,但不显著),说明广大国内消费者对"西部地区牛羊特色食品"乱贴"饮食文化标签"行为存在反感效应。在文化不断融合浪潮下以及新时代消费观念升级和更加注重食品安全背景下,间接地促发了国内消费者对西部地区牛羊特色食品内在感知结构的变化(0.451),并在不断地了解、认知和学习过程中,清楚地意识到其更多的民俗属性,从而诱发了群体对洁净的、无污染的和有一定地域特色的民俗的食品的消费动机(0.395),而非对有特殊饮食习惯的食品的购买,这一点从 x9 的贡献度(0.332)相对于 x6(0.895)和 x7(0.902)很低也能窥见一二。

(3)西部地区的区域文化并不能直接诱发国内消费者的购买欲望和动机($p=0.197>0.05$),但因其独特、古老的特质文化吸引而引致的探知欲望的增强(0.466)以及其对西部地区牛羊特色食品产品品质、包装、宣传、服务等的影响(0.235)而使国内消费者逐渐形成购买动机(0.216),并最终引致消费(0.202),同时作为中华饮食文化中特色鲜明的一部分,文化因素可直接影响国内消费者发生购买行为(0.192)。这为西部地区牛羊特色食品企业应注重品牌文化建设提供了定量依据。

(4)营销因素,作为重要的中介变量,其作用和意义值得我国西部地区牛羊特色食品企业认真思考。西部地区牛羊特色食品过硬的产品品质、特色的产品包装、积极的品牌推广以及负责任的售后服务等对国内消费者购买行为的直接影响达到 0.175,并通过不断的信息传递作用于内部因素和消费动机而逐步地去塑造并形成文化认同,从而对其购买行为还产生了 0.108 的间接影响效果;营销因素中"产品符号刺激"的贡献度最高(0.892),说明产品宣传的重要性。从这一点来看,伊利乳业集团是很好的案例。

(5)对 Howard-Sheth 模型进行了量化验证,肯定了"内部结构"对国内消费者购买行为的直接影响(0.206);同时改进后,将"消费动机"作为中介变量来考察的想法也得到了实证证明,即"内部结构"通过"消费动机"的传导间接地促进国内消费者消费(0.084)。

第八章　西部地区牛羊特色食品产业集群创新治理体系构建

通过上述章节的分析,本书基本上对我国西部地区牛羊特色食品产业集群发展的"现象"与"本质"有了较为深入、系统的了解。作为西部地区特色食品产业,对其进行治理,无论从国家治理层面还是地方治理层面,无论从民族团结层面还是经济发展层面,都有积极意义。这就需要在进行治理时,看到该特殊产业的两面性,即一般民俗食品属性和其特殊的饮食习惯所倡导的特殊加工方式。因此,需要在治理体系上进行创新,既要提高西部地区牛羊特色食品产业效率,带动就业,提升当地百姓生活,又要懂得相互尊重,搞好民族团结。本着这样的思路,本书对该产业集群的治理进行了体系化设计。

第一节　集群基本发展思路

本书结合第四章、第五章、第六章结论,于 2019 年 7 月、2020 年 7 月和 12 月对典型省份牛羊特色食品企业、政府管理部门、行业协会以及高校相关研究专家进行了实地走访和调查研究,给出以下发展思路,具体见图8-1。

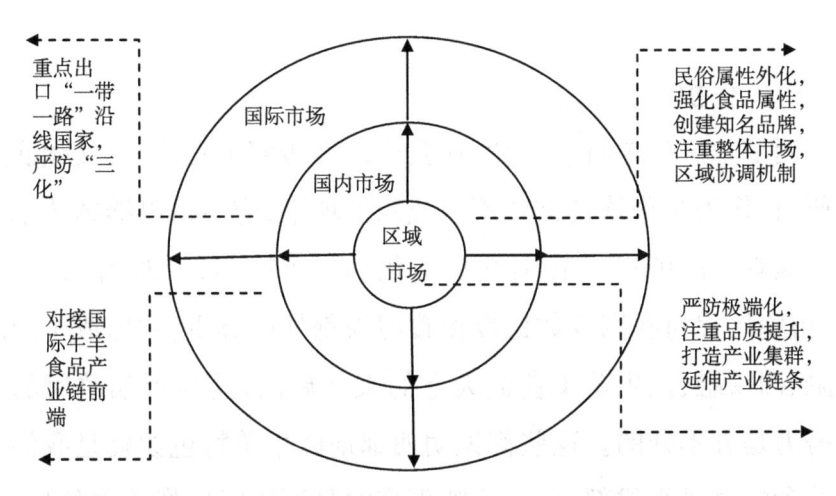

图 8-1 我国西部地区牛羊特色食品产业发展基本思路

资料来源:笔者团队制作。

我国西部地区牛羊特色食品产业集群应以"饮食习惯属性内部化,民俗食品属性外部化"为基础,突出食品的一般属性;以强化政府监管为条件,维护市场秩序;以"品牌建设"为手段,促进企业做强;以"产业集聚"为重点,创造特色产业竞争力;以"区域联盟"为导向,促进产业互通;以"一带一路"为契机,走出国门。而我国西部地区牛羊特色食品产业集群发展的内核,即关键与重点在于国内区域产业集群的发展与有效治理。

第二节 集群治理目标

集群出现问题,是发展阶段的必然产物,只有突破瓶颈,创新治理,才能逐步完成产业升级。保护是为了有效地发展;发展是为了更好地保护。因此西部地区牛羊特色食品产业集群创新治理的目标从宏观看一是保护,二是发展。

一、保护

西部地区牛羊特色饮食,在我国已经传演了几千年,文化底蕴深厚,且作为中华饮食文化不可或缺的瑰宝,应该得以继续传承下去。纵观自唐朝以来我国饮食文化的发展脉络,不难看出:一方面,历朝历代对我国少数民族饮食习惯都加以尊重,并形成了南北交融、回汉融合、牛羊美食遍天下的大好局面,这与当朝政府的积极努力是分不开的。这些都说明西部地区牛羊特色饮食是我们中华饮食的重要组成部分,它反映更多的是百姓对民俗美食的追求。

对西部地区牛羊特色食品产业集群进行治理的首要目标就是保护。保护少数民族饮食习惯不受侵害,保护牛羊特色饮食文化得以良性传承,保护少数民族人身安全,保护牛羊特色食品产业规范发展,保护民族间大融合的成果代代相传等。

二、发展

我国西部地区牛羊特色食品产业集群的建设和发展充分体现了党中央对回族等少数民族的关切。对牛羊特色食品产业集群进行治理的另一个目标无疑是发展。通过发展,解决民生问题、就业问题、经济问题、产业升级问题、民族文化保护问题、民族团结稳定问题等。

从产业经济学的角度看,西部地区牛羊特色食品产业集群发展的本质就要解决好以下问题:产业集群剩余的获取与分配问题;集群竞争力共筑问题;区域品牌推广问题;严格规范生产问题;创

第八章　西部地区牛羊特色食品产业集群创新治理体系构建

新监管问题;集群竞争合作机制问题;信任机制问题;契约成本高低问题;资产专用性问题;辅助机构嵌入问题等。创新发展治理的目标就是要不断地扩大西部地区牛羊特色食品产业集群剩余的水平,在地缘优势基础上,通过技术、资源等要素的共享不断提升集群竞争力,联合打造过硬区域牛羊特色食品品牌;通过统一的规范生产和严格的监管以保障产业的稳定、良性发展;在集群内部形成较好的产业空气,让信任机制充分发挥作用,共享资源从而降低契约成本;调动高校、科研院所、金融机构等一切力量充分研究好、利用好"西部地区牛羊美食"这一具有资产专用性性质的民族文化资源。

第三节　集群创新治理原则

在已掌握的资料中,关于产业集群治理的原则,国内外学者鲜有人研究,多为从战略视角出发,强调了治理原则的重要性,但并未过多进行深入剖析,如郭祎和陈长贵(2018)[①]对现代产业社区发展治理的路径进行了探讨,并认为现代产业社区发展应遵循"共建、共享、共治"的原则;李福全(2017)[②]认为中国家电服务产业链也应遵循"共建、共创、共享、共赢"的原则;赵成文(2009)[③]对纳溪竹产业发展进行了深入研究,并明确提出和分析了该产业发

---

① 郭祎、陈长贵:《现代产业社区发展治理的路径探讨——以成都市西园街道为例》,《现代交际》2018年第23期。
② 李福全:《共建 共创 共享 共赢 中国家电服务产业链发展现状及趋势》,《现代家电》2017年第24期。
③ 赵成文:《纳溪竹产业发展应走"共建共享共赢"之路》,《科技和产业》2009年第9期。

展应遵循"共建、共享、共赢"的三原则。综合上述学者观点,本书认为,对产业集群而言,共享与共赢的内涵是一脉相承的,因此产业集群发展应结合其产业特点,在"共建、共享、共治"原则下有效发展。

一、共建是基础

共建是作为共生体产业集群组织发展的基础,只有坚持共建原则,我国西部地区牛羊特色食品产业集群才能良性发展,否则必将引起西部各地区间多方面的混杂局面,必将给西部地区该特色产业发展带来不可估量的损失,如区域经济堵塞、产品流通困难、品牌建设孤立等。而共建的方式,应坚持"各区域政府积极引导下的相互协调,以龙头企业建设为主体,充分发挥市场机制作用,行业协会等自组织自我完善并构建信任文化,辅助机构充分嵌入集群"的发展理念和原则。

西部地区地方政府的引导,要以"民俗食品"定位为根本,强化对牛羊特色食品产业集群发展的过程监督,重点在于消除极端行为,并积极组建西部联盟,进行统一战略规划;同时根据西部地区各地自身特点,发挥其比较优势,走专业化、精深化牛羊特色食品发展之路。当然,政府应在软环境建设方面积极发挥作用,制定长远牛羊特色食品产业规划,出台各项扶持政策;龙头企业是产业集群纵深发展的标志,而对西部地区牛羊特色食品产业而言,其龙头企业数量过少,主体地位不明显,不利于该特殊产业集群的产业结构调整与优化,因此,应积极培育西部地区牛羊特色食品龙头企业,发挥其辐射带动作用;充分发挥市场机制作用,即在市场经济条件下,按照市场规律、价值规律等基本经济规律进行资源优化配

第八章　西部地区牛羊特色食品产业集群创新治理体系构建

置,政府只管市场做不了和做不好的事,不得越位,更不得错位或失位;行业协会的传导作用不可忽视,尤其是在西部地区牛羊特色食品行业协会发展滞后条件下,更应该强化协会作用,通过声誉机制等逐步构建与完善该集群内部的信任文化,从而优化集群网络关系;辅助机构嵌入程度是集群效率的突出表现,共建就是要让所有行动者、利益相关者共同为集群发展出谋划策,因此高校、科研院所等应强化对牛羊特色食品产品的研发力度,金融机构等应积极出台促进牛羊特色食品产业集群发展的各项金融政策等。

二、共享是前提

共享,是产业集群纵深发展的前提。封闭固守,只会引致集群聚而不群或群而不聚。共享不单纯是共同享有集群剩余,而更重要的是积极促进集群产业空气的形成,形成知识溢出效应,从而形成"共享技术、共享资金、共享信息、共享人才、共享经验、共享成果"的新局面。从前面章节的研究成果来看,我国西部地区牛羊特色食品产业集群内部对"共享文化"的理解还有相当差距。集群内部大中小微企业之间缺乏共享意识,反而阻滞了一些地区牛羊特色食品产业的发展绩效,对整体集群而言得不偿失,对整个区域的福利而言也远未达到帕累托最优。

共享技术,就是要打破"马太效应",积极组建产业技术联盟,充分发挥集群内部各类企业优势,通过共同研发、技术互补、产品模仿创新等方式进一步促进了大中小微企业间的协调发展;共享资金,其主体更多体现在牛羊特色食品龙头企业的责任,如为其关联链条上的中小微牛羊特色食品企业提供资金支持、融资担保等,从而通过资金的共享,进一步强化彼此之间的网络关系;共享信

257

息，就是要构建信息通畅、互通有无的沟通渠道，共享市场信息、技术信息、人才信息等；共享人才，其内涵在于通过行业协会或有担当的龙头企业将关键的技术人才、技术优势通过学术会议、茶话会等形式进行交流，从而维护集群整体利益；共享经验，包括共享管理经验、行政文化经验、发展模式经验、产品生产经验、市场开拓经验等；共享成果，就是要使集群内所有行动者通过积极参与和嵌入，获得合法、合规的经济收益，分享产业集群剩余。

三、共治是责任

共治，是西部地区牛羊特色食品产业集群内部所有行动者的责任，是现代产业集群这一命运共生体所有成员必须意识到的危机管理形态。一旦治理出现偏差或发生战略导向错误，必将损害每个成员的根本利益，因此，只有共同治理，才能避免出现一些机会主义或极端主义行为。共治的目的就是要消除道德风险、逆向选择和寻租等机会主义或极端主义行为，使西部地区牛羊特色食品产业集群沿着良性发展的路径演化，这就要求集群内部所有行动者各司其职。公安、工商行政管理、质检药监等政府部门应积极构建公开、公正、公平的营商环境；民族事务部门应担起更重要的责任，严格监督牛羊特色食品企业是否规范养殖、屠宰、加工、运输和销售等；集群内部企业作为行动的第一责任单位，应严格约束员工行为，生产安全、高质量的产品；行业协会一方面要强化公平竞争，另一方面应强化思想意识传导，使自组织内部成员企业共同遵守商业道德、饮食习俗，正确传播饮食文化；辅助机构应加强专属知识学习，并在其业务范围内严格审核嵌入业务的合法性、合规性，不给机会主义或极端主义可乘之机。

第四节 集群创新治理结构分析

一、创新治理主体分析

根据第五章、第六章研究成果发现:我国西部地区牛羊特色食品产业集群现有治理体系中"治理主体方面"存在以下问题:高校、科研院所、金融机构等辅助部门的作用尚未发挥,在牛羊特色食品产业集群的形成与发展过程中,主体地位不明显。因此,本章不将其列为主要治理主体,但并不是说其功能与作用不重要,而是西部地区牛羊特色食品产业集群大多处于生命周期的成长阶段,治理主体作用不显著,但随着集群的演化和升级,辅助部门的主体功能会逐步显现。

根据第五章得出的主要发展路径可知:在地域根植性影响下,绝大多数地方政府、龙头企业、民族事务部门以及行业协会以发起性或传导性因素形式对集群发展起到了积极推动作用。因此,本书认为,我国西部地区牛羊特色食品产业集群主要治理主体应该包括集群牛羊特色食品龙头企业、行业协会、地方政府和民族事务部门四方面,与一般产业集群治理主体不同,西部地区牛羊特色食品产业集群治理具有专属性,民族事务部门的参与是很有必要的,这也是由西部地区牛羊特色食品产业集群的异质性所决定的。

二、创新治理主体的责权利分析

随着吴敬琏、威廉姆森、张维迎等经济学家对治理结构内涵的不断剖析,治理结构理论逐渐应用到产业中来。治理结构从制度经济学的角度看首先反映了一种多元协作关系,且各个治理主体有各自权益的边界范围,通过彼此间的互动、协调与合作使各方博弈关系逐渐走向均衡。同时,集群内治理主体间的博弈均衡决定了其治理结构的质量与效率水平[①]。因此,对西部地区牛羊特色食品产业集群而言,其治理结构实际上是龙头企业、行业协会、地方政府和民族事务部门四方治理主体在牛羊特色食品产业集群发展过程中的交互权益关系(责、权、利关系),并通过彼此间长期的演化博弈而不断完善的过程;前人研究更多倾向于理论研究,而对于治理主体间的责、权、利实证研究还尚处探索阶段;本节将结合深度访谈系统地剖析我国西部地区牛羊特色食品产业集群各个治理主体的责、权、利关系。

通过深度访谈,本书发现政府、龙头企业、民族事务部门、行业协会之间缺乏协调机制,从制度层面缺少对各个治理主体责、权、利等方面的界定。鉴于此,本节将重点放在界定各个治理主体的责、权、利关系,以从战略层面厘清各自治理行为。

(一)龙头企业的职责、权力与利益

从"结构洞理论"来看,处于牛羊特色食品产业集群发展中心位置的龙头企业有"结构洞特点"。一方面,中小微型企业可以通过牛羊特色食品龙头企业的关系而加强与协会、政府、市场等的联系;另一方面,协会、政府等通过对牛羊特色食品龙头企业的扶持而逐渐了解集群内中小微型企业活动。可见,西部地区牛羊特色

---

① 易明:《关系、互动与协同创新:产业集群的治理逻辑——基于集群剩余的视角》,《理论月刊》2010年第8期。

第八章　西部地区牛羊特色食品产业集群创新治理体系构建

食品龙头企业在集群内部更多地表现为结构洞形式,从而掌握更多的关系与资源,因此其更有带动作用。

牛羊特色食品龙头企业的主要职责为:(1)除满足自身企业经济利益需求外,主要在于带头严格遵守我国及地方法律法规;(2)带头弘扬区域文化并积极打造牛羊特色食品区域联合品牌;(3)在政府、协会帮扶下积极促进自身技术、产品、服务和制度创新,并通过资源共享,形成集群竞争优势;(4)促进牛羊特色食品产业集群整体协调发展,推动区域经济结构调整,带动地方就业质量提升等。

西部地区牛羊特色食品龙头企业的主要权力表现在以下几方面:(1)选择附属或配套功能型公司的决定权。牛羊特色食品龙头企业为了实现效率提升,一般会发展一些辐射范围内的有配套能力的中小微型公司来帮助其完成业务链的一部分。如对供应商、客户等的选择与决定权。(2)知识、技术等资源的分享权。一般集群核心技术掌握在龙头企业手中,牛羊特色食品产业集群也不例外,牛羊特色食品龙头企业有更先进的知识、技术和更广泛的关系和市场地位,其决定着集群网络关系的强度和稳定度,有关于是否分享知识和技术的权力。(3)利益分配权。牛羊特色食品龙头企业在参与全球价值链争夺过程中有先天优势,在获取大量订单后,为了按时按质按量完成,一般会对利益进行再分配,比如宁夏涝河桥牛羊食品有限公司由于品牌和实力影响在国际上获取了大量牛羊肉订单,由于产能有限,为了按时按质按量完成订单,选择一些资质好、信誉好的中小微企业合作进行利益再分配等。

牛羊特色食品龙头企业的主要利益表现在以下几方面:

(1)集群剩余的获取。产业集群的形成在初期会带来更多的集群剩余。西部地区牛羊特色食品产业集群处于发展阶段，因此参与集群化建设有丰厚的集聚效应，如采购与运输成本等的降低、集群品牌带来的业务增加等。而牛羊特色食品龙头企业作为中心企业有更多的集群剩余索取权。(2)享受相关政策扶持与补贴。来自政府、协会对牛羊特色食品龙头企业的各项政策倾斜以及各种资金、技术、人才等方面的帮扶等。

(二)行业协会的职责、权力与利益

综合学者张新文(2003)[①]、黎军(2006)[②]、吴碧林(2007)[③]、李国武(2007)[④]、郭金喜(2010)[⑤]等观点，产业集群中的行业协会作为集群企业的利益共同体，有四大职能，即沟通职能、协调职能、服务职能与监督职能。

因此说牛羊特色食品产业集群中的行业协会主要职责在于：(1)加强与政府、企业间的双向沟通；(2)协调文化冲突或市场竞争等行为；(3)提供参会、展会、咨询、教育培训等服务平台；(4)加强对机会主义等行为的监督等。

牛羊特色食品产业集群中的行业协会主要权力体现在国家法律法规授权的权力、政府委托授权的权力和集群内通过契约形成

[①] 张新文：《行业协会之性质、角色功能及运作机制探讨——一个中外比较研究视角的分析》，苏州大学2003年硕士学位论文。

[②] 黎军：《行业自治及其限制：行业协会研究论纲》，《深圳大学学报(人文社会科学版)》2006年第2期。

[③] 吴碧林：《试论行业协会经济秩序的自我调控功能》，《江苏商论》2007年第12期。

[④] 李国武：《产业集群中的行业协会：何以存在和如何形成？》，《社会科学战线》2007年第2期。

[⑤] 郭金喜：《行业协会的产业集群创新治理功能分析》，《发展研究》2010年第1期。

的权力三种,具体来讲主要体现在以下几方面:(1)制定行业规范、规章、制度的权利;(2)依据法律法规等正式机制和信任、声誉等非正式机制进行制裁的权力;(3)自主管理权,作为自发形成的中间组织,有自主管理行为,如默认的会费收取权等;(4)授权的许可批准权等。

牛羊特色食品产业集群中的行业协会作为集群自发组织平台,其利益更多地表现为公共利益方面,一般包括以下几方面:(1)维护产业良性发展而带来的集群整体利益;(2)市场维护、信任的建立带来的产业发展隐性利益,如交易成本的降低等。

(三)政府相关管理部门的职责、权力与利益

西部地区地方政府相关管理部门在产业集群发展过程中扮演重要角色。根据经济学家张维迎、学者李剑力等观点:政府在管理产业过程中,应该让位于市场,让市场充分发挥调节作用,政府应该更多地关注产业发展所需的公共产品或服务的建设。因此,本书认为对我国西部地区牛羊特色食品产业集群而言,地方政府相关管理部门的主要职责在于以下几方面:(1)维护民族团结,促进民族特色产业发展;(2)构建宽松的区域软环境,积极引导和促进牛羊特色食品产业结构转型升级;(3)强化地方性公共产品与服务等硬环境建设,积极构建公共服务系统;(4)依据地域、历史、文化、民族等特点,积极促进区域牛羊特色食品产业协作网络的建设,如牛羊特色食品园区规划建设等;(5)依法监管牛羊特色食品市场,维护食品市场秩序;(6)对牛羊特色食品产业集群负外部性问题的处理等。

在产业集群发展过程中,政府的权力主要表现为公共权力,而

根据学者陈勇江(2008)[①]的研究结果显示:政府的公共权力失范在产业集群形成与发展过程中时有发生,主要表现在其公共权力的错位、缺位和越位。因此,在牛羊特色食品产业集群发展过程中,明确地方政府相关管理部门的公共权力的实施范围是很有必要的。本书认为,我国西部地区地方政府相关管理部门在牛羊特色食品产业集群发展过程中的权力主要体现在以下几方面:(1)国家法律赋予的地方政府相关管理部门维护地方秩序的权力;(2)产业制度、市场规则的制定权和秩序的维护权;(3)公共产品或服务的供给与最终决策权;(4)龙头企业、中间组织培育的选择权;(5)对集群负外部性的处置权等。

在牛羊特色食品产业集群发展过程中,我国西部地区地方政府相关管理部门的利益主要表现为以下几方面:(1)由牛羊特色食品产业集群良性发展带来的经济利益;(2)"作为型政府"带来的社会利益;(3)"作为型政府"带来的政治利益;(4)"作为型政府"带来的环境改善利益等。

(四)民族事务部门的职责、权力与利益

民族事务部门作为我国西部地区牛羊特色食品产业集群治理主体之一是由牛羊特色食品的异质性决定的,其主要职责在于:(1)对牛羊特色食品生产经营过程的监督与管理;(2)国家相关民族政策的宣传;(3)文化差异的协调等。

民族事务部门权力主要表现在以下几方面:(1)对牛羊特色食品产业集群内食品企业生产经营过程的监督权;(2)对违反少

[①] 陈勇江:《产业集群中政府公共权力失范与合理规制》,《江海学刊》2008年第6期。

数民族饮食习惯的生产行为的处置权;(3)协同执法权等。

民族事务部门主要利益在于:维护牛羊特色食品产业良好声誉所带来的社会利益、经济利益和政治利益。

三、创新治理模式构建

(一)治理模式选择

从新疆、宁夏和甘肃三地对集群综合绩效的总影响程度来看,行业协会与牛羊特色食品龙头企业对集群综合绩效的作用较大,而政府与民族事务部门的作用相对较弱。这充分说明:在目前阶段,我国西部地区牛羊特色食品产业集群的治理模式基本是以非官方治理主体的自治行为为主导的,而官方治理主体的监督、协调以及创造发展环境和提供良好平台等作用尚不够显著;在实际访谈时,大部分企业认为行业协会虽然作用很大,但其实质功能也尚未发挥。可见,目前的治理模式是一种集群内企业或组织自然管理的、相对松散的、缺乏系统性与协调性的"放任自流式"治理模式。该模式不能将各个治理主体的功能凝聚为一体,形成合力,甚至可能会相互抵消各自作用力,对我国西部地区牛羊特色食品产业集群的发展是极其不利的。

结合前面章节研究结论,在综合我国西部地区牛羊特色食品产业集群一般性与异质性基础上,借鉴东南亚发展经验,构建了如图8-2所示的"特殊文化背景下西部地区牛羊特色食品产业集群多主体协同共治模式",即在区域文化、民族风俗、饮食习惯等地域根植性因素强烈影响下,以牛羊特色食品龙头企业为"车头",以行业协会为协调"中枢",政府相关部门与民族事务部门双管齐

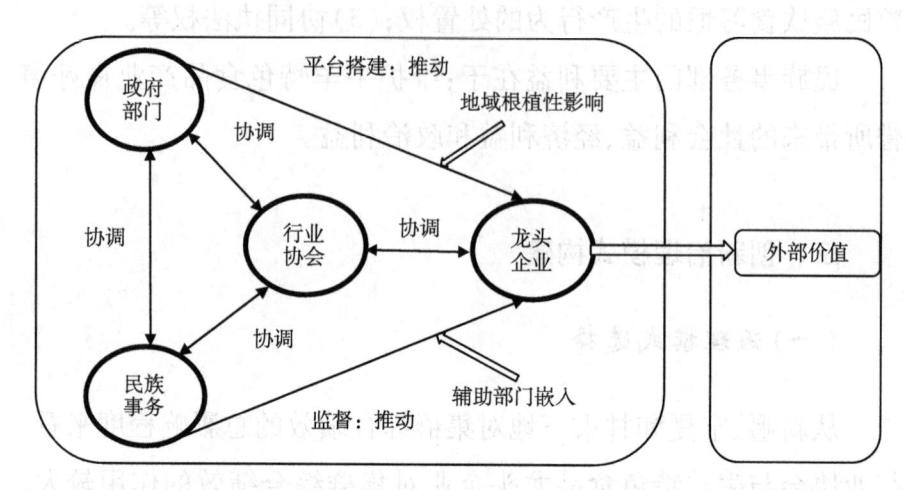

图 8-2 特殊文化背景下西部地区牛羊特色食品产业集群多主体协同共治模式
资料来源：笔者团队制作。

下，通过有效激励与监督为其前行提供"助推力"，同时积极促进辅助部门的渗透与嵌入作用以提升集群工作效率。

该治理模式的提出有较强理论依据，并较符合现实需求：第一，该模式属于"共治模式"，符合国内外学者对产业集群治理模式发展趋势的研判，即产业集群在演化过程中会出现不同层次的主体，这些主体间势力的协调并进是产业集群这种组织必然的制度安排[①]；第二，符合发展阶段的研究成果，即在度过导入期之后，政府应适当放权，充分发挥龙头企业和行业协会的作用[②]；第三，符合牛羊特色食品异质性需求，即地域根植性的强烈影响与民族事务部门作为治理主体之一的可行性；第四，结合研究结论，该模式有助于充分发挥行业协会实质性功能；第五，结合研究结论，该模式有助于促进辅助部门的积极渗透作用；第六，该模式治理主体

---

① 易明：《关系、互动与协同创新：产业集群的治理逻辑——基于集群剩余的视角》，《理论月刊》2010 年第 8 期。

② 耿建泽：《企业集群竞争优势与地域根植性的相关性研究》，《理论界》2008 年第 3 期。

各司其职,通过协调机制协调主体间的博弈矛盾;第七,该模式参照了部分东南亚尤其是马来西亚的集群治理思想,即"政府是服务集成提供商"思想。

(二)处理好各种协调机制

我国西部地区牛羊特色食品产业集群治理模式的有效运行需要处理好各种协调机制的关系。协调机制主要包括信用机制、沟通机制、竞争机制、利益分配机制、激励约束机制与监督机制等。协调机制模型具体见图8-3。

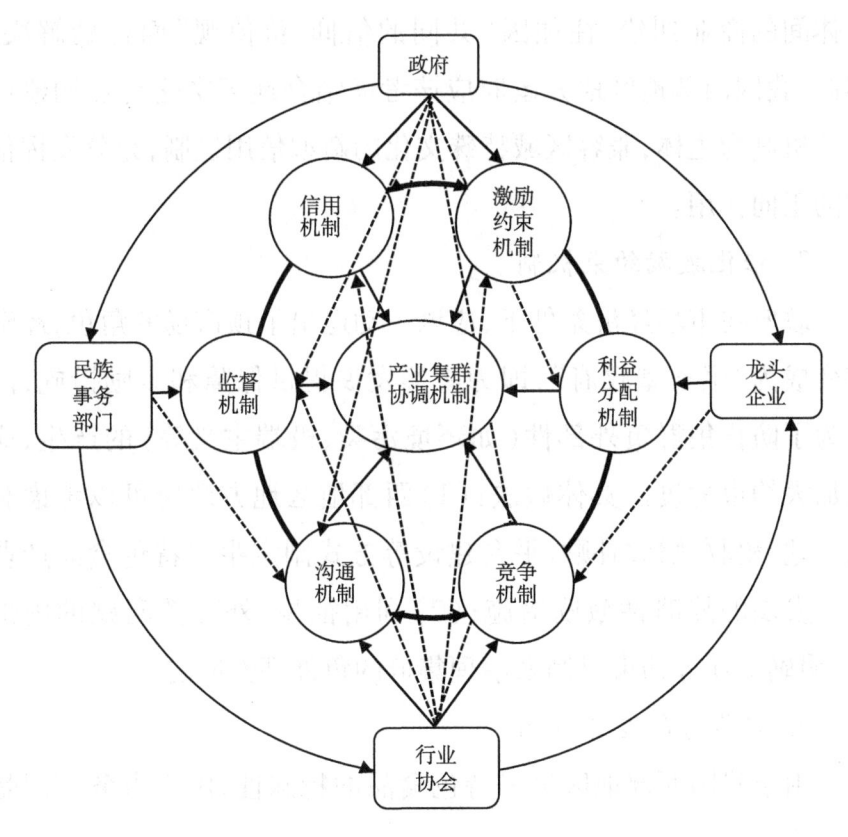

图8-3 我国西部地区牛羊特色食品产业集群协调机制模型

注:→代表主导作用;-→代表辅助作用;←→代表协调作用。
资料来源:笔者团队制作。

1. 构建新型信用机制

目前我国基本上存在两种类型的信用机制,即政府的行政权力(制度性信用)与社会网络关系(自然性信用)结合的作用机制和以法律法规为主体的契约信用机制,而这两种信用机制的最终落脚点在于政府(行业协会起到了协助制定法律法规等作用)。正如张维迎(2015)[①]所言:信用是保持市场经济健康运行的根本因素。信用程度的高低直接影响着市场交易的效率。我国西部地区,自古以来特殊的饮食风俗,使其信用机制除了契约机制外,特殊的信用文化等非正式机制也发挥着重要作用。尤其发生在行为主体间的商业纠纷,往往因"共同的信仰、价值观"而得到解决。因此,我国西部地区地方政府应该考虑结合地区文化特点构建以契约机制为主体,兼容区域特殊文化的新型信用机制,充分发挥信仰的正向作用。

2. 强化激励约束机制

政府在市场经济条件下,应该主动退出干预市场的角色,逐渐转变成为"服务型政府",即为集群发展提供保障和激励措施,同时为了防止集群负外部性(如环境污染、极端主义等)的产生,应该加大约束力度。具体做法:(1)西部地区地方政府可以考虑利用土地、税收、财政补贴、平台建设等方式制定牛羊特色食品产业集群发展的战略性激励措施;(2)利用征税、外部性问题的内部化、明确责任等约束机制来治理集群的负外部性问题。

3. 完善特色监督机制

由于我国西部地区牛羊特色食品的特殊性,民族事务部门是

[①] 张维迎:《信用体系的建立是中国未来持续发展的根本》,《中国发展观察》2005年第7期。

其监管的主要主体。因此,监督机制的主导者为民族事务部门,其他相关部门如工商、质监、食品、医药等有辅助作用。民族事务部门主导的监督机制具体应该重点从工作机制、执法机制、协调机制和巡查机制等方面进行建设;同时,行业协会、政府其他相关部门应积极配合民族事务部门主导的市场监督机制的运行并共享信用监督等技术平台。

4. 有效协调沟通机制

行业协会作为连接政府与集群企业的中间体,其沟通作用不言而喻。因此,其重点工作应该放在如何使沟通更加积极通畅。因此西部地区地方政府应该在放权基础上,更大发挥行业协会主体性,以其为主导,组建协调机构,让政府、企业、协会、独立第三方等组织充分参与、讨论以及解决集群发展中可能存在的矛盾与问题。

5. 倡导良性竞争机制

行业协会在竞争机制中起主导作用,同时政府与龙头企业应起辅助作用。行业协会在维护市场公平、防止恶意竞争等方面一般通过承诺、声誉等非正式机制发挥作用,这就要求其要制定完善的行业规章、制度、准则等,同时通过定期举办协会会议等形式,通报恶意竞争等机会主义行为,充分发挥声誉机制作用。

6. 优化利益分配机制

利益分配机制的实质是分配问题,主要包括纵向的利益分配和横向的利益分配两方面。集群内部企业间的纵向利益分配主要依靠双方认可的契约执行;龙头企业有相对较强的谈判竞争力,而且此种契约关系是在不断博弈和演化的,最终会达到"效率优先,兼顾公平"条件下的均衡状态;集群内部企业间的横向利益分配相对复杂,是集群内竞争企业间势力的外在表象,起决定作用的因素包括技术水平、产品质量、生产效率、成本控制、客户资源、人脉关系等。龙头企业在集群内横向利益分配上也相对有竞争优势。因此无论横纵向利益分配,龙头企业都有主导作用,政府部门和行业协会起到协调资源的辅助作用。因此,集群利益分配的核心问题是如何发挥龙头企业的主导作用和辐射效应?如何提高其资源共享的积极性和主动性?等等。

协调机制的运用应该有针对性,具体应该体现到各自的治理机制中。因此,接下来将结合本章及前面章节研究结论,从我国西部地区牛羊特色食品产业集群的地方规制、经济层级、协会自治和社会规范四方面分别论述各个治理主体应倡导的治理机制。

第五节 集群创新治理机制分析

治理机制,是产业集群治理主体影响集群行动者互动行为的方式,是不断优化和提升网络治理组织五维度(不确定性、任务复杂性、资产专用性、网络属性和关系属性)环境的必要手段。只有采取有效的治理机制,使各个治理主体各司其职,相互协调,才能引导产业集群良性发展。目前,我国西部地区牛羊特色食品产业集群大部分处于成长期,即使宁夏也仅仅是刚刚步入成熟期,还有成长的很多特点,不同省份的治理机制存在一些异质性问题,但更多的是大量共同性问题的存在。为了保护和发展好西部地区这一有特色和一定特殊性的产业,进行治理机制的创新势在必行。为此,结合前述论证和前人理论,本书将从一般性和异质性双重角度

第八章　西部地区牛羊特色食品产业集群创新治理体系构建

考虑,从"地方规制、经济层级、协会自治和社区规范"四维度进行治理机制的论述,在特殊文化背景下同时关注网络组织治理环境的"五维度"和波特的钻石模型,进行机制的创新设计。具体论述框架见图8-4。

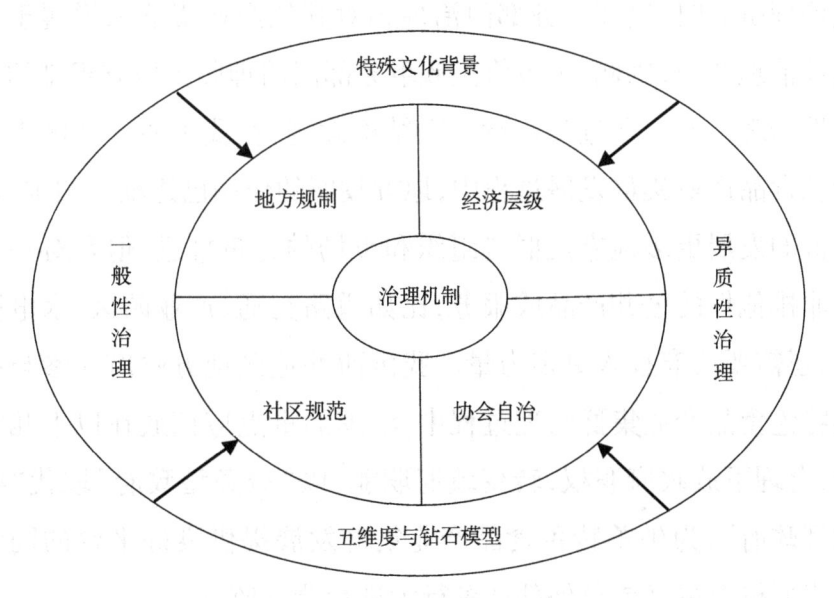

图8-4　西部地区牛羊特色食品产业集群创新治理机制分析框架

资料来源:笔者团队制作。

一、地方规制:我国西部地区政府相关职能部门的作用

地方规制指产业集群所在区域的地方政府及其职能机构依据其法定权威力量影响集群行动者行为的治理机制。[①] 与一般产业集群地方政府治理不同,我国西部地区牛羊特色食品产业集群地方政府治理的异质性在于"监管主体"的差异和饮食文化的差异。对一般产业集群而言,监管主体主要是地方工商、税务、质监、医

---

① 魏江、周泯非:《产业集群治理:理论来源、概念与机制》,《管理学家(学术版)》2009年第6期。

药、城建、商务、外贸等部门;但对我国西部地区牛羊特色食品产业集群而言,其监管主体应以"民族事务部门"为主。在上述第四章至第七章,为了充分说明民族事务部门在牛羊特色食品产业集群发展中的重要性,将其作为异质性因素单独考虑。在分析地方规制治理机制时,民族事务部门治理相对其他产业集群来说属于异质性治理范畴,因此,本节将民族事务部门治理归为地方规制的异质性治理范畴。通过第六章研究结论发现:在我国西部地区牛羊特色食品产业集群发展过程中,地方政府的作用已逐渐回归本位,集群的发展更多地靠集群自组织和市场的力量推进,但是对一些有非排他性的公共产品或服务,比如道路交通、产业园区、水电网等,还需要政府投入更多力量。我国西部地区地方政府在参与牛羊特色食品产业集群治理过程中,治理的重点应该放在以下几方面:合理下放政府职权,转变政府职能,以"服务型政府"取代"行政型政府",为牛羊特色食品产业集群发展提供良好平台的同时对集群机会主义或负外部性等行为进行严密监管。

(一)地方政府一般性治理机制分析

1. 积极合理制定牛羊特色食品产业政策制度,逐步消除不确定性

从第四章关于"不确定性"结论来看,我国西部地区地方政府前期的支持政策和产业制度对其牛羊特色食品产业发展起到了一定的积极作用,促使其集群化发展,为地方经济增长、就业增长、人民生活水平提升等有积极贡献,尤其是宁夏地方政府的产业政策与制度更加全面具体,从而促进了宁夏牛羊特色食品产业集群逐渐走向成熟,青海和甘肃一直也在致力于政策支持;从第七章的研

究结论来看牛羊特色食品受众广泛,但主要是源于对民俗的"洁净"的美食的美好追求,与饮食习惯等无关,甚至乱贴标签会引起反作用,可见,从"民俗食品"角度对其进行定位,有积极战略意义。

因此,结合上述结论,我国西部地区地方政府(尤其是不确定性过强的地区)应遵循"保护与发展"这一终极目标,以"民俗食品定位"为发展前提,积极修改各自"管理条例",明确牛羊特色食品的重要意义,明确其监管主体,明确其生产规范等,并在此基础上积极出台明确的支持政策和设计规范的产业制度,通过全过程规范管理和规范扶持,促使我国西部地区牛羊特色食品产业集群化发展。

2. 培育龙头企业,吸引优质投资,优化政企关系属性

通过第四章对现状的分析可知,目前我国西部地区典型省份牛羊特色食品产业集群内部企业都以中小微型企业为主,它们在资金、技术、管理、资源等方面都处于弱势,不能在集群内部发挥辐射效应,且有些地区如新疆龙头企业辐射带动作用并不显著,宁夏和甘肃龙头企业辐射带动作用也较弱。因此,西部地区地方政府的主要职责在于两方面:第一,有规划、有步骤地积极培育地方牛羊特色食品龙头主体,通过为其提供良好的产业发展平台,如税收、土地、人才等方面的扶持,激励龙头企业加快创新的步伐,并通过技术、知识等资源的共享带动中小微型食品企业发展。第二,集群的发展离不开外部价值链的投资,尤其是有一定知名度的品牌在集群内投资建厂带来的集聚效应是非常大的。因此,西部地区地方政府有责任和义务为了西部地区的经济发展,通过提供良好的投资环境,吸引知名企业的优质资本投资于牛羊特色食品产业。

这种方式既能够灵活地提升其产业集群竞争力,又节省了集群品牌的推广成本和政府的维护成本。因此,建议西部地区地方政府在对牛羊特色食品产业集群发展战略进行规划时,重点打造一支技术过硬、管理灵活、机制顺畅的招商团队,通过他们的努力,让优质投资者了解各自地区,了解西部地区的牛羊特色食品,了解西部地区地方政府为了该产业集群发展所作出的努力等。

3. 加强硬环境建设力度,提升人力资产专用性质量,降低任务复杂性

通过第五章的分析结论发现:硬环境建设对我国西部地区典型省份牛羊特色食品产业集群绩效的推动作用平均高达0.531,仅次于"网络关系"的影响。可见,硬环境建设至关重要。硬环境主要包括人力资源、货币资源、技术资源、信息资源和自然资源五方面,其中人力资源属于资产专用性,其他属于任务复杂性。

(1) 积极培育和提升高端人才资产专用性水平

通过对发展现状的分析了解到:我国西部地区典型省份牛羊特色食品产业集群目前虽然劳动力数量得到了一定程度上的保障,但是劳动力资源质量都较低,尤其是懂技术、懂管理、懂语言的高端人才更加匮乏。虽然吸引高端人才的主要任务在于集群企业,但对高端人才的培养需要地方政府加大投入力度,并协调好高校、科研院所等培养机构,形成产、学、研一体化的培养思路。西部地区地方政府应该通过行业协会等力量充分了解牛羊特色食品产业集群内劳动力资源的结构问题,有的放矢地进行短缺岗位人才的培养。地方政府可以通过协调资源,在宁夏大学、新疆大学、青海大学、北方民族大学、各省区农科院等单位设置特色专业,来解决劳动力结构问题。

（2）拓宽牛羊特色食品企业融资渠道

第四章结论显示：目前我国西部地区牛羊特色食品产业集群内企业的融资能力与获取风险投资的能力都很一般，不能适应牛羊特色食品产业的结构调整与升级。地方政府也积极采取多项措施拓宽其牛羊特色食品企业的融资渠道。但作为共性问题，银行对中小微型企业的放贷偏好趋于保守。本书针对这一共性问题在典型省份宁夏和甘肃临夏进行了小范围金融供需调研，结果显示：①企业性质不同，资金来源不同，金融需求意愿不同，金融认知不同。牛羊特色食品企业主要为三类，即原材料供应商（15.28%）、生产商（65.28%）和分销商（19.44%）。22家原材料供应商基本都属于养殖大户，其生产资金平均48.5%来自自有资金，平均27.2%来自亲朋短期借款，平均24.3%来自政府各项小额担保，原材料供应商的金融信贷需求意愿只有34.7%，资金需求规模平均在25万元，其中78.2%的养殖大户对金融缺乏认知；94家牛羊特色食品加工型企业的生产资金平均31.7%属于自有资金，平均48.9%来自商业贷款，平均19.4%来自社会资本投资入股等形式，金融信贷需求意愿非常强，达到97.9%，资金需求规模不稳定，一般在100万—1000万元，其中88.8%的企业认为自身符合人民银行银川支行规定的绿色金融支持"清洁生产"的要求，希望简化贷款流程；28家分销商运营资金中平均34.1%来自自有资金，平均58.7%来自商业贷款或抵押贷款，平均7.2%来自社会资本投资入股等形式，其金融信贷需求意愿也较强，达到89.3%，资金需求规模平均维持在50万元，其中91.2%的企业认为地方政府应该加大绿色互联网金融的支持力度，究其原因在于贷款资金少，获取方便，属于小额网贷范畴。②企业规模不同，资金用途不同，金融需求意愿不同。被调查企业中62.5%属于小微型牛羊特色食品企业,以餐饮和养殖大户为主,其资产总额低于100万元,其贷款用途主要用于前期开店成本或牛羊购置成本,贷款意愿为25.9%,其中70%的调查对象提到了小额网贷的便利性和倾向性,希望针对牛羊特色食品特点,开通绿色通道;被调查企业中25%属于中小型企业,以食品加工与销售型企业为主,其贷款用途主要用于扩大再生产、扩大市场占有率等,贷款意愿为57.1%,其中94.5%的被调查者认为自身产品属于民俗特色食品,是有绿色基因的特色农产品,兼具清洁生产等特点,希望地方政府考虑纳入绿色金融的支持体系中;12.5%为大型企业,其贷款资金主要用于产品的技术研发和品类拓展,贷款意愿较强为88.9%,并且所有大型企业一致认为地方政府应该在绿色发展基金、绿色债券等方面给予大力支持。

在这种情况下,西部地区地方政府应结合区域特点和特殊风俗文化,可积极探讨区域股权融资模式、小额信贷模式、小额网络贷款模式等。从现阶段来看我国西部地区牛羊特色食品产业集群中依然以中小微型企业为主,经营模式多以"准家族式"为主,缺少现代经营理念,难以适应集群化、品牌化、规模化甚至标准化发展模式。在其发展过程中,由于缺乏"质押物",难以获得银行贷款,这也是银行先天避险倾向所致。因此,地方政府可以结合区域文化特点,探索股权融资模式,即集群企业融资困难条件下,出让其部分股权,通过企业增资等方式引进新股东,新旧股东"风险共担,利益均沾"。这就需要地方政府做好服务功能,积极构建"股权交易中心",并配套各项交易机制,使"股权交易中心"发挥融资池、孵化器和助推器功能;同时从其需求来看,小微型企业更倾向

第八章　西部地区牛羊特色食品产业集群创新治理体系构建

于小额贷款或网络小额贷款平台,因此地方政府应积极扶持小额信贷公司以及合规合法网络信贷平台的发展。

(3)鼓励技术创新,促进技术交流

目前我国西部地区典型省份牛羊特色食品产业集群内部企业以中小微型食品企业为主,技术都相对落后且缺乏创新,现有技术水平很难满足消费者需求。在供给侧结构性改革背景下,西部地区地方政府应该积极倡导和鼓励牛羊特色食品产业从产品创新、技术创新、管理创新和服务创新四方面入手,加大改革力度。而技术创新是企业的核心竞争力。因此西部地区地方政府可以从以下方面鼓励牛羊特色食品产业集群企业的技术创新与交流:①政府可以根据企业技术比较优势,通过有规划、有方向地指导集群内部牛羊特色食品企业间的兼并或组建战略联盟的方式来达到技术重组的目的,从而形成合力;同时,根据中央供给侧结构性改革的精神,注重牛羊特色食品产业结构性优化,淘汰一批技术落后、不被市场认可的"僵尸型企业"。②加大对技术创新的激励力度。对有技术创新的牛羊特色食品企业在研发平台、技术专利保护、税收、人才培养等方面给予大力支持。③对参加本行业国际高端技术研讨会的牛羊特色食品企业给予财政上的支持;对积极引进先进技术的牛羊特色食品企业,政府在协调方面给予大力支持,并且给予财政上的一定补贴。④在集群内打造技术创新标杆,通过行业协会中介作用,定期举办集群企业间的技术交流与合作,这也是政府给予标杆企业大力补贴的真实目的,即积极促进集群网络内牛羊特色食品企业间的知识、技术等资源的分享与合作,从而形成"新鲜产业空气"。

(4)建立牛羊特色食品公共信息服务系统

我国西部地区地方政府已建设了各种畜牧业网站等,通过网络平台共享市场供求信息,进一步促进西部地区牛羊特色食品产业发展。作为公共品的信息网站,对促进集群牛羊特色食品产业发展是非常重要的,但单纯的公共信息尚不能满足其差异化的需求,政府除了要加大公共信息网站的投入力度外,应该制定相应的政策积极促进民间信息服务平台的发展,比如大力支持牛羊特色食品电子商务平台、直播平台等现代网络平台的发展,同时做好监管服务。据了解,目前国内牛羊特色食品网站主要以产品展示、推介、资讯、行业新闻为主,专注做 B2B、B2C、C2C 电子商务市场。政府应该在可操作层面对集群企业给予大力支持,从而拓宽集群企业信息来源渠道或销售渠道。

(5)加大对集群基础设施的投入力度

从典型省份"基础设施"单项指标数据平均值来看,其强度值基本处于"一般"水平,说明目前我国西部地区牛羊特色食品产业集群内基础设施建设还不够,还有很大的提升空间。国内大多数学者认为基础设施是制约我国产业集群尤其是欠发达地区产业集群发展的重要因素。因此,西部地区地方政府应该引起重视。现代化背景下,"基础设施"除了包括集群内水、电、气、交通、通信等方面外,更重要的在于宽带网络的升级速度。地方政府应该创新支持模式,除了政府采购,可以通过 BOT、PPP 甚至 BOO 等模式鼓励民间资本进入公共品市场。

4. 完善市场服务功能,强化集群网络属性建设

产业集群的发展除了要靠各个治理主体的主体功能发挥作用,辅助部门的渗透作用也不容忽视,尤其是应该加强市场服务功能建设。市场服务主体一般指嵌入到整个集群产业链过程中的中介组织,对我国西部地区牛羊特色食品产业集群而言,主要包括食

第八章 西部地区牛羊特色食品产业集群创新治理体系构建

品包装系统、食品物流服务系统以及面向集群内企业发挥作用的银行、会计师事务所、律师事务所、咨询培训公司、税收工商社保等代办点、广告代理公司等。上述部门都是在市场机制引导下逐步发展起来的,但政府的积极推动作用是至关重要的,尤其对牛羊特色食品产业集群而言,目前已度过导入阶段处于较快发展阶段,相应的市场服务功能应该逐步地配套和完善,以提高集群企业办事效率。西部地区地方政府可从以下几方面完善和强化牛羊特色食品产业集群的市场服务功能:第一,积极促进牛羊特色食品物流产业发展,构建现代物流体系。通过审批程序并在民族事务部门监管下,积极培育一批物流标杆企业,加快其信息化进程,并协调其与国内各大快递公司的合作。第二,随着牛羊特色食品产业的快速发展,包装业在集群内逐渐发展起来,但多以零散、小微型企业为主,并未形成有一定实力的大型包装公司,因此,政府应该利用政策导向,对规模以上的食品包装公司给予税收等方面的优惠,从而解放集群内食品企业的包装业务。第三,地方政府应该从战略高度出发,加快园区建设,突出功能性集群建设,通过牛羊特色食品企业在地理上的集中,推动市场机制发挥作用,从而吸引银行、会计师事务所、律师事务所等在园区内设立分支机构,从而形成主动嵌入局面。第四,地方政府通过会费支持、权力下放等方式充分调动行业协会的积极性,通过行业协会的协调功能开展与外部辅助部门间的交互活动,从而吸引外部机构的相关功能作用于集群发展。

(二)地方政府异质性治理机制分析

1. 构建以民族事务部门为主体的监督体系,强化关系属性

在实际调研中,本书发现:构建以民族事务部门为主导的牛羊

特色食品监管体系,突出其关系属性势在必行。研究结论也显示从关系属性的角度看,在我国西部地区民族事务部门的嵌入作用总体上不够强,因此,结合理论与现实情况,本书建议我国西部地区地方政府尝试"单方负责,联动管理"的监管体系,并对各方职责进行清晰划分,做好制度安排,防止制度漏洞。该监管体系的具体实施思路为:

(1) 建立工作机制

建议我国西部地区地方政府结合区域文化、风俗习惯等特性,成立"牛羊特色食品监管领导小组",以协调各方关系;由民族事务部门为执行组长单位,并作为监管第一责任单位;省公安、工商、税务、质监、医药、城建、外贸等部门作为成员单位,积极配合民族事务部门的"食品监管"活动。并明确各方职责,即凡涉及"特殊饮食习惯的牛羊食品"事务的,如原材料采购、饮食习惯的生产、储藏、包装、运输、销售等环节建议由民族事务部门作为第一监管主体,其他涉及工商、税务、质监、医药、城建、外贸等环节的务必以民族事务部门出具的相关合法证明为依据方可进行各自业务处理。

(2) 强化执法力度

本书建议在"食品监管领导小组"下设"食品联合执法大队"。由民族事务部门牵头,联合公安、工商、质监等部门,组建一支既有执法资格、执法能力又熟悉业务和有一定协调能力的综合执法团队,以强化牛羊特色食品的依法监管力度。

(3) 多样化定期巡检

为了保障该模式的有效运行,结合现实需求,一方面要充实和强化民族事务部门的监管力量和监管结构;另一方面要赋予民族事务部门更多权限,比如聘请社会人员等成为社会监督员,从而形成可持续的定期巡检制度,增加技术监督、文化监督以及舆论监督力度以防止极端化等问题。

(4)建立协调机制

以民族事务部门为主体,发挥行业协会作用,成立文化冲突协调办公室来协调食品生产经营中因文化差异等造成的冲突,积极宣传国家和地方民族政策,促进民族团结。

2. 以民俗食品定位为前提,促进牛羊特色食品品牌推广,降低任务复杂性

(1)积极推动牛羊特色食品产业集群龙头企业品牌推广行为

品牌推广,原本属于企业自身的经营行为,然而对于我国西部地区牛羊特色食品品牌而言,其宣传推广与一般产品有别,将面临更多严格的审核和销售系统的把关,企业承担的推广成本将更大。为了调动我国西部地区牛羊特色食品企业打造区域乃至全国、全世界品牌的积极性,这就需要政府要从长远角度考虑:一是要提前进行规划,逐步加大对进行规范品牌宣传的牛羊特色食品企业,尤其是对龙头企业提供各类产学研平台、政策优惠以及资金补贴等方面的支持力度。二是要利用现代计算机、大数据、区块链等技术创新服务平台,认真做好协调服务与监督工作,提高牛羊特色食品广告、包装、户外宣传、网络推广等媒介传播方式的审批效率。三是要积极为牛羊特色食品企业搭建网络销售平台,由既懂现代技术,又懂经营管理并且熟悉回族等少数民族饮食习俗的专业人士进行统一管理、统一服务、统一监督、统一检测等,从而不断帮助其企业拓宽销路。四是以民俗食品定位为前提进行推广。以往标识过于泛化、杂乱无章,尤其是各大销售终端、专卖店等为吸引消费

者眼球过度包装店面。因此西部地区牛羊特色食品企业应该坚持在"民俗食品定位"前提下,由政府统一食品标识,突出食品的一般属性。从根本上来讲,食物毕竟还是为了满足消费者的日常饮食需求,并且消费者是在对少数民族信任的基础上消费的"洁净""健康"的美食,因此,民俗食品定位有现实性,更有利于牛羊特色食品产业在国内发展。

(2)降低西部地区政府相关部门的监督成本

降低监督成本,一是要逐步完善牛羊特色食品行业协会的传导职能,通过行业协会正式机制(规章、制度等)与非正式机制(声誉、信任等)的发挥来激励和约束集群企业行为,从而降低政府相关部门的监督和协调成本。二是要充分发挥社会人士的监督作用,政府可聘请有威望的人士参与牛羊特色食品生产、销售全过程的监督。三是要搭建社会性网络监督平台,充分发挥社会各级组织和个人的力量,形成一种共同监督文化。四是进行政府职能部门的考核体制改革,通过构建严明的监督机制和公正的权责制度来约束企业的不良市场行为和政府人员的寻租行为。五是要节点控制,对牛羊特色食品产业可能诱发的各类风险的关键节点进行统筹梳理归纳,在各节点设置专门监督和协调机构。六是在自媒体时代,正确引导社会舆论,注重事物本质,客观评价节点事件,同时更应严格约束政府乱执法、不恰当执法等过度用权行为。

二、经济层级:西部地区牛羊特色食品产业集群龙头企业的作用

经济层级指产业集群内部一个或几个大型领导企业(龙头企业或中心企业)凭借其经济权威力量影响集群行动者行为的治理

机制。[1]

龙头企业,又称中心企业或核心企业,国外一般叫领导型企业。瓦拉赫(Wallach,1983)[2]认为龙头企业在规模等方面高于集群企业平均水平,与外部联系要更多,是集群的发展中心;贾生华和杨菊萍(2007)[3]认为龙头企业有投资外部性、知识扩散性、创新带动性以及品牌促进性等功能;莫少颖(2012)[4]认为作为农业产业化的龙头企业的显著特征应该是积极承担部分社会责任。因此,本书认为我国西部地区牛羊特色食品产业集群中龙头企业主要是指:在充分尊重回族等少数民族饮食文化条件下,敢于承担社会责任且在区域内有一定的示范和领导能力,在规模、技术、资源等方面对其他企业有深远影响的行业领跑者。工业和信息化部在促进产业集群发展中明确提出要大力提升龙头骨干企业的带动作用。可见,龙头企业在产业集群中有重要作用,它们是集群治理的"第一行动集团"。根据第五章、第六章、第七章研究结论可知,本书认为西部地区牛羊特色食品产业集群龙头企业的治理机制主要包含以下几方面,尤其是新疆地区更应重视。

(一)龙头企业一般性治理机制分析

1. 扩大集群龙头企业资源共享收益,增强网络关系属性

在我国西部地区牛羊特色食品龙头企业与中小微型企业博弈

---

[1] 魏江、周泯非:《产业集群治理:理论来源、概念与机制》,《管理学家(学术版)》2009年第6期。

[2] Wallach, E. J, "Individuals and Organizationals—The Cultural Match", *Training and Development Journal*, Vol.37, No.2, 1983, pp.29-36.

[3] 贾生华、杨菊萍:《产业集群演进中龙头企业的带动作用研究综述》,《产业经济评论》2007年第1期。

[4] 莫少颖:《农业产业化龙头企业社会责任研究》,《农业经济》2012年第10期。

模型中，R_2是龙头企业共享其知识、技术等资源时所获取的收益；R_1是龙头企业垄断其知识、技术等资源时所获取的收益。从市场营销学的顾客感知价值理论视角看，一旦龙头企业感受到共享收益远远大于垄断收益时，龙头企业将会采取积极分享策略。因此，在R_1一定条件下，扩大R_2水平将有助于推动集群内大中小微型企业间的分工与合作，龙头企业有带动的动力，中小微型企业不合作或不参与分工将无法在集群内生存。扩大西部地区牛羊特色食品产业集群龙头企业R_2水平的方法可以从集群内部与外部两方面考虑：

(1) 发挥示范带动效应，鼓励大中小微型企业分工协作

在集群内部，以牛羊特色食品龙头企业为主导，建立自己的配套生产体系，将一些有学习能力且愿意通过学习不断提升的中小微型牛羊特色食品企业纳入该体系中。牛羊特色食品龙头企业在"转包""分包"协议框架下，为了提高自身核心竞争力，可将一些技术含量较低、劳动密集型业务转移给中小微型企业，从而带动一批中小微型牛羊特色食品企业发展起来、成熟起来；大中小微型牛羊特色食品企业交互发展过程中，主要靠信任等非正式制度发挥作用，可能会造成一部分"道德风险"的存在，这时牛羊特色食品龙头企业可以通过"权威式"或"领导式"等组织形式对中小微型企业进行分工与合作安排，通过制定统一的、严格的牛羊特色食品生产标准、质量标准、运输标准等来约束和控制中小微型企业的投机行为；同时，可建立严格的"进入门槛"，对"弄虚作假"或"不思改进"的中小微型企业采取"淘汰"策略，以激发它们的学习意识、质量意识和利益共同体意识等。

(2) 积极嵌入全球价值链，从外部获取产业集群剩余

地方产业集群仅仅是全球价值链中众多环节的一环。全球价

第八章 西部地区牛羊特色食品产业集群创新治理体系构建

值链有严格的等级制度。一般而言,地方产业集群在嵌入全球价值链过程中主要有三条路径:一是利用地方产业集群比较优势以满足全球价值链中价值前端的领先公司的某些需求而逐步嵌入;二是依靠地方产业集群的整体竞争优势嵌入;三是接纳全球价值链转移环节而嵌入。

正像市场营销学中提到的"蓝海市场"一样,地方产业集群嵌入全球价值链的活动实属争取"更大蛋糕"的过程,而牛羊特色食品龙头企业在地方特色产业集群中占有核心地位,在"新蛋糕分配"上有更多主动权,因此它们是我国西部地区地方特色产业集群嵌入全球价值链的根本受益者,但同时也盘活了中小微型企业的经营方式,突破了"思维锁定",在压力迫使下,促进了牛羊特色食品产业集群内部企业间的不断创新与合作。

全球牛羊特色食品产业集群主要集中于马来西亚、菲律宾、文莱、泰国以及中东和一些阿拉伯国家,其中站在价值链前端的当属"马来西亚产业集群",其有成熟的产业体系、公认的认证体系、强大的研发体系、完善的服务体系等。在我国,牛羊特色食品产业集群主要集中于西北五省,有先天的区位优势、民族优势和资源优势,因此在国内价值链的争夺中有一定比较优势,但面向全球价值链,却缺乏比较优势。根据国际经验,我国西部地区牛羊特色食品龙头企业在嵌入全球价值链过程中,可以通过以下方式:一是以集群牛羊特色食品龙头企业为主,在政府帮扶下,积极获取全球价值链认可,打破出口通行难题。这就要求我国西部地区牛羊特色食品龙头企业的外向业务要科学严谨地按照国际标准进行质量工程再造。二是集中打造一两家牛羊特色食品龙头骨干企业,通过其与全球价值链顶端公司在人才、技术、资源、管理、服务等方面的交流学习,以技术合作、人才合作、资本合作等方式共同参与全球价值链争夺,以达到"干中学"的目的。

我国西部地区牛羊特色食品龙头企业的全球价值链参与,必然提升集群牛羊特色食品品牌的整体竞争力,通过"再分包"等形式,搞活集群经济,从而促进集群网络间的信任关系不断加强。当然,我国西部地区牛羊特色食品龙头企业更应负有社会责任,在嵌入全球价值链过程中,在践行商业行为基础上,应积极防范国际极端主义的渗透。

2. 组建产业技术创新联盟,降低任务复杂性

技术资源是任务复杂性中重要的影响因素。通过前面章节分析,本书发现:我国西部地区牛羊特色食品产业集群整体技术水平相对落后,导致其任务相对更复杂,龙头企业拥有相对较高的技术水平,但缺乏知识、技术等资源的分享动机,而中小微型企业除了向龙头企业学习外,自身并没有技术创新的能力。通过长期博弈,促成集群牛羊特色食品龙头企业与中小微型企业间资源共享的博弈均衡条件显示:在 R_2 一定条件下,应该大力降低集群网络资源共享与学习的成本(C_1 与 C_2)。

牛羊特色食品龙头企业的共享成本更多地表现为一种共享风险,为了使共享知识、技术等资源的风险降低,最有效的方式就是以各方现有技术为基础,组建战略联盟,联合开发、创新技术,即效仿宝钢、武钢等组建"产业技术创新联盟";同时中小微型牛羊特色食品企业加入联盟,作为"跟班"可以获取更多知识、技术等资源,甚至会分享创新技术成果。可见,产业技术创新联盟是解决我国西部地区牛羊特色食品龙头企业与中小微型企业间资源共享问题的有效途径。该联盟性质属于集群网络自发组织,以牛羊特色

第八章　西部地区牛羊特色食品产业集群创新治理体系构建

食品龙头企业为主体,吸收一部分有战略眼光和创新意愿的中小微型企业,再联合集群内高校、科研院所,形成优势互补、风险共担、利益共享的创新合作组织。通过该联盟的有效实施,进一步促进牛羊特色食品产业集群高技术人才的联合培养与交流互动,有效突破思维锁定。该联盟的主要任务要集中联合开发应对全球价值链的竞争性技术、产品或服务,引领牛羊特色食品认证标准的统一等。在与牛羊特色食品产业园区领导访谈时发现:宁夏吴忠牛羊食品加工产业园正在着手建设产品检验检测联合中心,该中心的成立将对中小微型牛羊特色食品企业提供更加便捷的检验检测服务,这也是产业技术创新联盟的初级阶段,应该保护好、发展好、利用好这样的联盟。

3. 构建区域品牌联合推广机制,逐步分化任务复杂性

品牌联合指分属不同公司的两个或多个品牌有短期或长期的联系或组合。通过国内外知名公司的商业实践,如索尼与爱立信的品牌联合等,充分地说明了品牌联合对促进产品属性互补以及品牌形象提升有积极作用。

我国西部地区牛羊特色食品品牌主要包括两部分:区域品牌和企业品牌。在访谈中,大部分企业认为我国西部地区牛羊特色食品区域品牌和企业品牌很弱,不能形成有市场统一认知的合力,这也和原永丹、董大海和刘瑞明等(2007)[①]研究结论相一致,他们认为西部地区特色产业集群应该传承区域民族文化特色,走"区域品牌导向型品牌联合之路",即通过集中优势资源打造共同的区域品牌,通过作为公共产品的区域品牌的做强、做大,逐渐发挥

---

① 原永丹、董大海、刘瑞明、金玉芳:《品牌联合的研究进展》,《管理学报》2007年第2期。

龙头企业优势品牌战略，比如兰州拉面、宁夏滩羊等区域品牌的发展获得了极大的成功。

我国西部地区牛羊特色食品企业大部分为中小微型企业，对企业自身品牌的推广由于缺乏资金以及思想观念落后等原因造成了其缺乏推广的动力，从而形成恶性循环，导致不能培育出区域知名牛羊特色食品品牌的现状；而对于区域品牌，以龙头企业为代表的群体与政府之间又存在博弈。可以通过采取构建牛羊特色食品"区域品牌联合推广委员会"的形式进行成本的分摊，从而有效抑制上述现状。由于牛羊特色食品的专属性，建议该委员会由西部地区民族事务部门直接管辖，以集群牛羊特色食品龙头企业为区域品牌推广的执行委员，充分发挥行业协会的召集、民主管理等功能，明确"牛羊特色食品"区域品牌的推广战略、各成员需要承担的费用和享受的利益、政府补贴方式与力度等，整个区域品牌推广过程由民族事务部门全程监督并报备工商行政管理等部门，以降低政府的政治风险。

4. 充分发挥龙头企业科层文化的渗透作用，深挖其资产专用性

产业集群内部企业科层文化建设是集群发展的基本软环境单元，也是该产业的文化资产专用性，主要包括企业家精神、学习能力、创新能力以及公司规章、管理制度等。通过第五章分析结论：我国西部地区牛羊特色食品产业集群内企业家精神、学习能力程度基本维持在"一般"的水平，虽然创新性不强，但有较强的创新意愿。龙头企业家精神、学习能力和创新能力的培育与提高对带动整个产业集群的"创新氛围""学习氛围""创业氛围"等有积极辐射作用，可以这样说企业家群体是产业集群发展的原动力。因

此，集群企业科层文化在交互过程中必然促进集群网络的发展，但实证数据显示其网络连接密度、强度、稳定性、网络创新性等都处于较弱水平，这也反映了目前集群内部企业科层文化虽然不弱，但却处于"我干我的，你干你的"的状态，龙头企业科层文化的渗透作用不明显。

因此，积极研究如何充分发挥龙头企业科层文化渗透作用成为必然选择。可参考两种做法：第一，被动式渗透。可以考虑以行业协会为平台，定期聘请科层文化建设比较好的牛羊特色食品龙头企业家在行业范围内举行专题讲座、经验交流会、茶话会等形式与集群内牛羊特色食品中小微型企业进行企业家精神、学习、创新等方面的交流。第二，主动式渗透。集群牛羊特色食品龙头企业与其所配套的中小微型企业之间属于利益共同体。龙头企业在"转包""分包"给中小微型企业的业务时，希望他们按时、按质、按量按成，除了在知识、技术等硬资源上的帮扶外，企业家精神及企业管理规范、行政文化等软资源的帮扶实际上才是对其思想上根本的帮扶。因此，建议我国西部地区牛羊特色食品龙头企业在与其配套系统交互过程中，多进行科层文化的渗透，以传递正能量，激发牛羊特色食品中小微型企业的创业激情。

(二)龙头企业异质性治理机制分析

1. 加强全过程自我管理，为关系属性的增强提供原动力

根据第五章研究发现，目前市场上确实存在"极端主义"现象，单靠民族事务部门和政府的力量是不够的，作为"产业集群第一行动集团"，牛羊特色食品龙头企业有不可推卸的社会责任，否则将会导致牛羊特色食品市场的"道德风险"和"逆向选择"问题，

不利于地区的稳定和团结。另外,牛羊特色食品品牌在我国已不陌生,西北五省更强于其他地区。根据第七章的研究成果,随着大众群体对健康的诉求不断提高,牛羊特色食品也逐渐被广大消费者群体所接受。对一般产品而言,在面临市场扩张时,会迅速提高生产产能。然而,我国西部地区牛羊特色食品有特殊性,不能盲目追求经济利益,还要考虑部分少数民族的饮食习惯问题。因此,牛羊特色食品企业,尤其是有示范效应的标杆企业在牛羊特色食品生产的全过程都要进行严格的专属性自查。

2. 内外部文化融合,进一步增强网络关系属性

首先通过文化融合,使集群达到牛羊特色食品企业内部战略目标的统一。有效的解决途径应该是"文化融合",即通过牛羊特色食品龙头企业中有地位的回族员工与公司非回族所有者展开文化的交流,相互尊重,通过双方矛盾的不断解决,促进双方"共识"思想的产生,从而最终形成"文化融合"的局面,即在尊重少数民族饮食文化框架下,谋求最大经济利益,并承担更多社会生态责任。

三、协会自治:行业协会的作用

协会自治指集群内行业协会和商会等社团机构基于协商原则组织和开展集体行为的治理机制。①

通过第五章、第六章研究结论发现:行业协会在我国西部地区牛羊特色食品产业集群发展过程中发挥的作用都处于"不强"水平,主要是在发挥联系展会、参会、企业教育培训以及作为政府的

---

① 魏江、周泯非:《产业集群治理:理论来源、概念与机制》,《管理学家(学术版)》2009 年第 6 期。

信息收集员等方面有一定效率,这也和第五章最终的作用机理图是相互印证的。但是在座谈时,多数企业认为行业协会实质性功能尚未发挥。因此,对我国西部地区牛羊特色食品产业集群的行业协会治理而言,重心应该放在从一般性与异质性角度出发研究如何发挥其实质性功能上面来。

(一)行业协会一般性治理机制分析

对一般性治理而言,本节将从行业协会的四方面职能分别进行阐述,通过其实质功能的发挥,增强其在集群中的关系属性。

1. 辐射小微企业,深化双向沟通

行业协会是建立在政府与集群企业之间的中间体组织,起到信息桥梁的作用。一方面,行业协会代表集群大多数企业利益向政府等相关管理部门进行公共产品或服务的诉求;另一方面,又帮助政府收集集群信息,为其制定正确的产业政策、法律、法规等提供客观依据。可见,行业协会的沟通功能是非常重要的。

如前所述,西部地区牛羊特色食品行业协会基本形成了相对固定的行业群体,虽然数量不多,但协会的日常运转也基本正常。按照李国武(2007)[①]对行业协会形成原因的总结,基本上存在三类:借助政府资源型、会员制型和龙头企业领导型。本书在2018年对宁夏吴忠、甘肃临夏和青海海东三地牛羊特色食品行业协会调研时,有部分协会会长由在政府工作经历的人员(比如园区主任或副主任)担任,或挂名会长或秘书长的,即属于借助政府资源型协会;但2020年的调查结果发现,协会会长基本由行业内龙头

---

① 李国武:《产业集群中的行业协会:何以存在和如何形成?》,《社会科学战线》2007年第2期。

企业的董事长或总经理担任,但也缴纳会费。这说明,随着产业集群成熟度的发展,行业协会的组织机构也具有演进性。

从当前我国西部地区牛羊特色食品产业集群行业协会存在形式看,属于一种混合形式,即牛羊特色食品龙头企业带领下的会员制。该类型协会特点是只有已缴纳会费的会员才能享受协会资源,而且资源的调配掌控在龙头企业手里(往往其也承担了更多成本),是一种俱乐部式自组织团体;其局限性是在一定程度上拒绝了非会员(一般是小微型牛羊特色食品企业)无偿分享协会公共产品或服务的行为。此时,牛羊特色食品龙头企业的"前瞻眼光""奉献精神""大局意识"等有效解决了上述局限性,因为只有带动小微型企业发展,它们才能更积极地缴纳会费或履行会员职责。因此,治理的重点应该放在积极培养牛羊特色食品龙头企业负责人的企业家精神上。

该类型行业协会由于有较高的独立性,因此在充当企业与政府之间的沟通员角色时有相对的客观性。引入独立第三方(主要包含高校教授、科研院所专家等)加入行业协会充当顾问或重要职务,有更高客观性,能有效解决上述困境。

2. 加强行业自律,协调企业行为

从调研结果来看,西部地区牛羊特色食品产业集群内部企业间在进行业务合作时,更多的是靠"约定俗成"。二次访谈结果显示:当牛羊特色食品行业协会成员企业被问及"一旦遭遇合作违约行为时,其主要做法有哪些"时,90%的被调查者回答最直接,即"不再与其合作";回答中认为协会应该负有重大责任的比例低于10%,可见牛羊特色食品相关行业协会在行业规章、规则、条例等方面的建设还不健全;西部地区牛羊特色食品产业集群发展还表现在同类产品在价格、款式、质量、销售渠道、服务方式等方面的激烈竞争,甚至会出现"劣币驱逐良币"的现象,这就需要集群牛羊特色食品行业协会对恶意竞争进行惩罚,并奖励遵守行规的企业。而二次访谈时,当牛羊特色食品行业协会成员企业被问及"一旦遭遇恶性竞争行为时,其主要做法有哪些"时,80%以上的被调查者回答为诉诸法律等正式制度,可见行业协会主导的非正式制度(比如声誉、承诺、信任机制)发挥的作用有限,这也与第五章的研究结论相一致。

西部地区牛羊特色食品行业协会应该适时通过"集体代表大会"的形式,将会员代表召集到一起,并聘请高校等科研院所、政府相关部门以及法律界人士等参与本行业发展需求的规章、规则、条例等的制定,通过多方谈判、协商甚至是一定程度的妥协,促使协会成员倾向遵守"协会共识",以防止非理性集体行动的发生。

3. 优化服务结构,提升服务质量

行业协会所提供的服务主要集中于:组织会议、举办或参加展会、教育培训、提供信息及部分咨询服务。通过第五章研究发现:西部地区牛羊特色食品产业集群行业协会的服务功能尤其是在举办或参加展会、教育培训与宣传等功能方面发挥得很好,已经基本达到了"较强"水平,但还需深化,充分挖掘资源,组织参加有较高水平的技术前沿研讨会、国际经验交流会等,比如可借助每年一次的"中国—阿拉伯国家博览会""回商大会""中国(青海)国际食品及用品展览会"等平台,组织牛羊特色食品协会会员积极参与,通过学习经验、交流经验、拓宽视野,甚至缔结正式契约等形式加强与内外部价值链的联系。

同时,西部地区牛羊特色食品产业集群行业协会还要认真研究获取信息的渠道,从而提升协会信息公共品的供应数量和质量,这也是协会成员企业最期盼其发挥的重要功能之一。对"龙头企业带领下的会员制"类型的行业协会,信息的搜寻与发布往往由龙头企业承担,因为其有更多的人脉、资源和信息渠道。牛羊特色食品的品类也较多,协会一般由某一类别有较大规模和实力的公司负责人担任(比如优农协会是由宁夏涝河桥牛羊食品有限公司的负责人担任)。这些品类的牛羊特色食品中的龙头企业有更多的人脉和资源,可以通过建立行业协会参议会的形式,将各品类牛羊特色食品龙头企业聚到一起,发挥合力功能,定期召开会议,交流品类信息,之后统一由行业协会秘书处对会员及时发布信息。这样,不但能够提升信息来源的质量,更重要的是增强了协会队伍的向心力。

4. 加大监督力度,维护行业信誉

对行业协会一般性监督职能而言,主要在于配合工商、医药、质监等部门对产品是否符合国家相关检验检疫标准;同时配合上述部门进行资格审查,如是否具备生产许可证、质量检验检疫证、进出口许可证等经营证照;进行行业内部监督,对违反行规行约、恶意竞争、假冒伪劣等机会主义行为通过声誉机制和法律手段给予严厉打击,以维护牛羊特色食品整个行业的对外信誉。西部地区牛羊特色食品行业协会可以以宁夏经验为借鉴,制定定期巡检制度进行行业内的自我督查来帮助牛羊特色食品成员企业不断提升质量意识和诚信意识。

除了上述四项一般职能外,行业协会还应该承担一定的研究职能,比如对牛羊特色食品发展面临的困难与障碍等进行分析、对牛羊特色食品的国内外相关信息进行分析等,这样的职能发挥可以锻炼一支有较强学术水平和前瞻眼光的精干队伍,为政府将来构建"智库"提供牛羊特色食品专家型人才。

(二)行业协会异质性治理机制分析

1. 结合异质性创新组织构架

根据访谈结果及其公众号发布文件数据显示:宁夏吴忠牛羊特色食品产业开发服务协会自2014年开始已经经历了多次协会领导岗位及会员的调换和更替。根据群文件信息,本书对其组织构架进行了图例描述,具体详见图8-5。

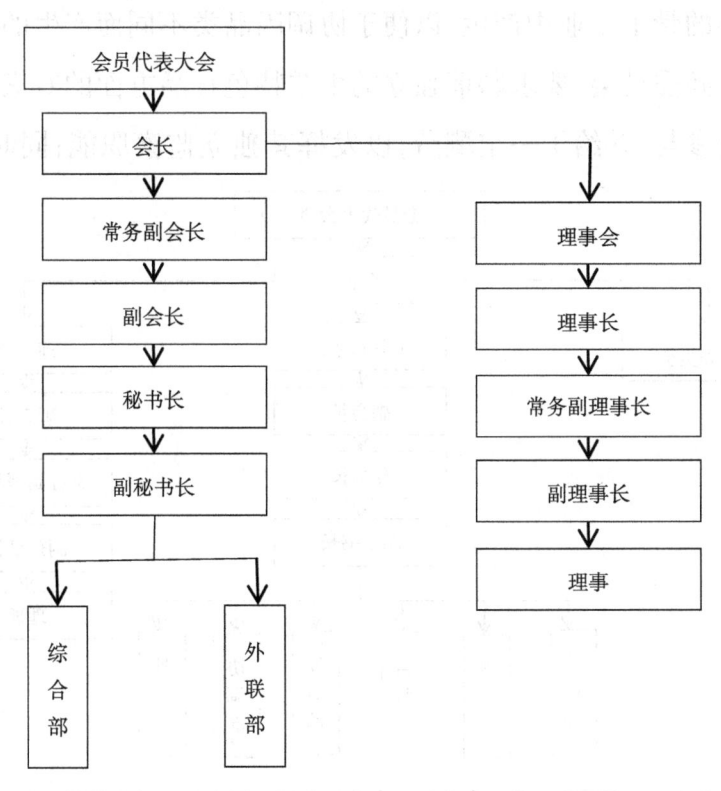

图8-5 吴忠牛羊特色食品产业开发服务协会行政组织构架

资料来源:笔者团队根据调研实际制作。

该组织构架优点在于垂直管理,层级关系明确,执行责任到位,但也有一定局限性。因为牛羊特色食品涵盖的品类比较多,各品类特点、标准等有异质性,从而对牛羊特色食品行业协会管理层和执行层专业知识提出了非常高的要求,仅仅通过综合部和外联部两个职能部门进行全程管理有较高难度,因此,应该细化业务单元,增设业务单位;同时,针对缺少独立监察部门,应该聘请独立第三方作为顾问以参与协会的监管。鉴于此,本书对上述协会组织构建图进行了修改,仅供其他省份协会参考,具体见图8-6。要求常务副会长、副会长、常务副理事长、副理事长要在牛羊特色食品各品类的骨干企业中产生,以便于协调因品类不同而产生的矛盾;增设顾问委员会,要求聘请独立的牛羊特色食品方面的专家、学者等人士参与,并给予一定酬劳,以发挥其独立监察职能;同时在执

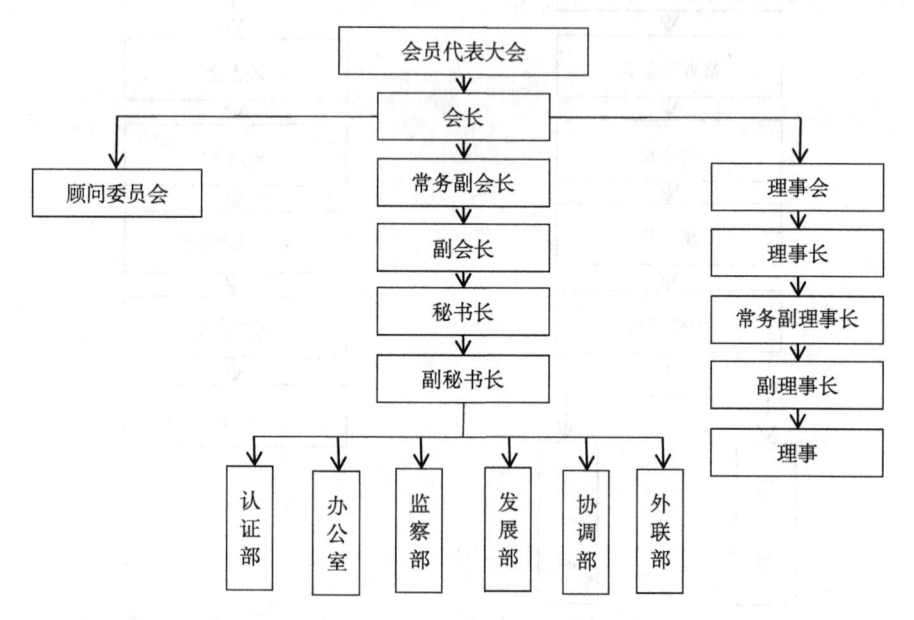

图8-6 调整后的吴忠牛羊特色食品产业开发服务协会行政组织构架

资料来源:笔者团队制作。

第八章　西部地区牛羊特色食品产业集群创新治理体系构建

行机构中,增设了监察部、发展部、协调部和认证部,主要目的在于充分发挥好牛羊特色食品行业协会的四大职能,并明确各部门职责:办公室主要负责日常行政管理、财务管理和协会服务工作;监察部主要负责定期牛羊特色食品巡查工作并负责协助工商、民族事务等部门工作;发展部主要负责协会的发展规划、行业问题研究、信息获取与发布等工作;协调部主要负责协调会员间的利益关系,协调会员与政府之间的关系等;外联部主要负责举办展会、参会、合作交流等工作;认证部主要负责协调特殊饮食习惯食品认证、质量认证等认证工作。

2. 协助民族事务与工商等部门进行牛羊特色食品巡查

为了保障我国西部地区牛羊特色食品产业良性发展,西部地区地方政府在管理条例中规定了民族事务部门与工商部门共同对牛羊特色食品行业进行监管。通过第五章研究结论发现:大部分省份民族事务部门与工商行政管理部门在推进牛羊特色食品产业集群发展过程中,都是利用"行业协会($x5$)"的传导性最终作用于集群综合绩效的。这也充分说明行业协会有较强的辅助性。从现实角度看,民族事务部门在对集群内牛羊特色食品企业是否符合生产规范要求生产或是否符合标准储藏、运输及销售时一般会告知行业协会领导以协助监察,或委托行业协会监察部门进行日常巡查以报备。

为了维护牛羊特色食品行业声誉,促进集群稳步发展,西部地区牛羊特色食品行业协会应该积极协助相关监察部门定期巡查。比较好的做法可参照温州鞋业产业集群行业协会在打击假冒伪劣产品时的做法:(1)制定标准,进行行业自主定期巡检;(2)创建行业联合质量检测中心;(3)签订会员诚信条例。我国西部地区牛羊特色食品产业集群行业协会可借鉴温州经验并结合自身行业特点制定约束性规范。

四、社区规范：集群所有行动者行为

社区规范是指集群所有行动者参照地方的社会规范开展经济活动和协调相互关系的治理机制。① 社区规范治理机制是产业集群网络关系逐渐走向成熟的重要标志，并得到了后续学者的一致认可。社区规范治理机制反映在我国西部地区牛羊特色食品产业上，主要体现于道德、制作习惯、饮食文化、地方性法律法规、行业标准等的遵守以及主要通过信任、声誉、商业规则等非正式机制发挥作用，体现集群网络关系的社会性。

（一）集群所有行动者社区规范一般性治理机制分析

1. 制定完备的法律法规以及相关的条例规范

社区规范治理机制的一个重要表现是法律法规的建立与健全。因此，我国西部地区地方政府应在新出台的《中华人民共和国食品安全法》基础上，结合牛羊特色食品产业特点，在其民俗食品定位前提下，尽快完善区域性、自治性食品安全法规；统一规范牛羊特色食品标识；修订牛羊特色食品地方性管理条例。只有健全的法律法规这一正式契约作为保障，才能引导西部地区牛羊特色食品产业集群内部其他行动者（主要是集群企业）遵纪守法，规范生产经营活动，获取正当利润；而高校、科研院所、咨询机构、金融机构、物流、包装等辅助机构应在其业务范围内充分发挥其作

---

① 魏江、周泯非：《产业集群治理：理论来源、概念与机制》，《管理学家（学术版）》2009年第6期。

用,有效支持政府对法律法规以及地方性条例的制定。

2. 共筑商业道德,打造集群命运共同体

商业道德指公认的道德规范在具体商业情景和商业活动中的应用。王延平(2015)①认为晋商商业伦理一是诚实守信,信誉至上;二是利以义取,和气生财;三是修身正己,勤俭自律;四是群体共赢,互惠互利,这充分体现了"天理""事理""人理"的有机结合,从"诚""义""信"三方面系统论述了商业道德体系。商业道德规范是集群发展过程中提升美誉度的重要因素,因此,需要西部地区牛羊特色食品产业集群内部所有行动者共同打造"诚""义""信"的道德体系,其主体主要是集群牛羊特色食品企业。具体来看,西部地区牛羊特色食品企业及其他行动者应遵循以下原则:一是要遵循"诚实为本"的原则。这也是我国千百年来一直延续的商业根本道德底线,需要集群所有行动者共同遵守,不因小利而损大利,形成"童叟无欺"的诚实生态系统,从而吸引社会各界资本青睐,增强集群美誉度。二是要"行为尚义"。就是要公正、合理行事,反映到西部地区牛羊特色食品企业身上就是既要考虑"君子爱财,取之有道"的行为"道义",又要考虑国家和地区的经济发展、民族团结稳定这一"大义"。三是要"言而有信"。这也是非正式机制中重要的因素。一个缺乏信任的集群,其网络关系是脆弱的、不稳定的,只有形成坚实牢靠的信用文化,形成"一诺千金"的商业风气,才能提高集群内外部交易效率,降低交易成本。由于信用文化表现在西部地区牛羊特色食品产业集群方面有较强异质性,因此将在异质性治理机制中详细论述。

---

① 王延平:《基于晋商商业伦理的现代企业管理伦理体系构建》,《商业经济研究》2015年第23期。

（二）集群所有行动者社会规范异质性治理机制分析

通过第五章研究发现:我国西部地区牛羊特色食品产业集群网络关系较为脆弱,主要以正式制度发挥作用为主,信任、承诺、声誉机制等非正式制度作用相对偏弱。而集群网络的发展是以信用文化为基础的,信用文化的构建一方面有助于他律和自律相结合的治理结构的存续;另一方面有助于降低社会交易成本。对西部地区牛羊特色食品产业集群而言,受饮食习惯的影响,除了以法律、法规、通则、条例等形式形成的契约信用来维护地方特色产业经济发展外,更应该发挥地域根植性的积极作用,发挥其非正式信用制度的积极作用,当然前提是以契约信用为基础。具体做法:(1)针对制度性信用,政府要建立健全与牛羊特色食品相关的法律法规,积极引导"守信为尚"的营商环境,依托大数据与区块链技术,积极构建数字信用评价机制和在线披露机制,并引入行业协会等第三方以确保政府信息供给的流向,从而激励企业自发形成诚信经营理念;(2)针对自然性信用,要结合西部地区少数民族文化的积极效应。西部地区的区域文化一直以来"提倡诚实守信,反对作假背信""提倡合法经营,反对非法牟利""提倡公平交易,反对损人利己"。因此,西部地区地方政府应该积极引导和协调地区知名文化人士、行业协会以及广大回族经营者充分发挥积极作用。

策划编辑：郑海燕
责任编辑：高　旭
封面设计：牛成成
责任校对：周晓东

图书在版编目(CIP)数据

我国西部地区特色食品产业集群创新治理体系研究 / 李胜连，于瑞卿，杨建永著. -- 北京 : 人民出版社， 2024.11. -- ISBN 978-7-01-026691-6

Ⅰ．F407.82

中国国家版本馆 CIP 数据核字第 2024866J3C 号

我国西部地区特色食品产业集群创新治理体系研究
WOGUO XIBU DIQU TESE SHIPIN CHANYE JIQUN CHUANGXIN ZHILI TIXI YANJIU

李胜连　于瑞卿　杨建永　著

人民出版社 出版发行
(100706 北京市东城区隆福寺街99号)

北京建宏印刷有限公司印刷　新华书店经销
2024年11月第1版　2024年11月北京第1次印刷
开本:710毫米×1000毫米 1/16　印张:19.5
字数:226千字

ISBN 978-7-01-026691-6　定价:100.00元

邮购地址 100706　北京市东城区隆福寺街99号
人民东方图书销售中心　电话 (010)65250042　65289539

版权所有·侵权必究
凡购买本社图书，如有印制质量问题，我社负责调换。
服务电话:(010)65250042